★ Dieses Werk ist Fiktion. Ähnlichkeiten mit tatsächlichen Begebenheiten oder Personen sind rein zufällig.

Tatsuki Fujimoto Short Stories

22-26

Tatsuki Fujimoto

[Inhalt]

Die Rhapsodie der Meerjungfrauen

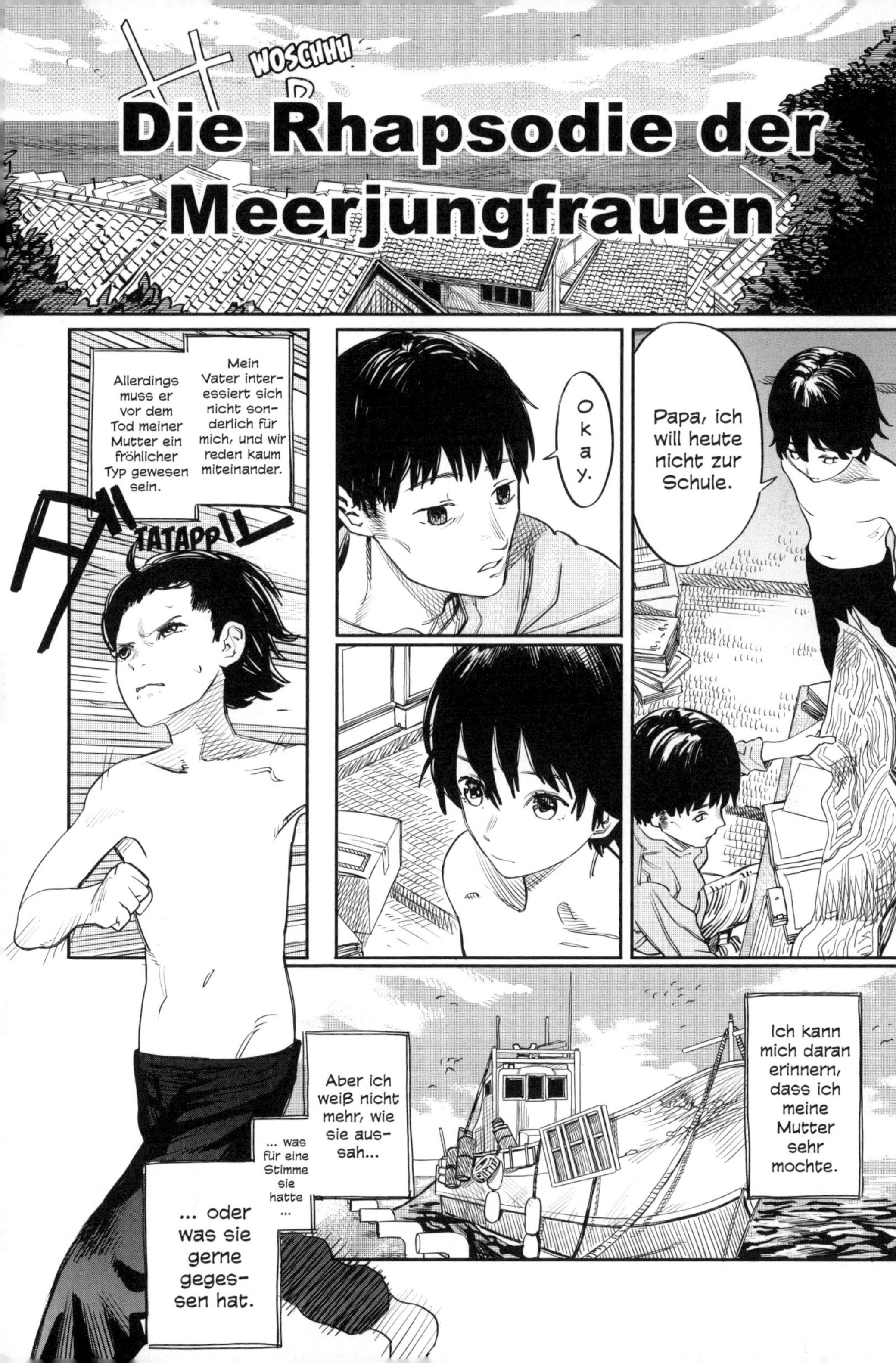

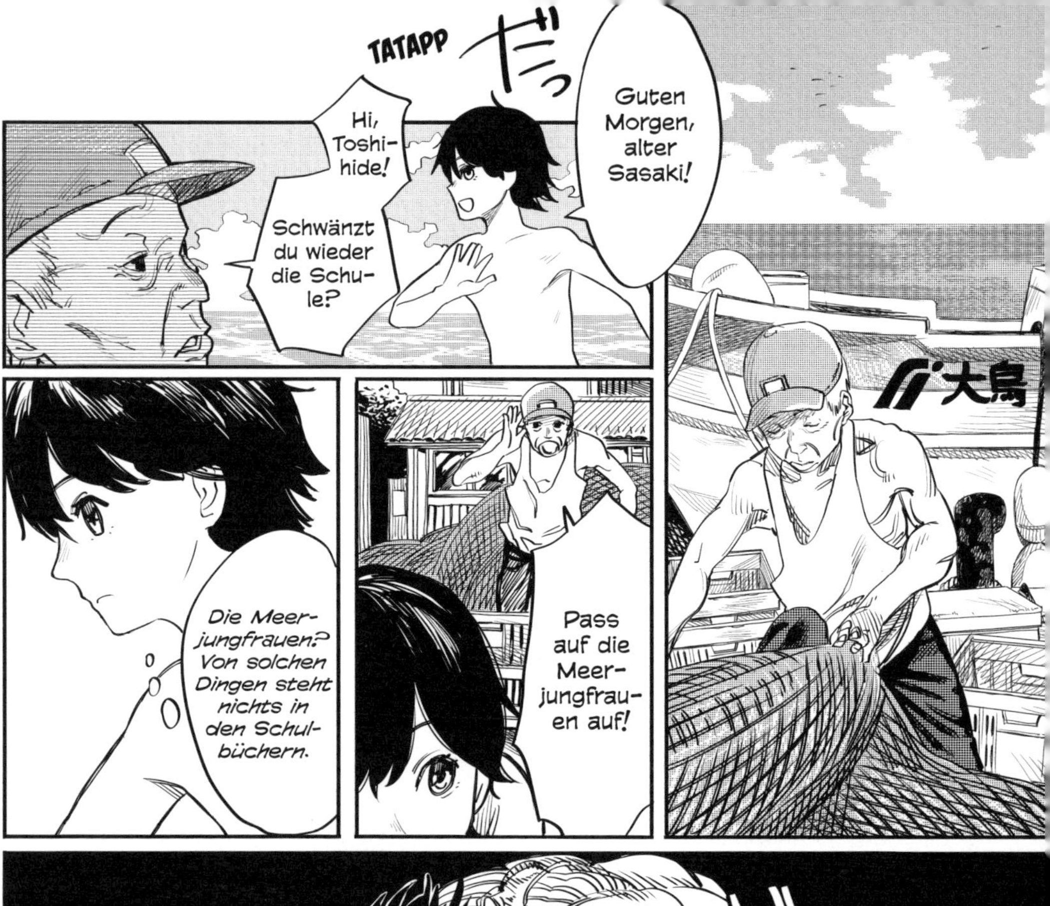

TATAPP
Guten Morgen, alter Sasaki!
Hi, Toshihide!
Schwänzt du wieder die Schule?
Pass auf die Meerjungfrauen auf!
Die Meerjungfrauen? Von solchen Dingen steht nichts in den Schulbüchern.
※ Symbolbild
HIAAAH
Die Meerjungfrauen:
GROAAAR
So wie wir Menschen Schweine und Hühner verzehren...
... kommt es angeblich vor, dass Meerjungfrauen gelegentlich Menschen fressen.
Ich würde sie trotzdem gern mal treffen.

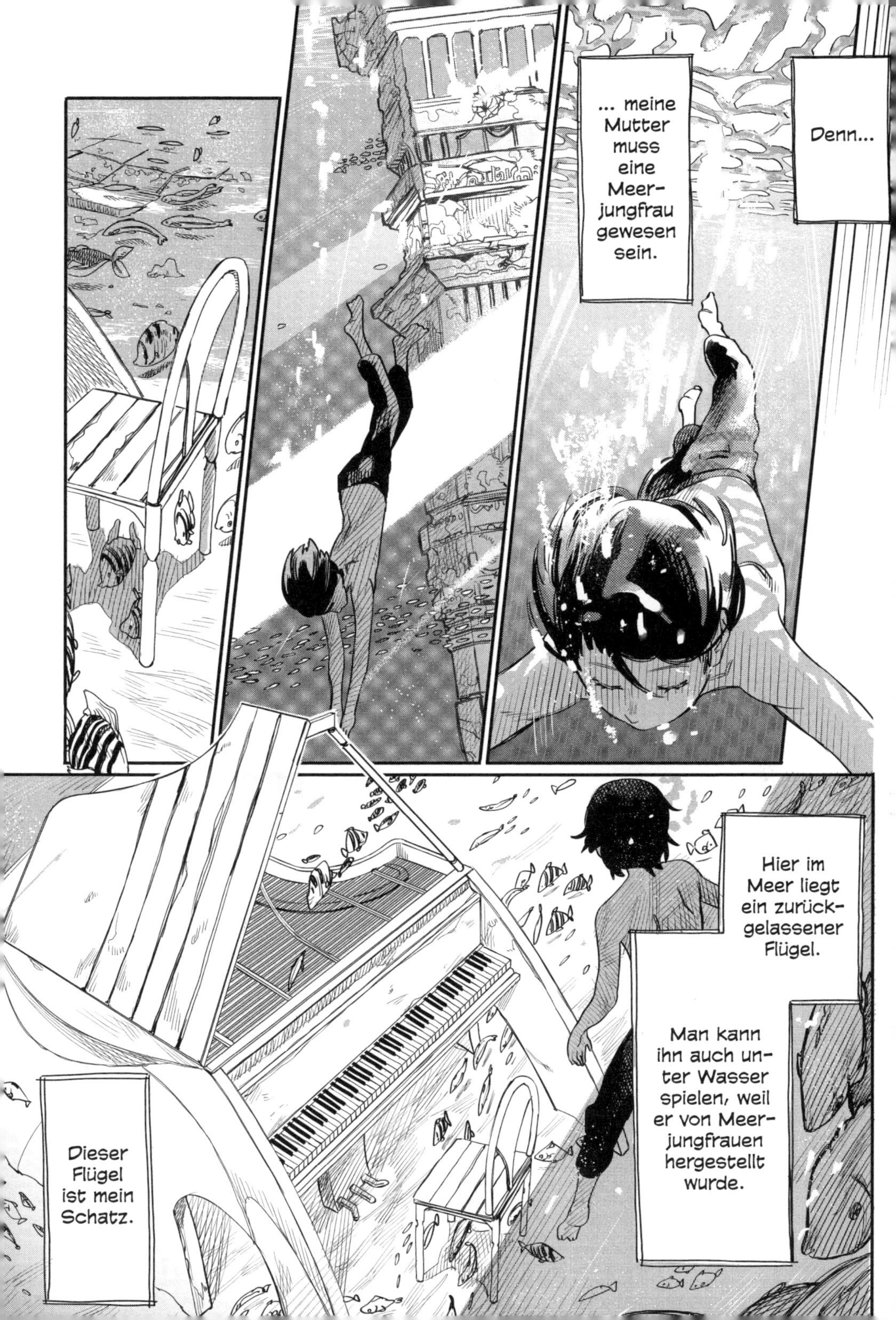
Denn...
... meine Mutter muss eine Meerjungfrau gewesen sein.
Hier im Meer liegt ein zurückgelassener Flügel.
Man kann ihn auch unter Wasser spielen, weil er von Meerjungfrauen hergestellt wurde.
Dieser Flügel ist mein Schatz.

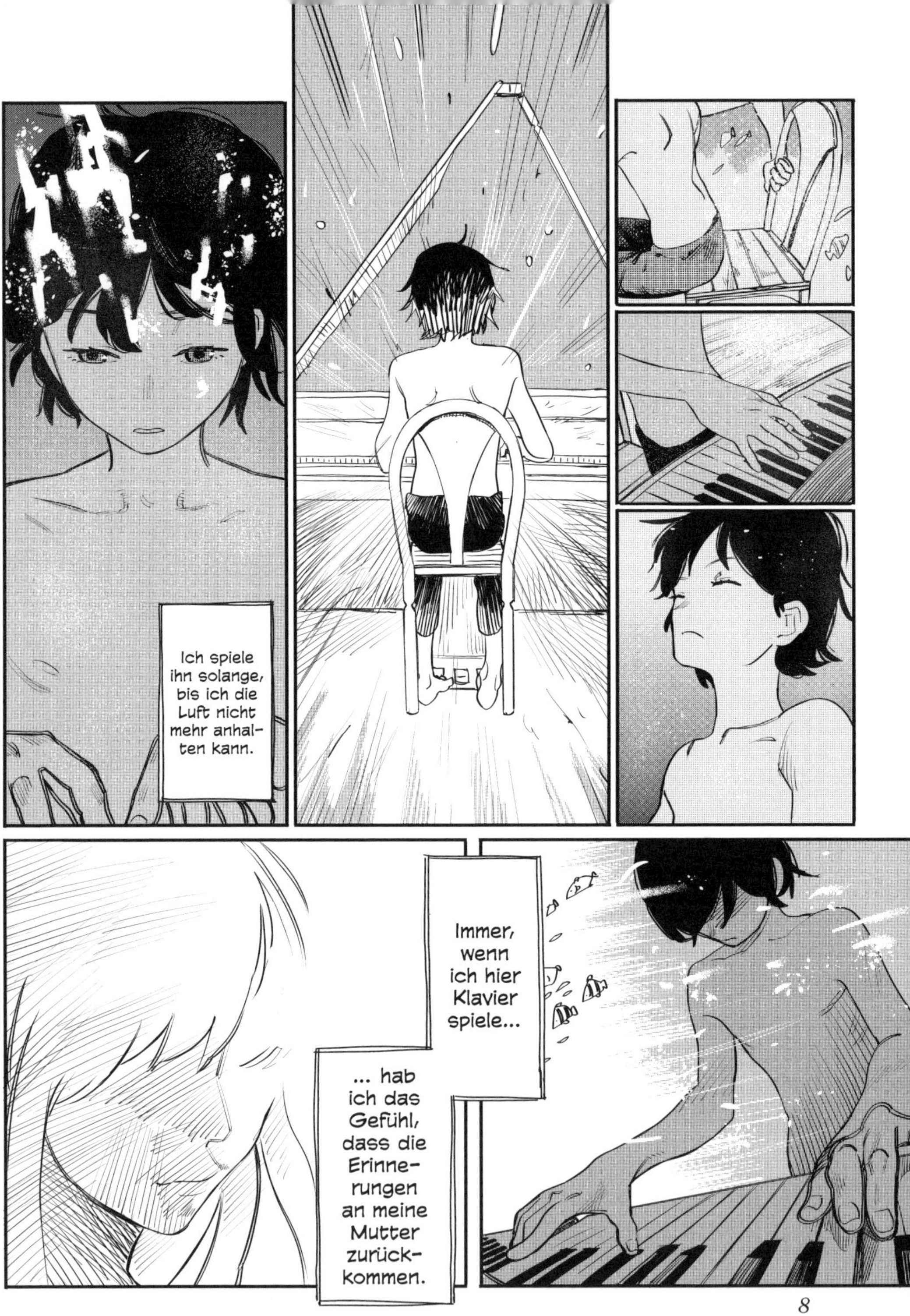
Ich spiele ihn solange, bis ich die Luft nicht mehr anhalten kann.
Immer, wenn ich hier Klavier spiele...
... hab ich das Gefühl, dass die Erinnerungen an meine Mutter zurückkommen.

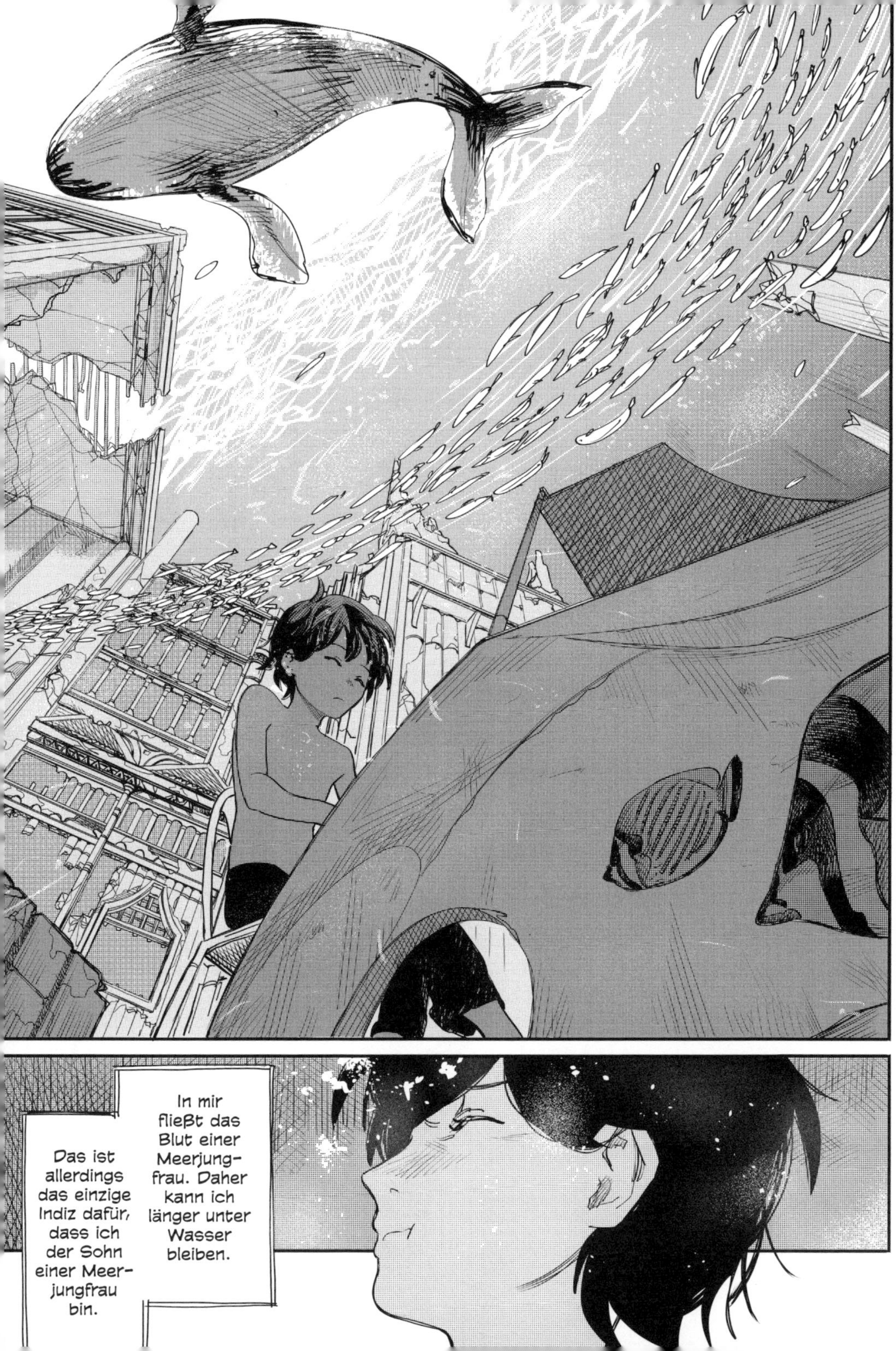
In mir fließt das Blut einer Meerjungfrau. Daher kann ich länger unter Wasser bleiben.
Das ist allerdings das einzige Indiz dafür, dass ich der Sohn einer Meerjungfrau bin.

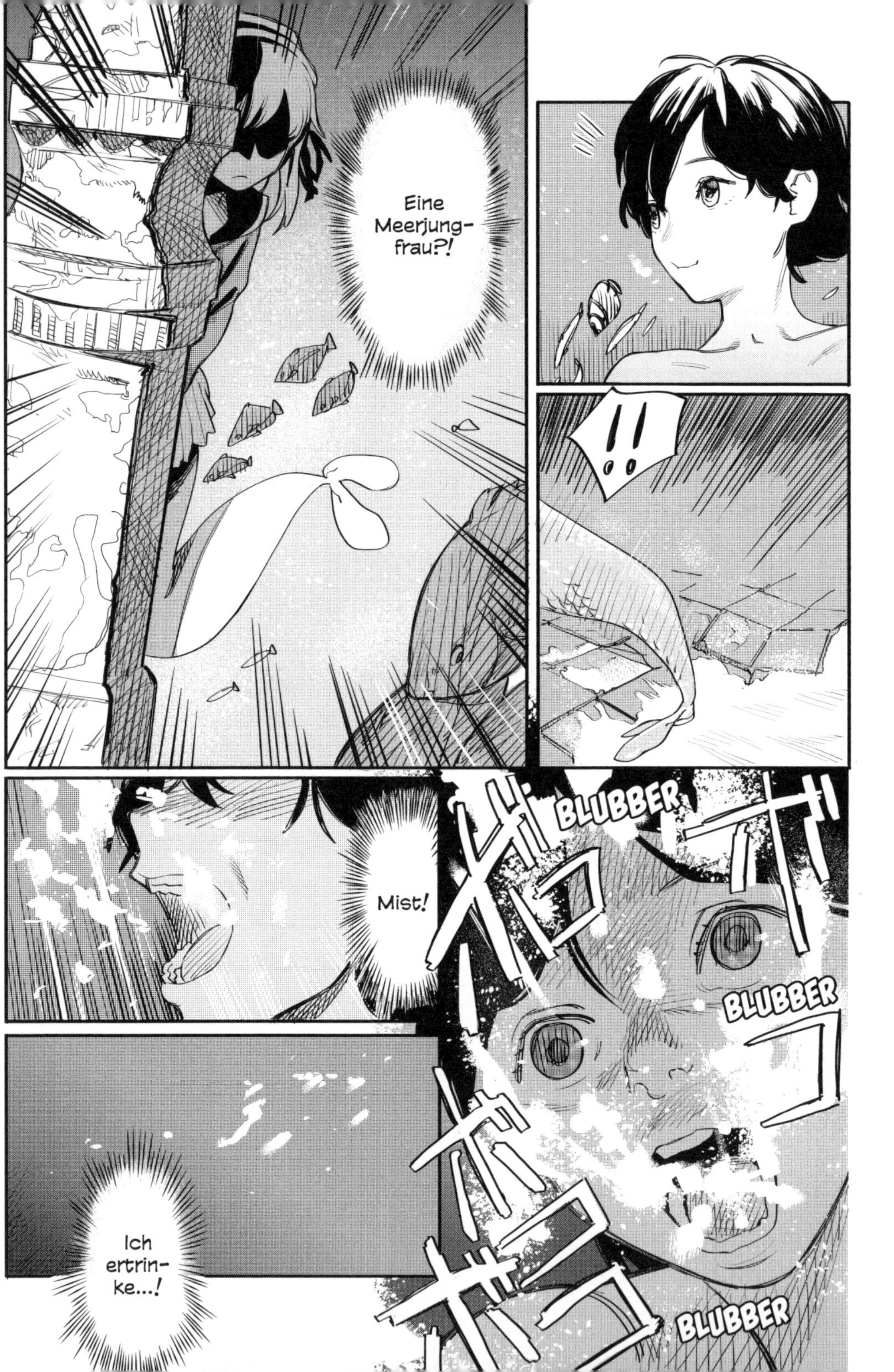
Eine Meerjung-frau?!
!!
BLUBBER
Mist!
BLUBBER
Ich ertrin-ke...!
BLUBBER

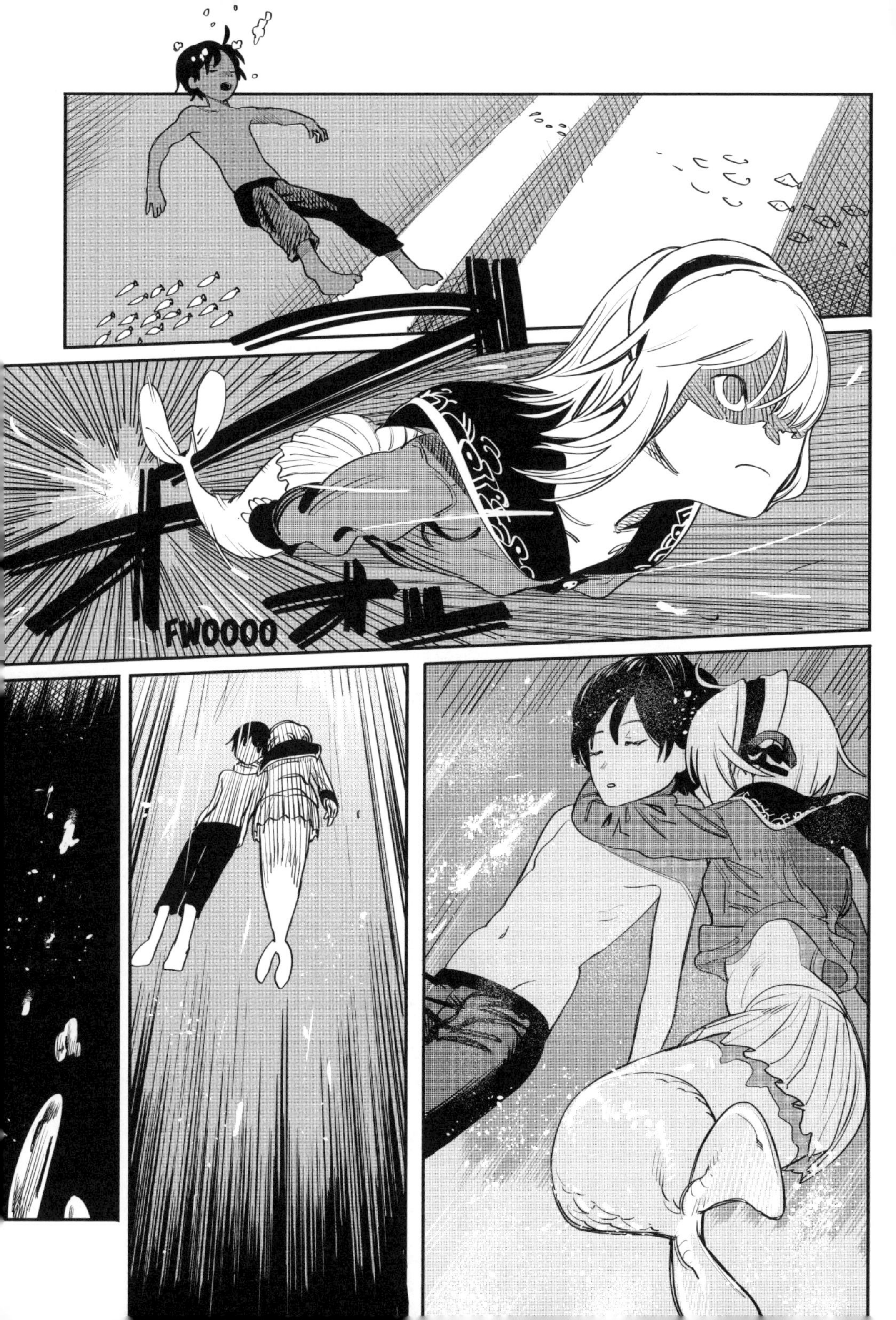
FWOOOO

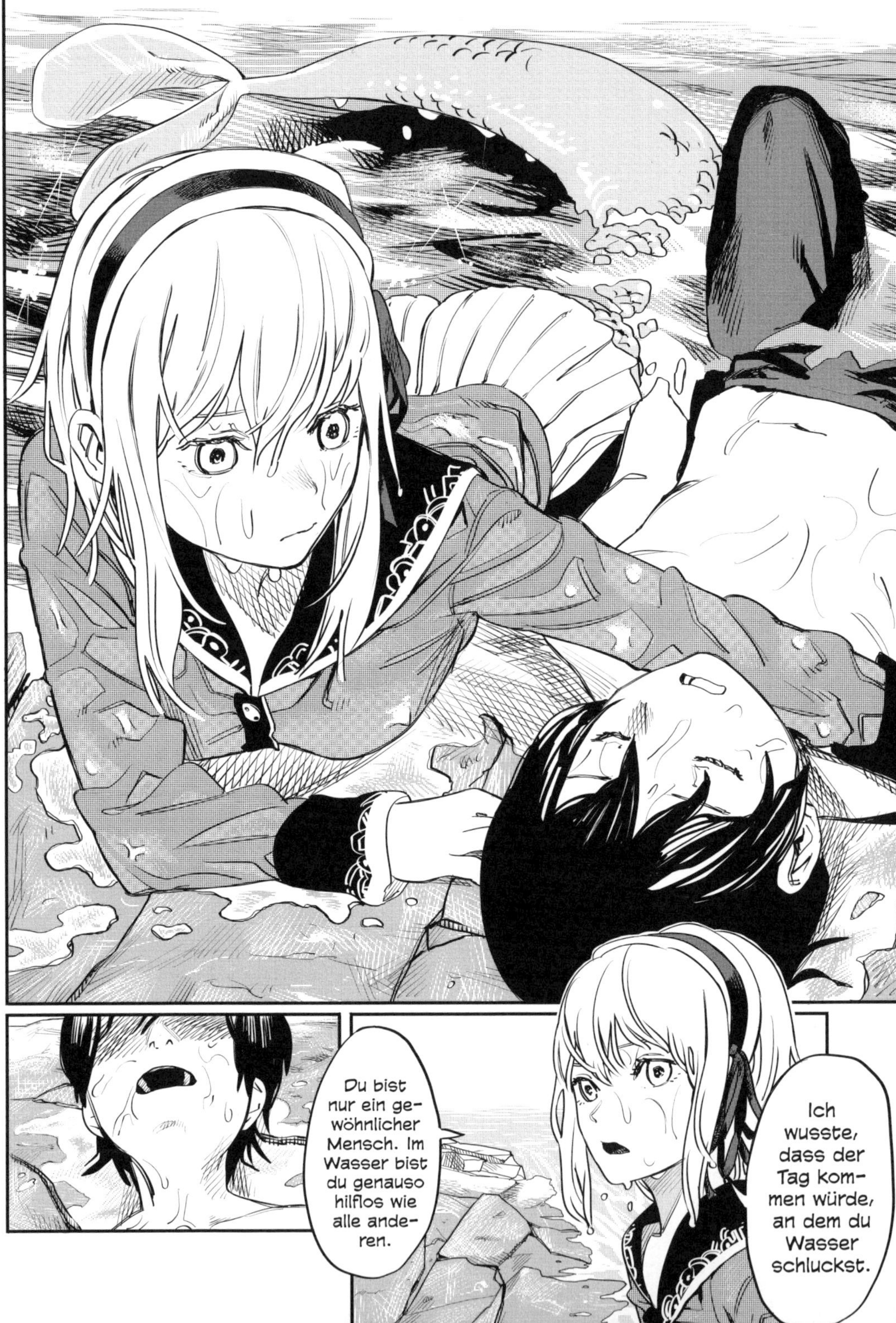
Ich wusste, dass der Tag kommen würde, an dem du Wasser schluckst.
Du bist nur ein gewöhnlicher Mensch. Im Wasser bist du genauso hilflos wie alle anderen.

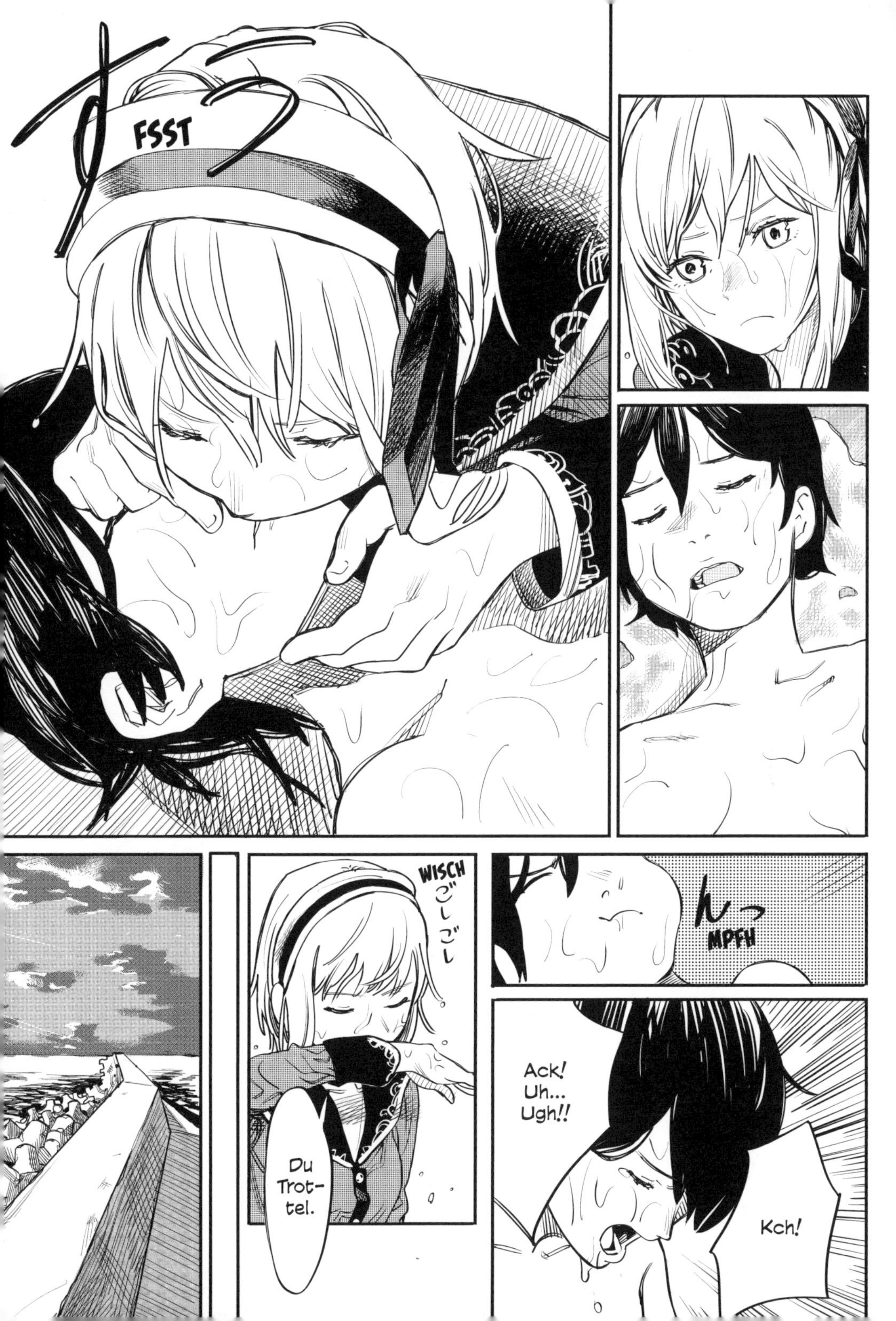

FSST
WISCH
ごしごし
んっ
MPFH
Du Trottel.
Ack! Uh... Ugh!!
Kch!

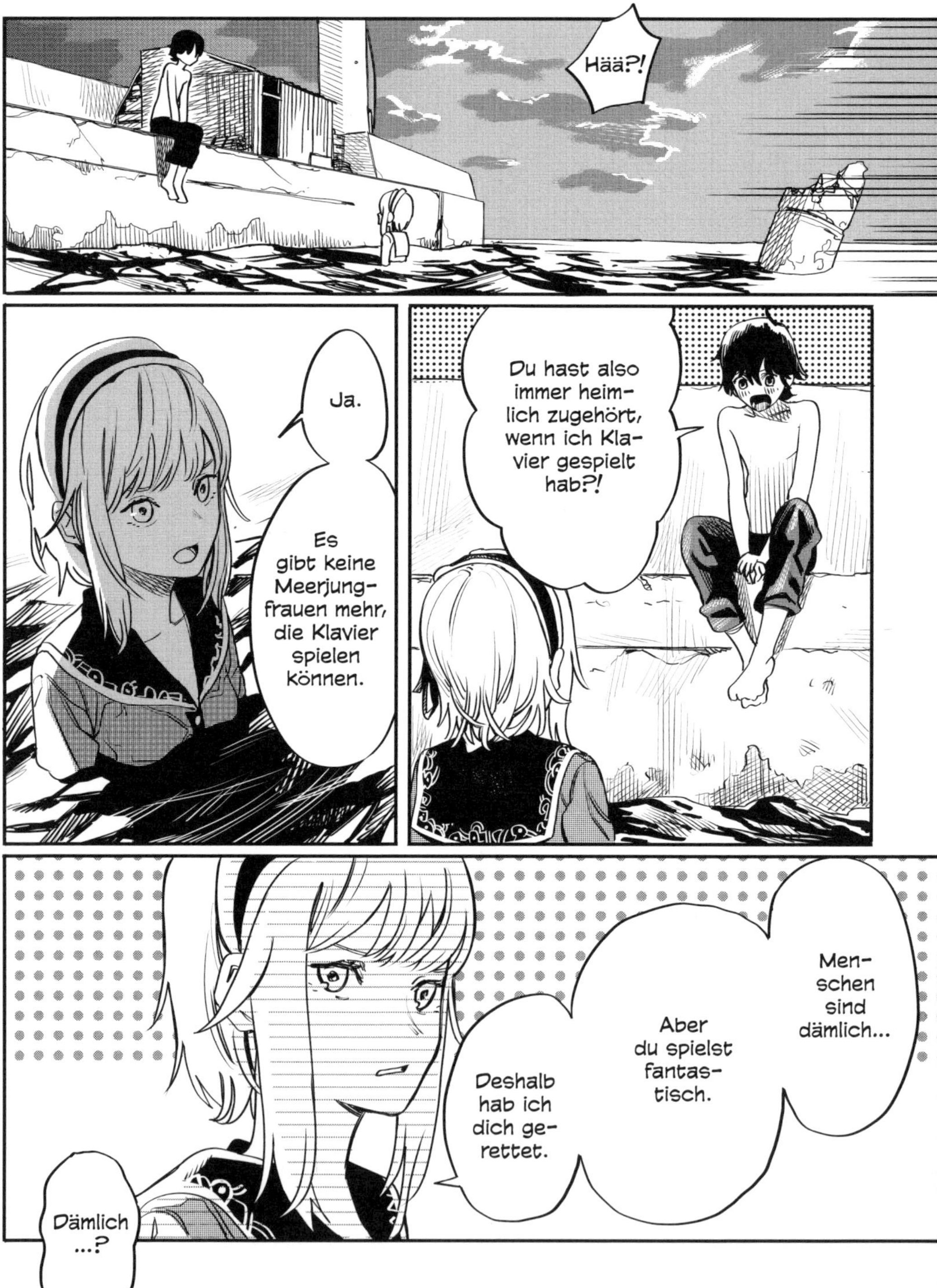

Hää?!
Du hast also immer heimlich zugehört, wenn ich Klavier gespielt hab?!
Ja.
Es gibt keine Meerjungfrauen mehr, die Klavier spielen können.
Menschen sind dämlich...
Aber du spielst fantastisch.
Deshalb hab ich dich gerettet.
Dämlich ...?

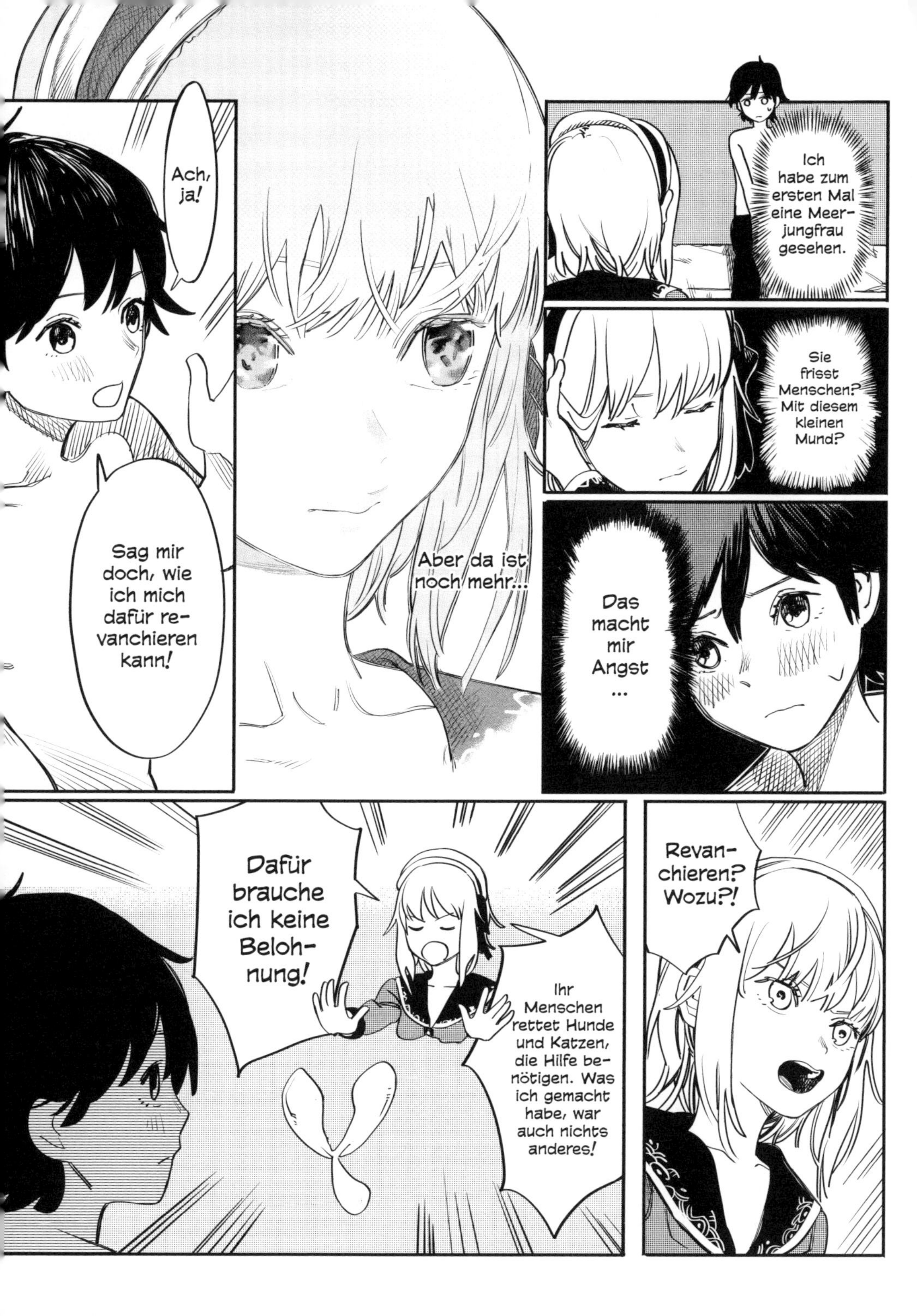
Ich habe zum ersten Mal eine Meer-jungfrau gesehen.
Sie frisst Menschen? Mit diesem kleinen Mund?
Das macht mir Angst ...
Aber da ist noch mehr...
Ach, ja!
Sag mir doch, wie ich mich dafür re-vanchieren kann!
Revan-chieren? Wozu?!
Dafür brauche ich keine Beloh-nung!
Ihr Menschen rettet Hunde und Katzen, die Hilfe be-nötigen. Was ich gemacht habe, war auch nichts anderes!

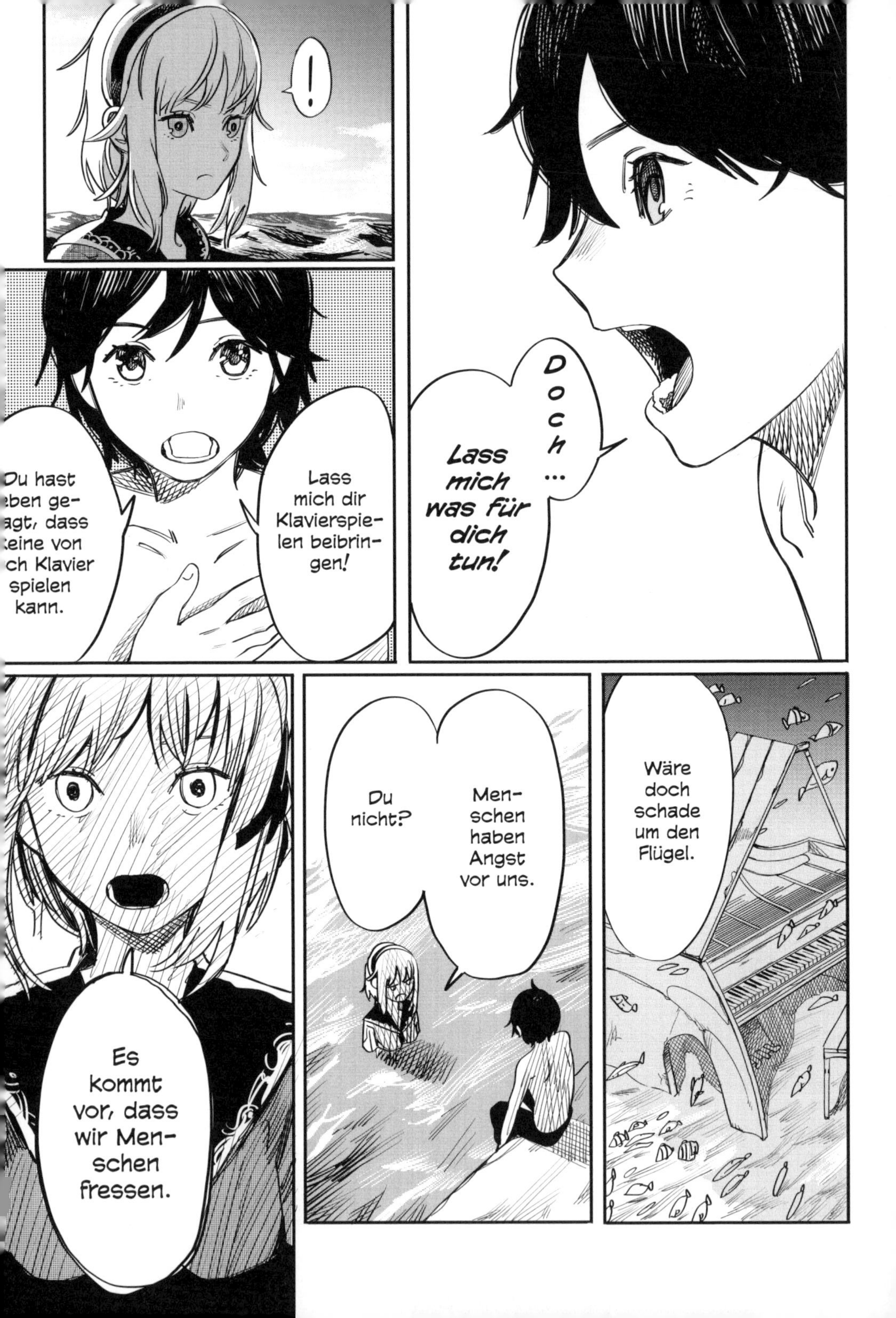

Doch … Lass mich was für dich tun!
!
Lass mich dir Klavierspielen beibringen!
Du hast eben gesagt, dass keine von …ch Klavier spielen kann.
Wäre doch schade um den Flügel.
Menschen haben Angst vor uns.
Du nicht?
Es kommt vor, dass wir Menschen fressen.

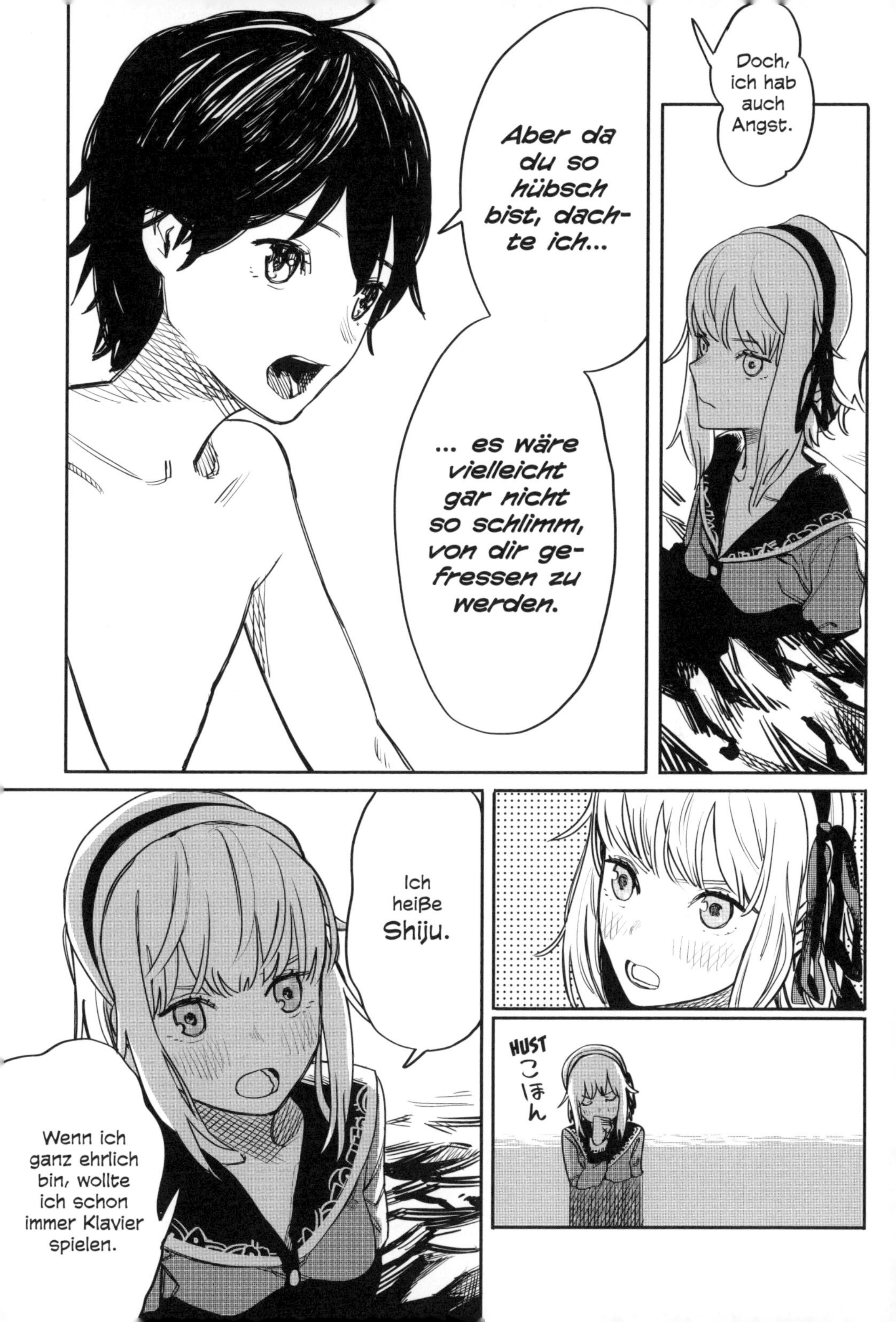
Doch, ich hab auch Angst.
Aber da du so hübsch bist, dachte ich...
... es wäre vielleicht gar nicht so schlimm, von dir gefressen zu werden.
HUST こほん
Ich heiße Shiju.
Wenn ich ganz ehrlich bin, wollte ich schon immer Klavier spielen.

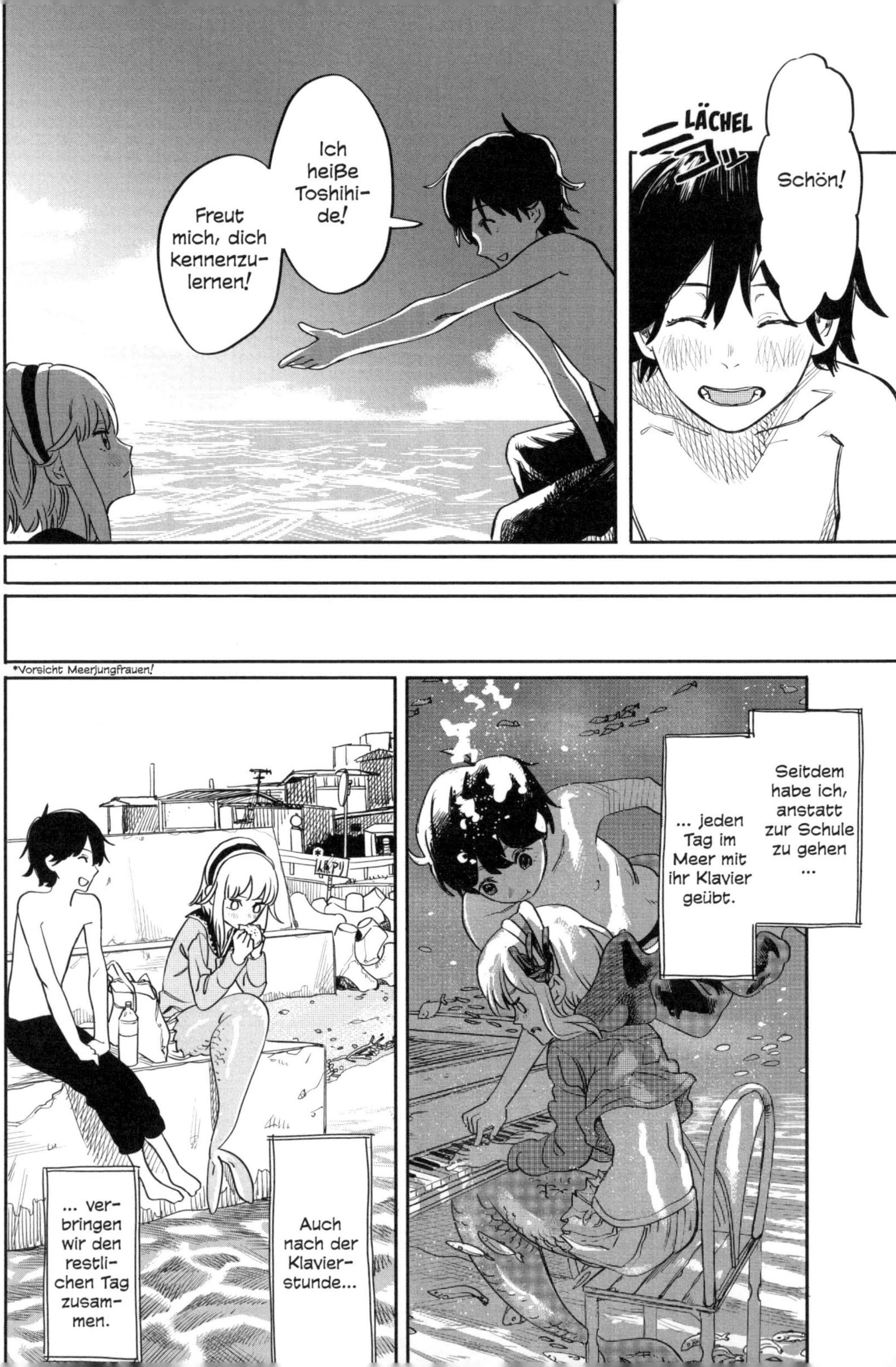

*Vorsicht Meerjungfrauen!

*Ein mit süßer Bohnenpaste gefülltes Brötchen.

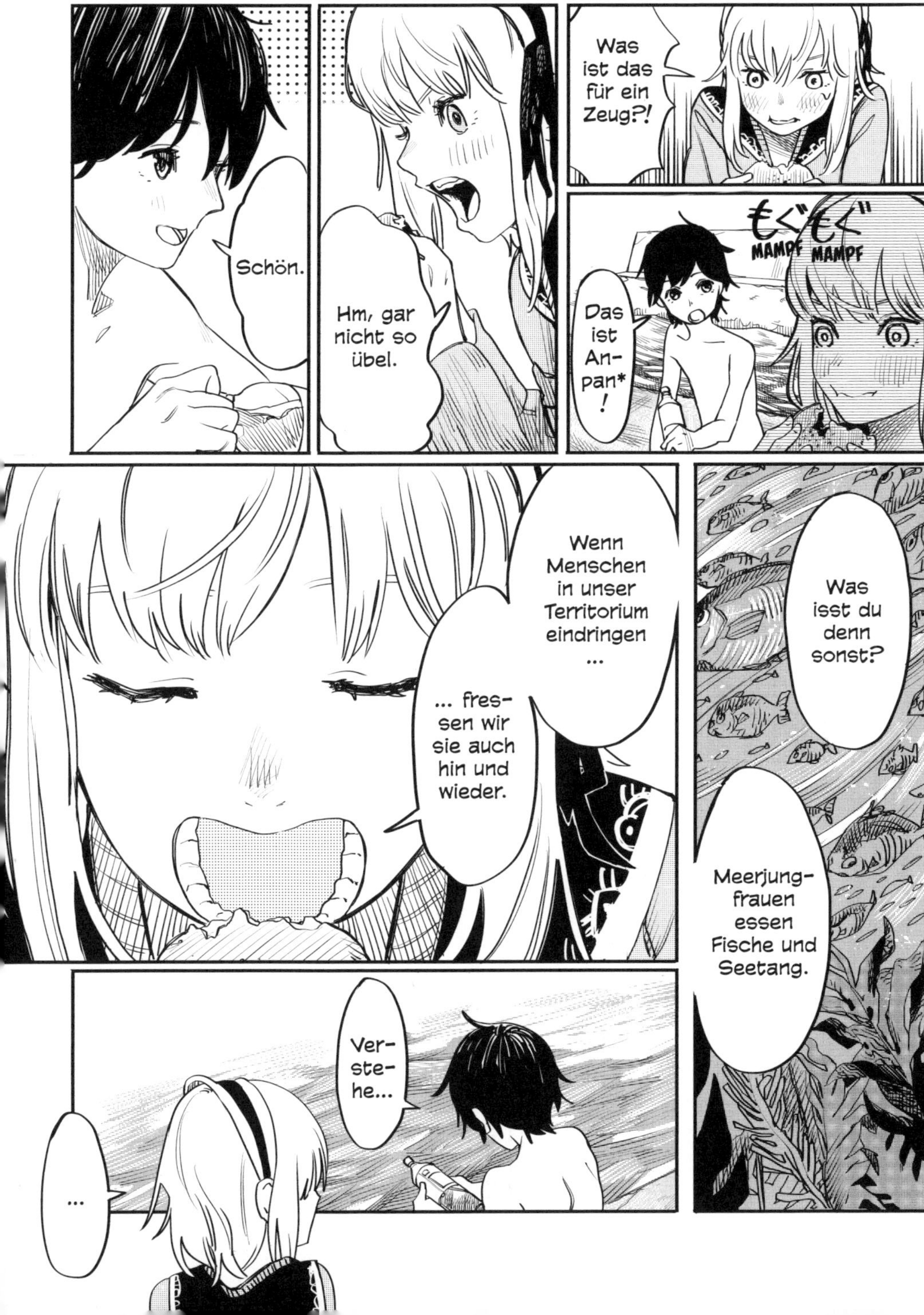

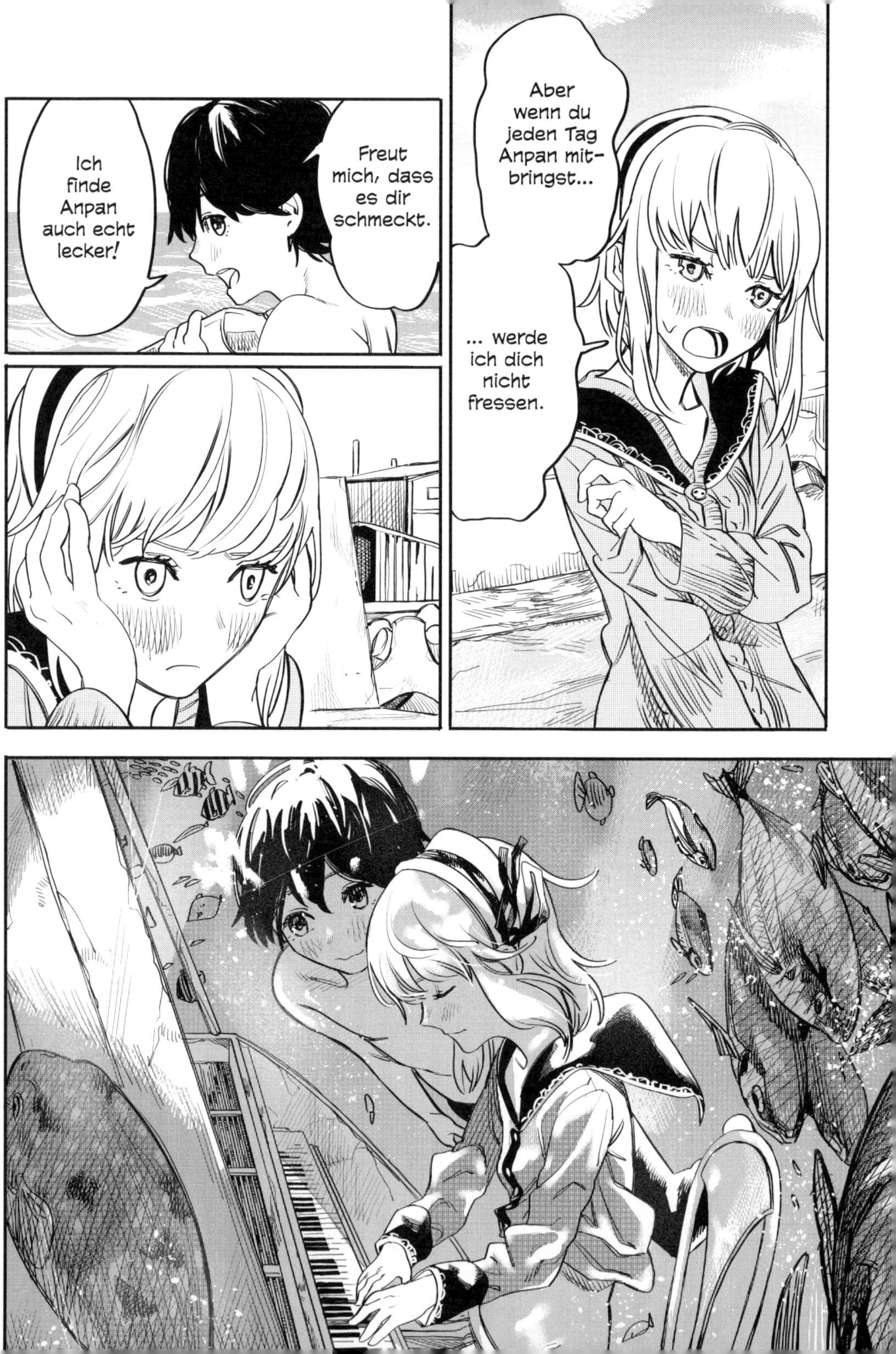

Aber wenn du jeden Tag Anpan mitbringst...
Freut mich, dass es dir schmeckt.
Ich finde Anpan auch echt lecker!
... werde ich dich nicht fressen.

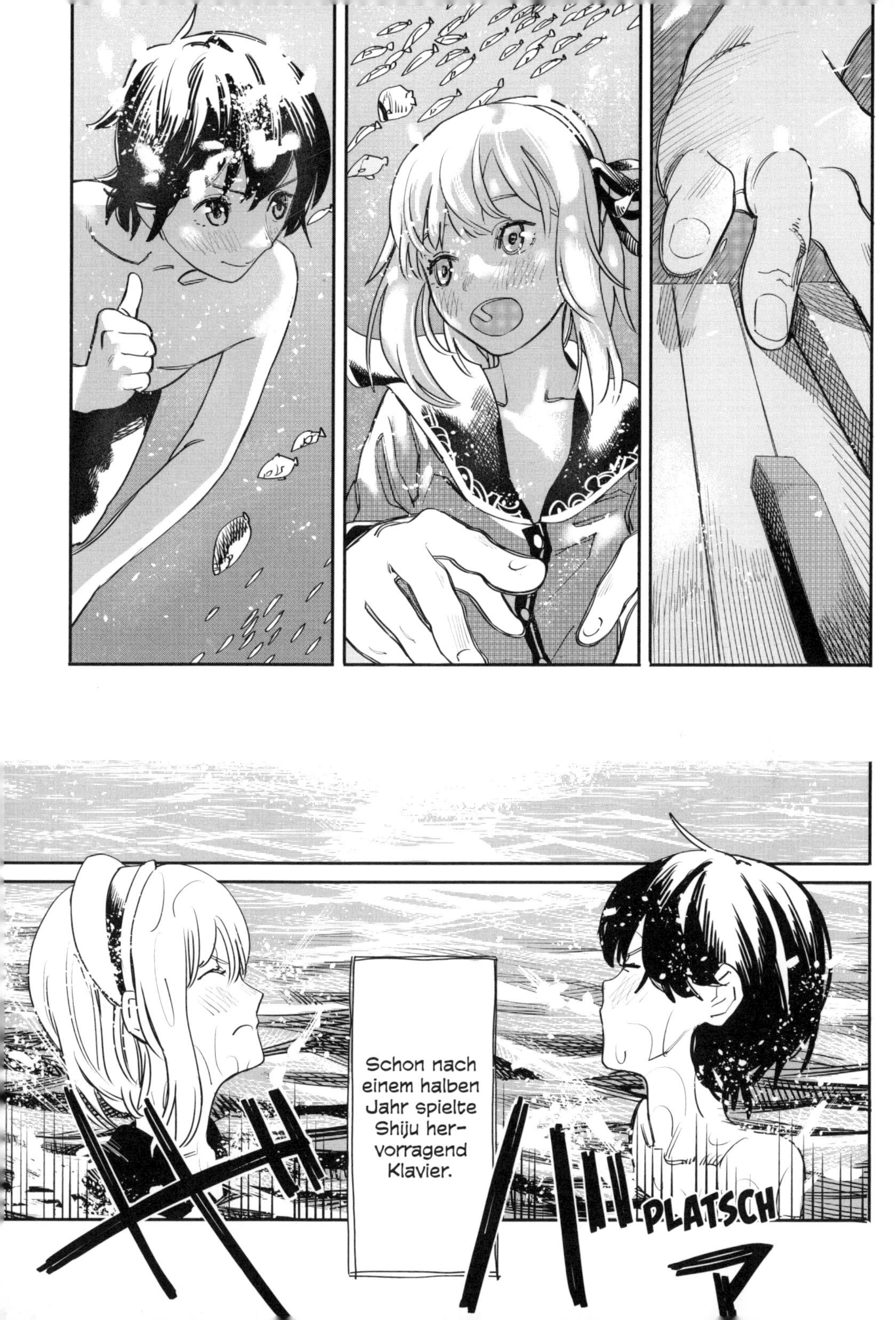
Schon nach einem halben Jahr spielte Shiju her-vorragend Klavier.
PLATSCH

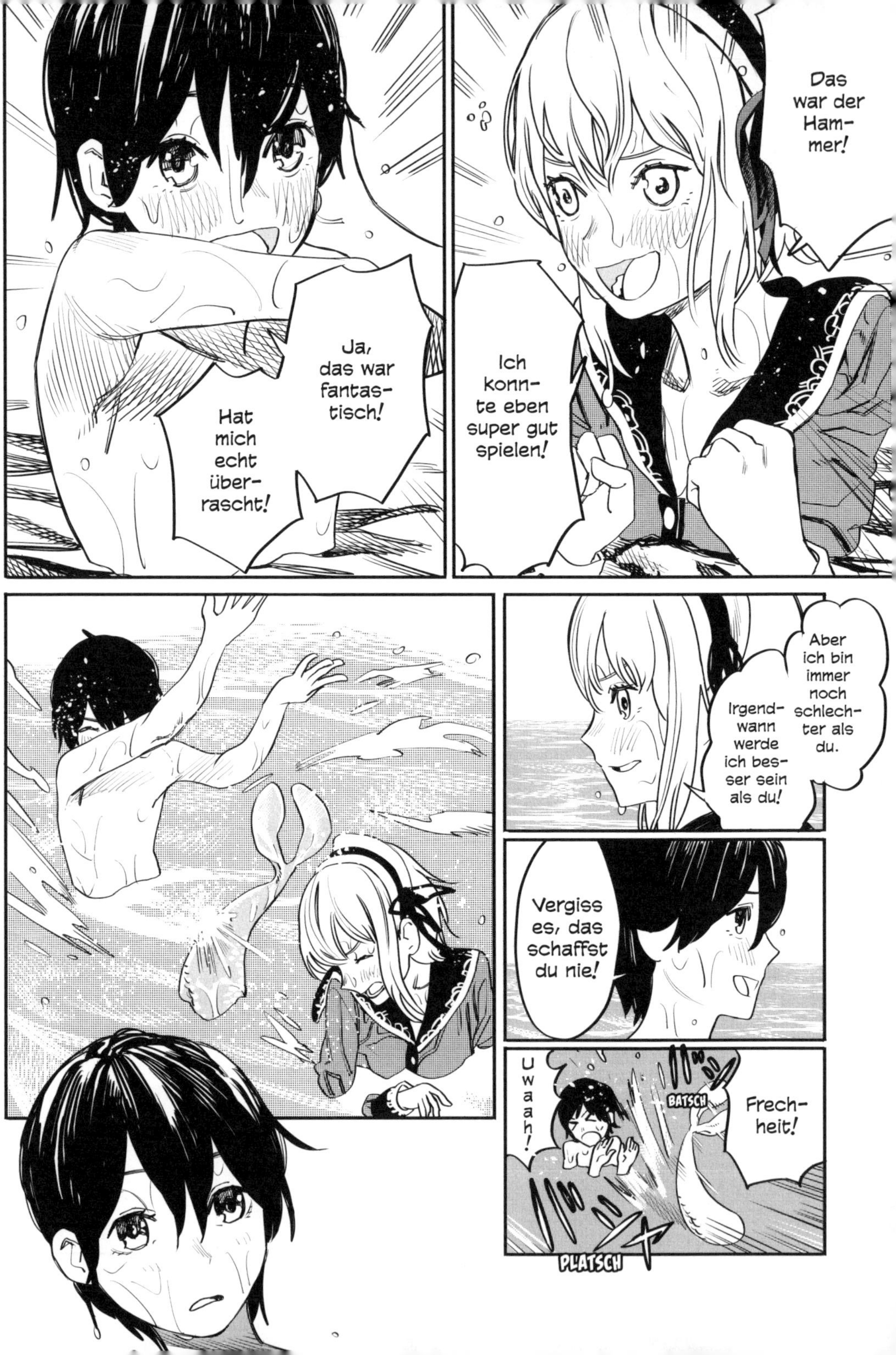
Das war der Ham-mer!
Ich konn-te eben super gut spielen!
Ja, das war fantas-tisch!
Hat mich echt über-rascht!
Aber ich bin immer noch schlech-ter als du.
Irgend-wann werde ich bes-ser sein als du!
Vergiss es, das schaffst du nie!
Frech-heit!
BATSCH
Uwaah!
PLATSCH

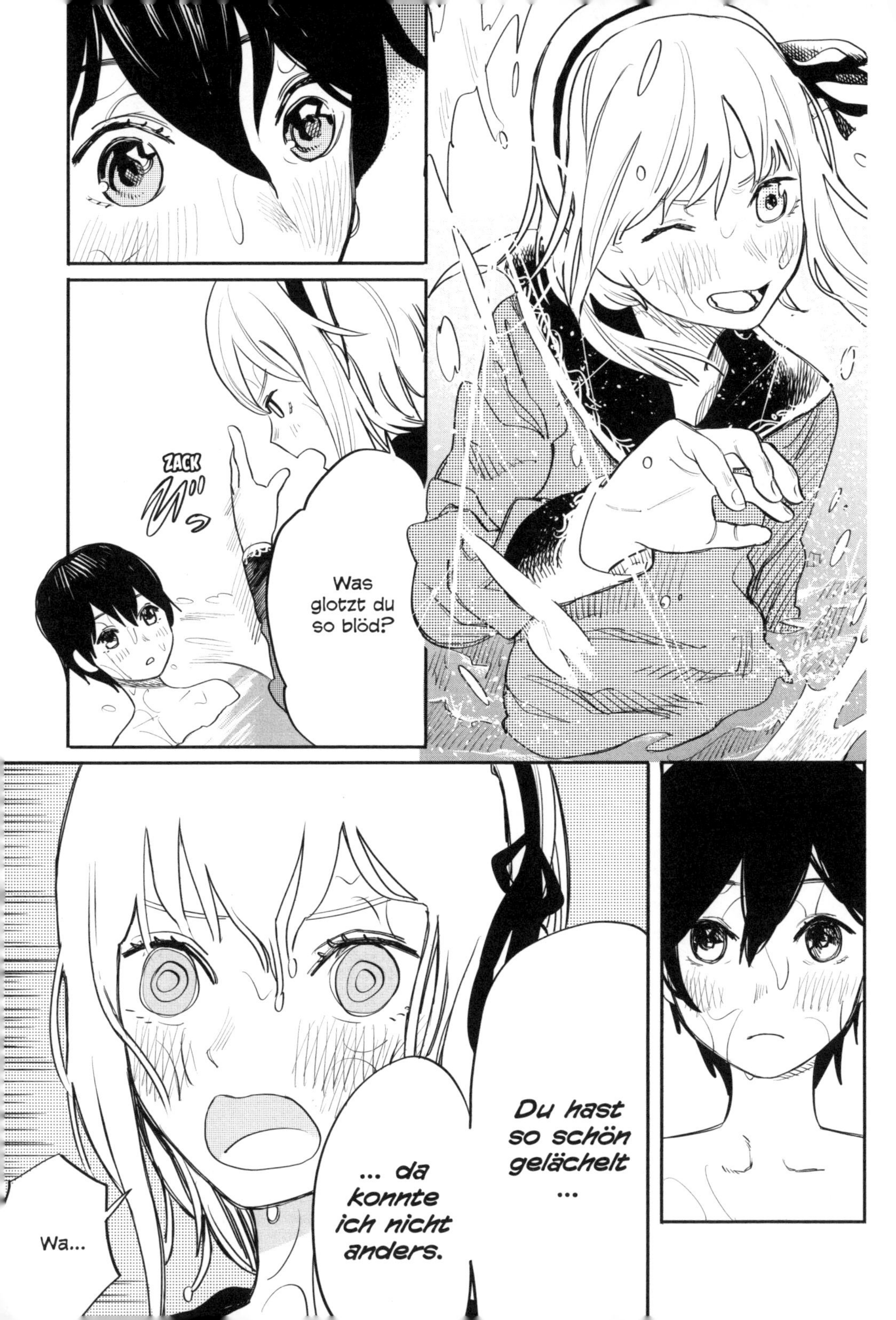
ZACK
Was glotzt du so blöd?
Du hast so schön gelächelt ...
... da konnte ich nicht anders.
Wa...

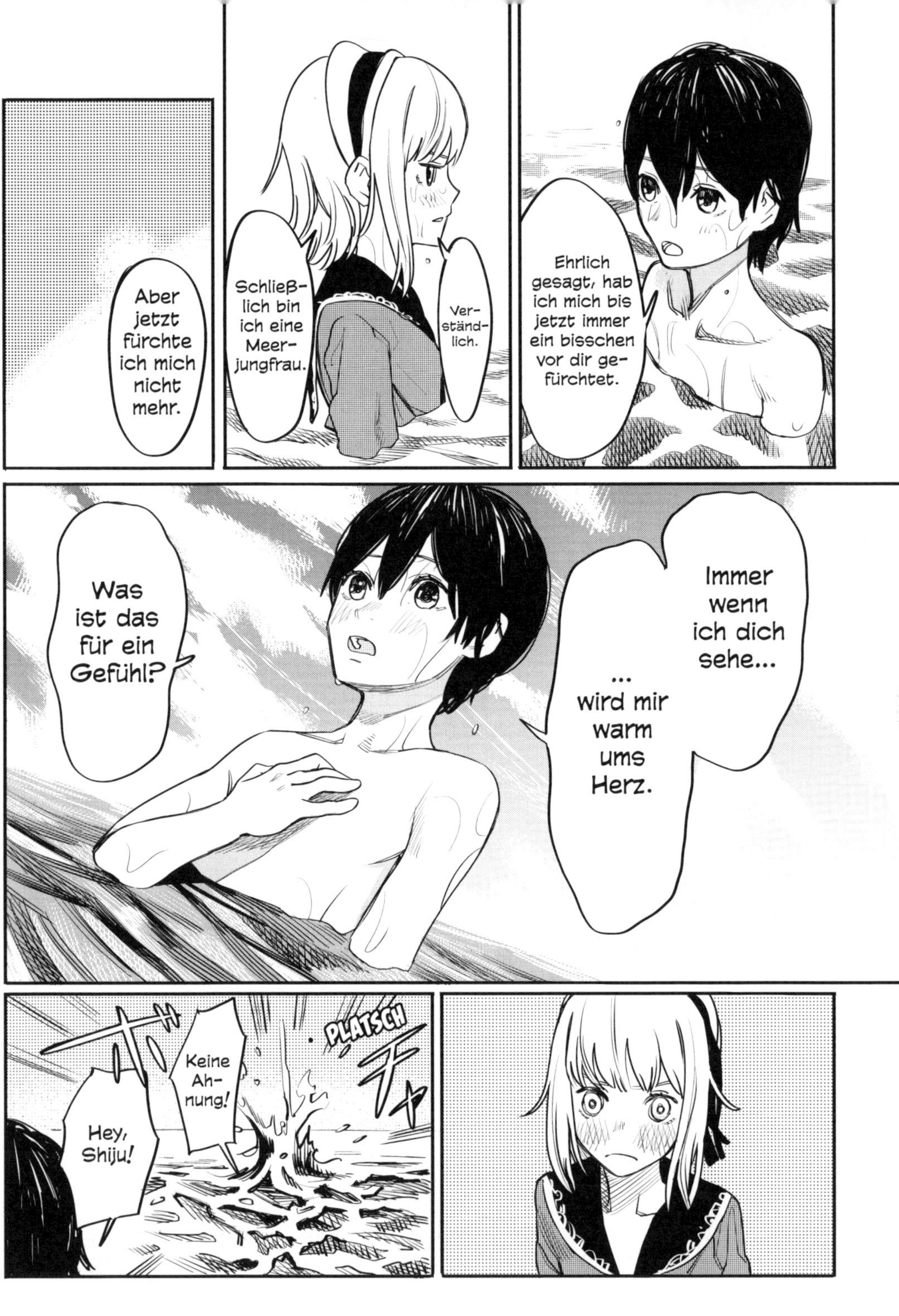
Ehrlich gesagt, hab ich mich bis jetzt immer ein bisschen vor dir gefürchtet.
Verständlich.
Schließlich bin ich eine Meerjungfrau.
Aber jetzt fürchte ich mich nicht mehr.
Immer wenn ich dich sehe...
... wird mir warm ums Herz.
Was ist das für ein Gefühl?
PLATSCH
Keine Ahnung!
Hey, Shiju!

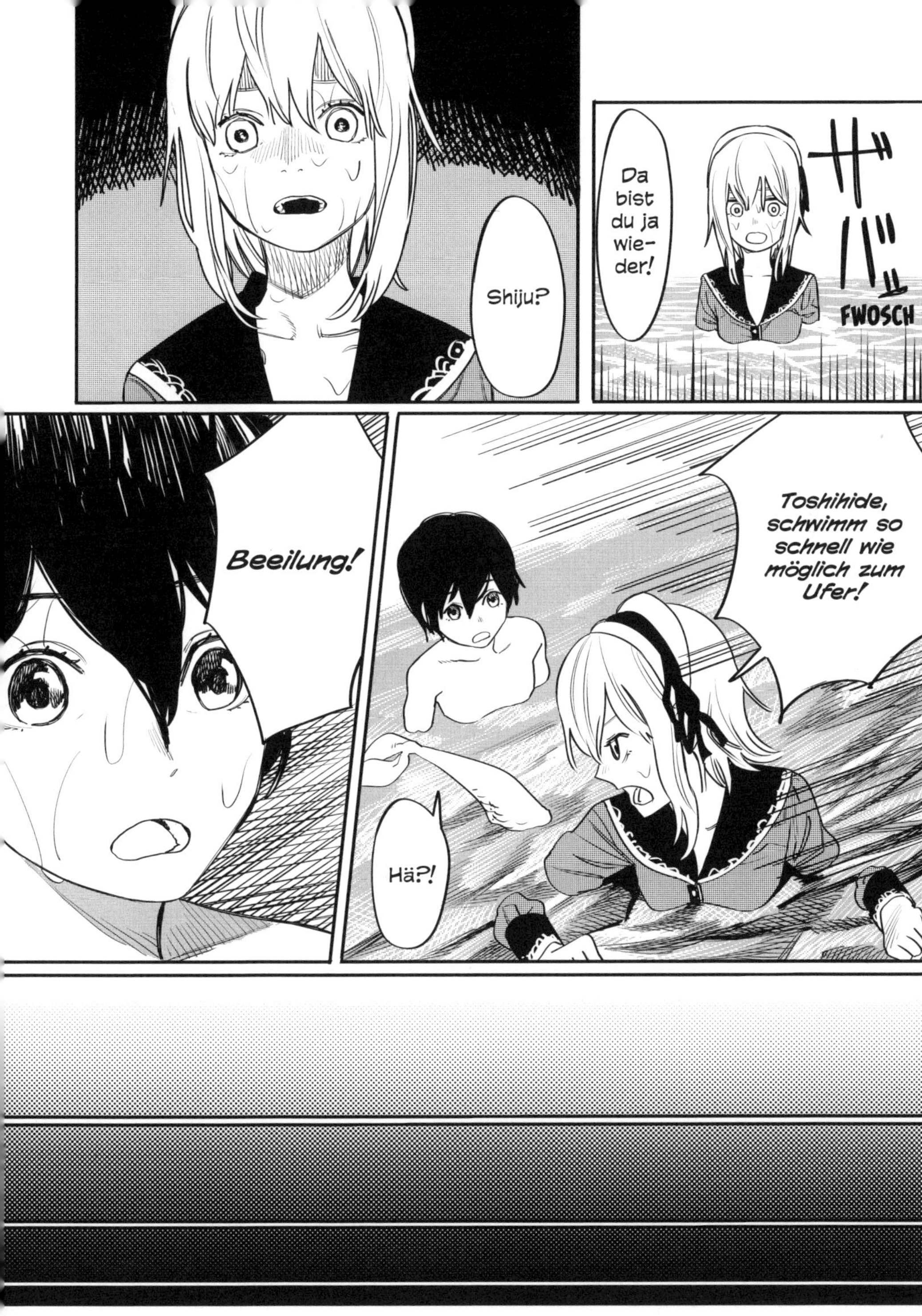
FWOSCH
Da bist du ja wie-der!
Shiju?
Toshihide, schwimm so schnell wie möglich zum Ufer!
Hä?!
Beeilung!

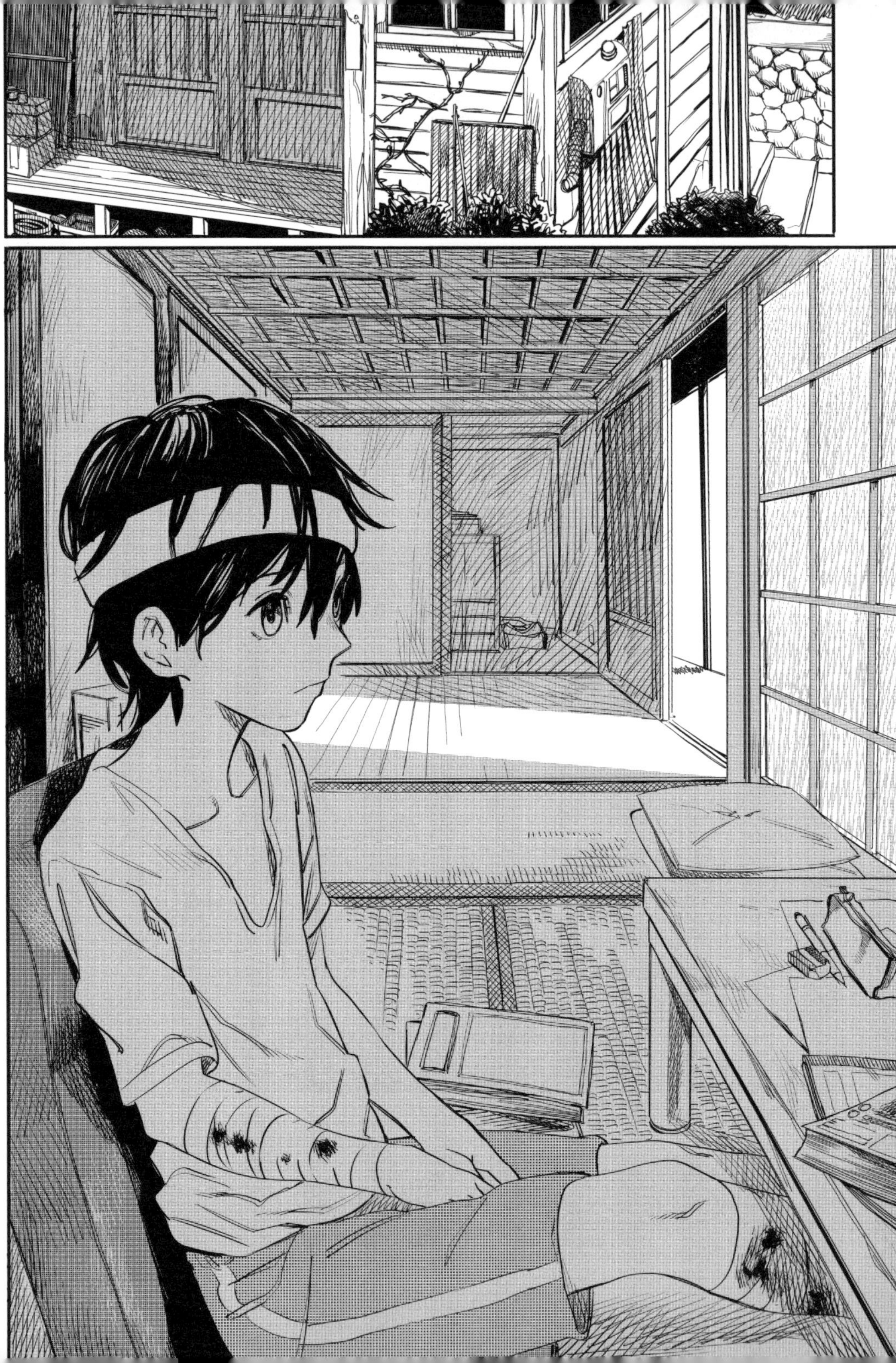

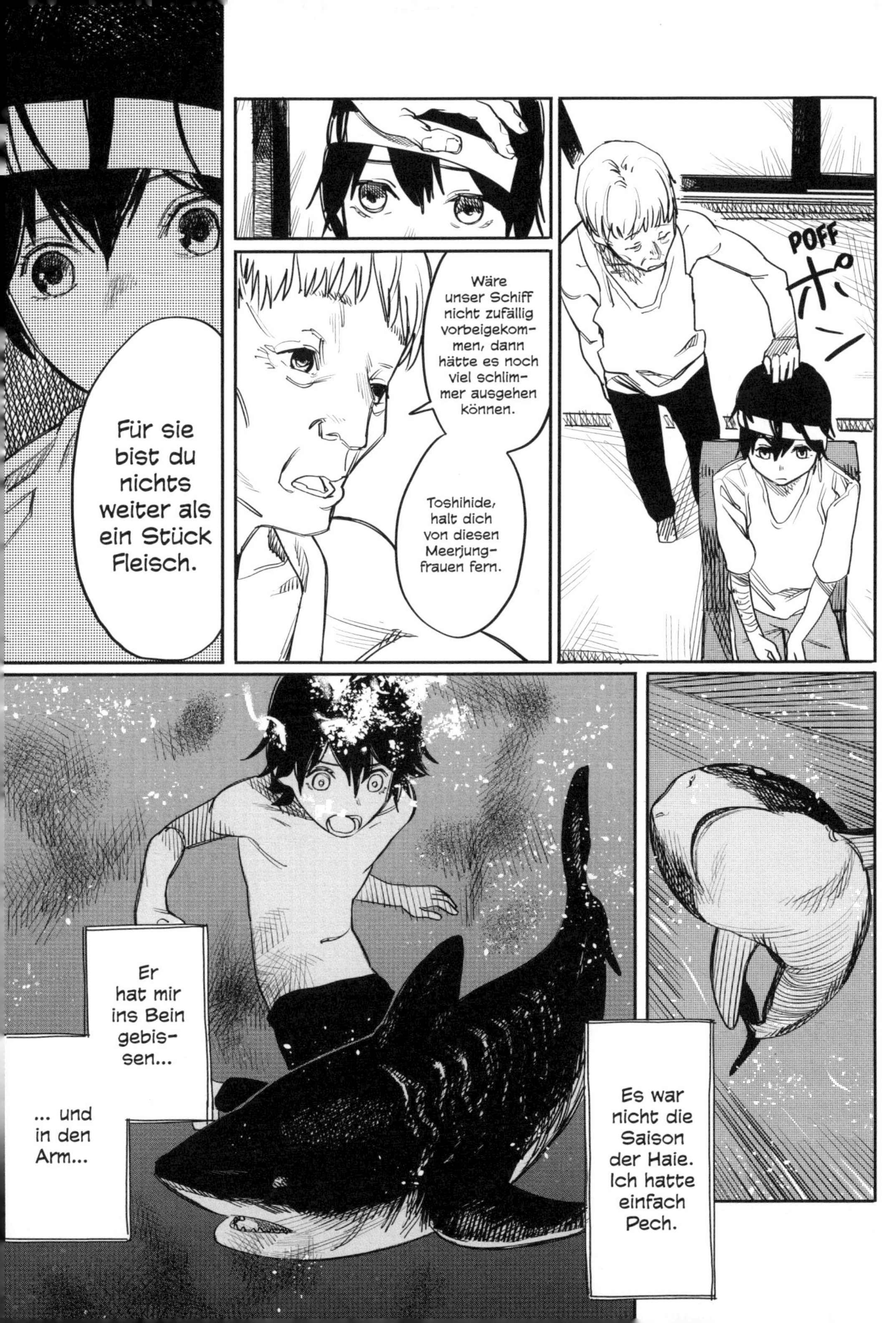
POFF
ポン
Wäre unser Schiff nicht zufällig vorbeigekommen, dann hätte es noch viel schlimmer ausgehen können.
Toshihide, halt dich von diesen Meerjungfrauen fern.
Für sie bist du nichts weiter als ein Stück Fleisch.
Es war nicht die Saison der Haie. Ich hatte einfach Pech.
Er hat mir ins Bein gebissen...
... und in den Arm...

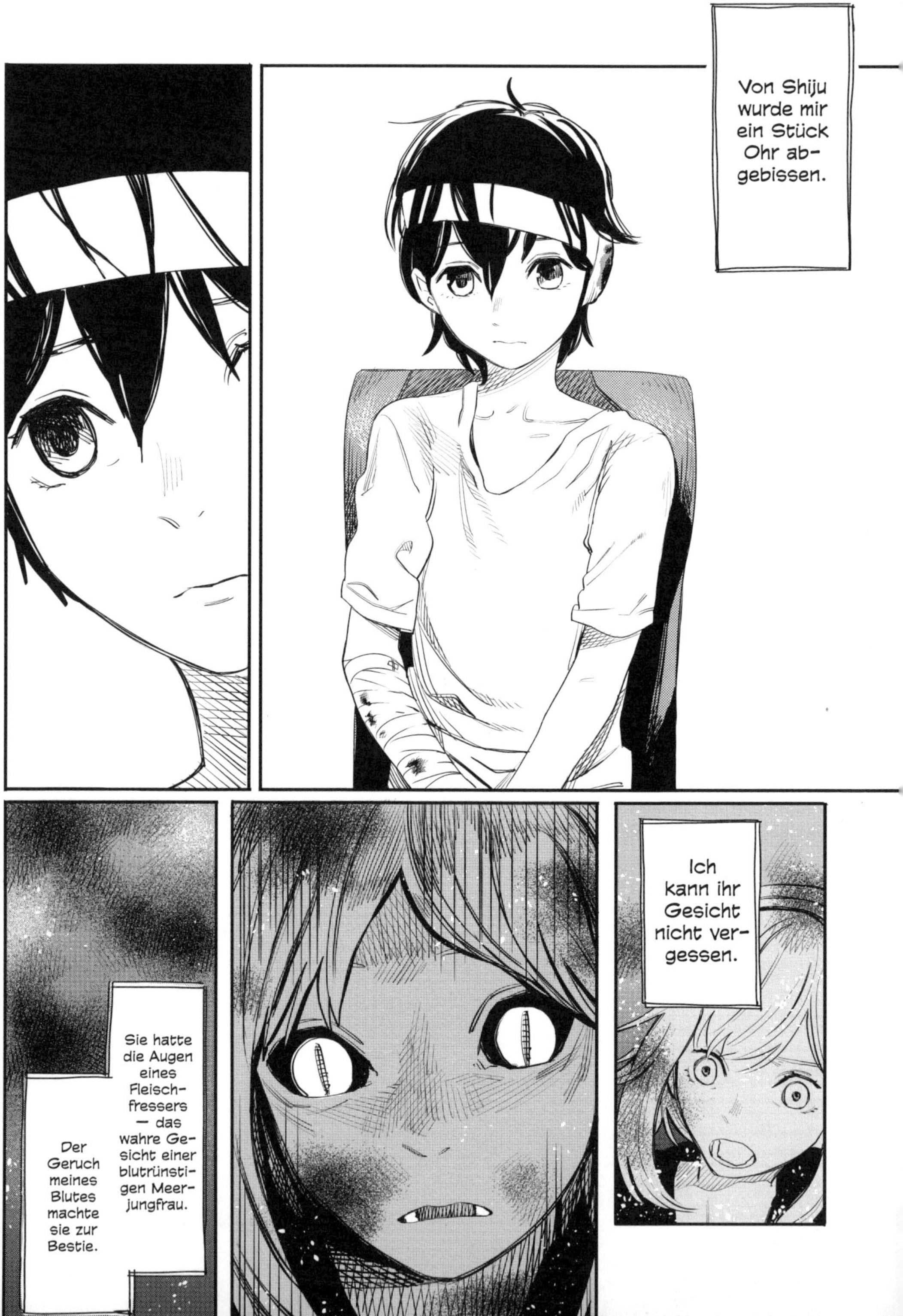
Von Shiju wurde mir ein Stück Ohr abgebissen.
Ich kann ihr Gesicht nicht vergessen.
Sie hatte die Augen eines Fleischfressers — das wahre Gesicht einer blutrünstigen Meerjungfrau.
Der Geruch meines Blutes machte sie zur Bestie.

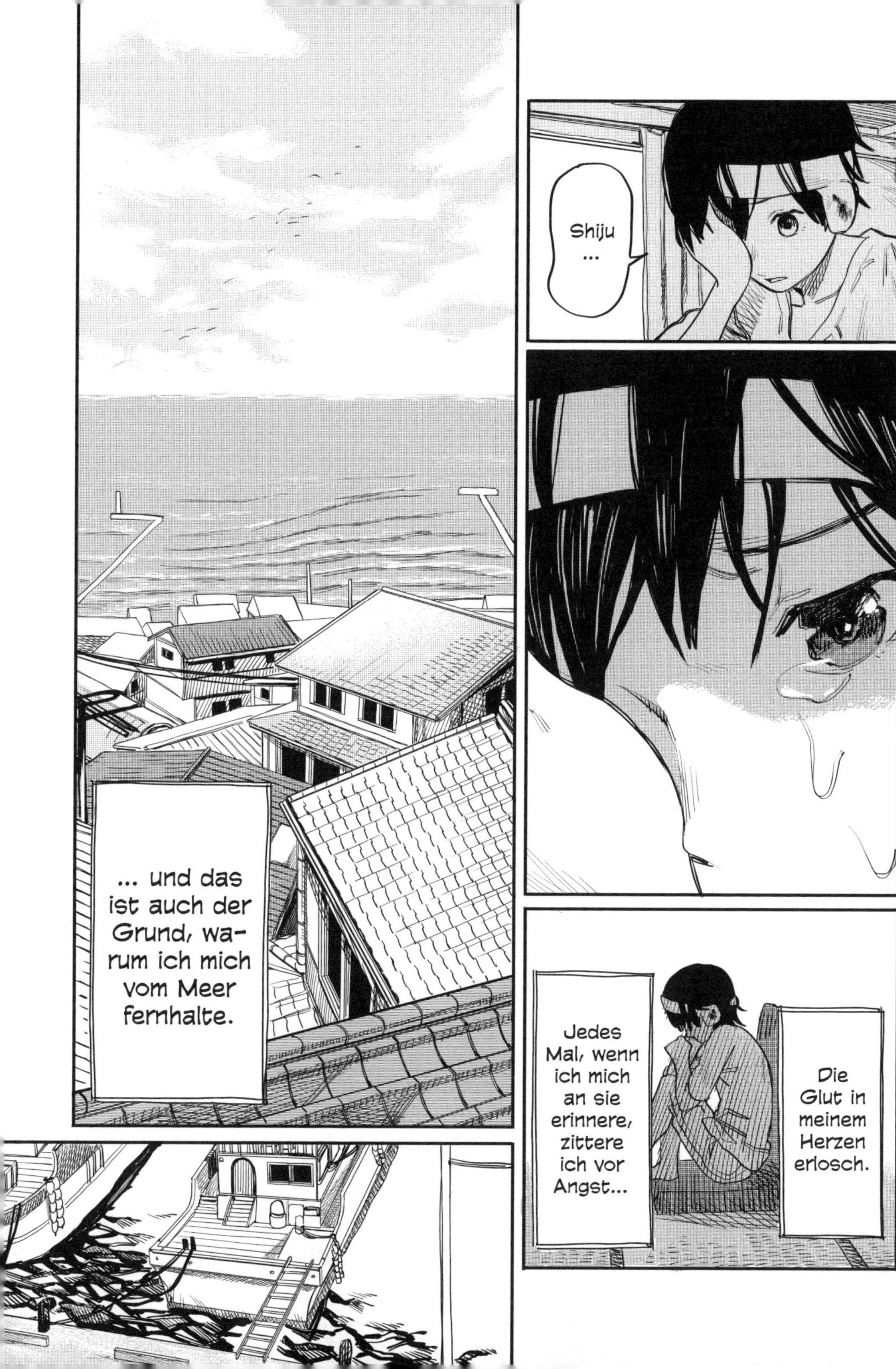
Shiju ...
Die Glut in meinem Herzen erlosch.
Jedes Mal, wenn ich mich an sie erinnere, zittere ich vor Angst...
... und das ist auch der Grund, warum ich mich vom Meer fernhalte.

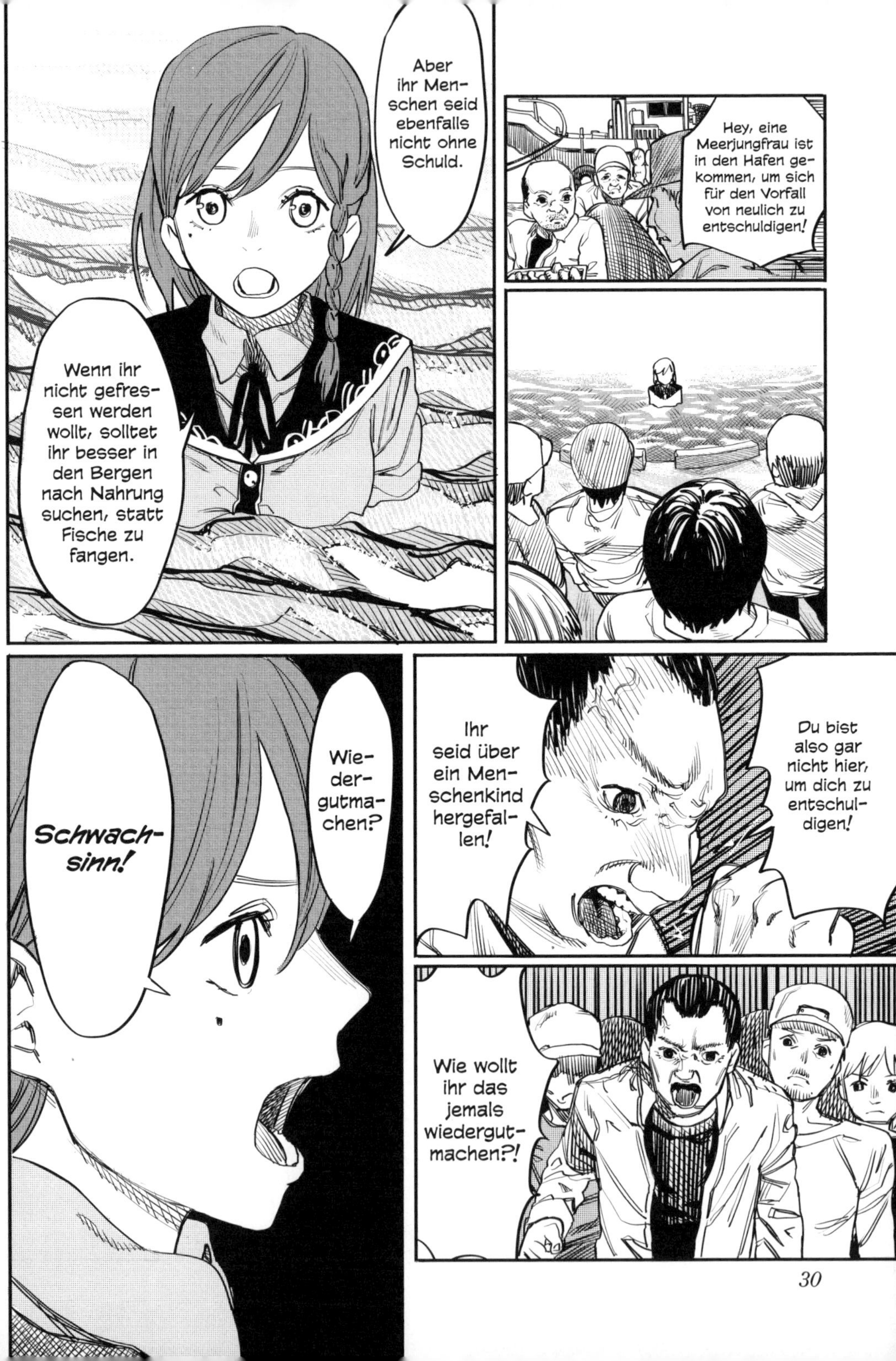
Hey, eine Meerjungfrau ist in den Hafen gekommen, um sich für den Vorfall von neulich zu entschuldigen!
Aber ihr Menschen seid ebenfalls nicht ohne Schuld.
Wenn ihr nicht gefressen werden wollt, solltet ihr besser in den Bergen nach Nahrung suchen, statt Fische zu fangen.
Du bist also gar nicht hier, um dich zu entschuldigen!
Ihr seid über ein Menschenkind hergefallen!
Wie wollt ihr das jemals wiedergutmachen?!
Wiedergutmachen?
Schwachsinn!

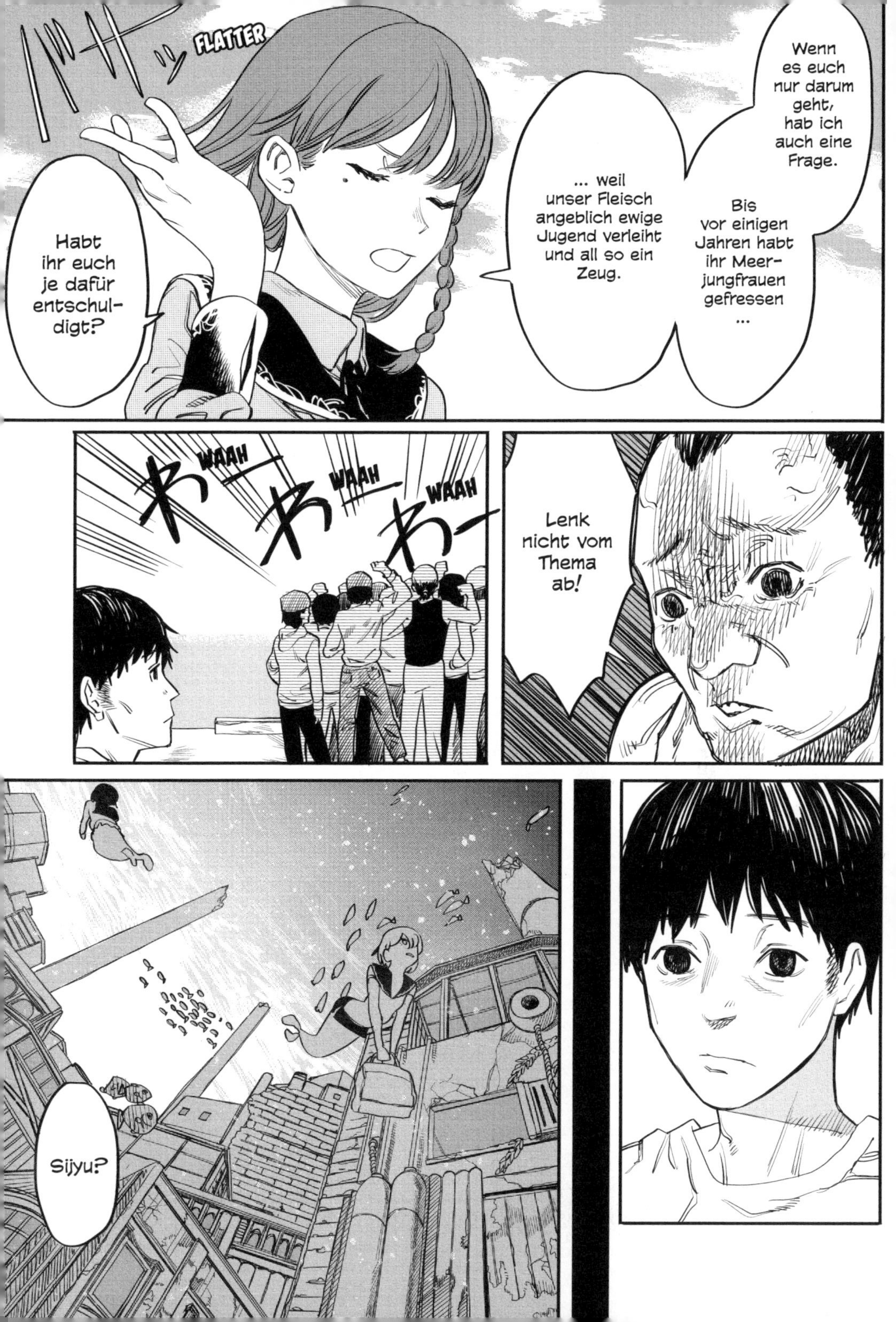
Wenn es euch nur darum geht, hab ich auch eine Frage.
Bis vor einigen Jahren habt ihr Meerjungfrauen gefressen ...
... weil unser Fleisch angeblich ewige Jugend verleiht und all so ein Zeug.
パサッ FLATTER
Habt ihr euch je dafür entschuldigt?
Lenk nicht vom Thema ab!
わ WAAH わ WAAH わー WAAH
Sijyu?

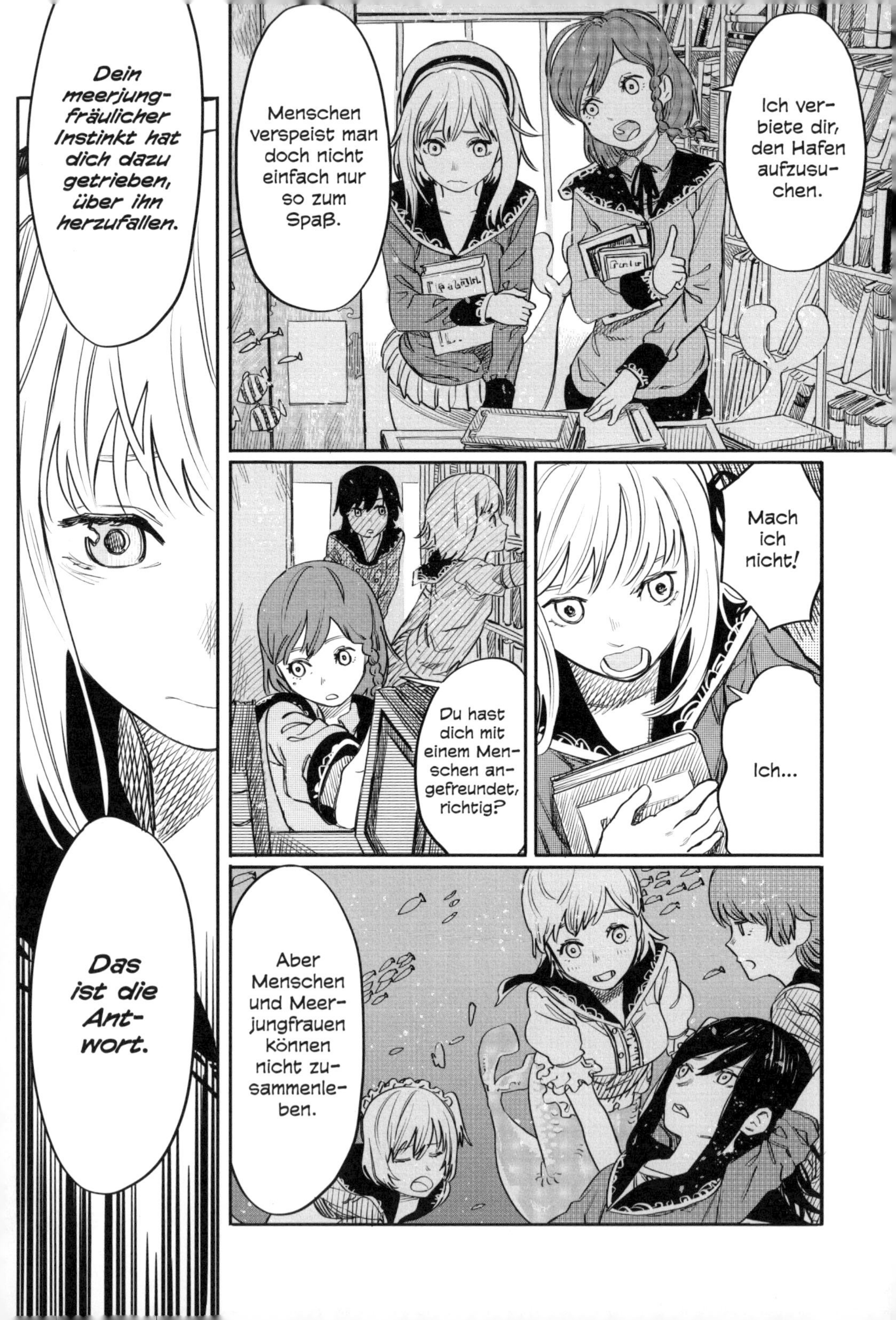

Ich verbiete dir, den Hafen aufzusuchen.
Menschen verspeist man doch nicht einfach nur so zum Spaß.
Mach ich nicht!
Ich...
Du hast dich mit einem Menschen angefreundet, richtig?
Aber Menschen und Meerjungfrauen können nicht zusammenleben.
Dein meerjungfräulicher Instinkt hat dich dazu getrieben, über ihn herzufallen.
Das ist die Antwort.

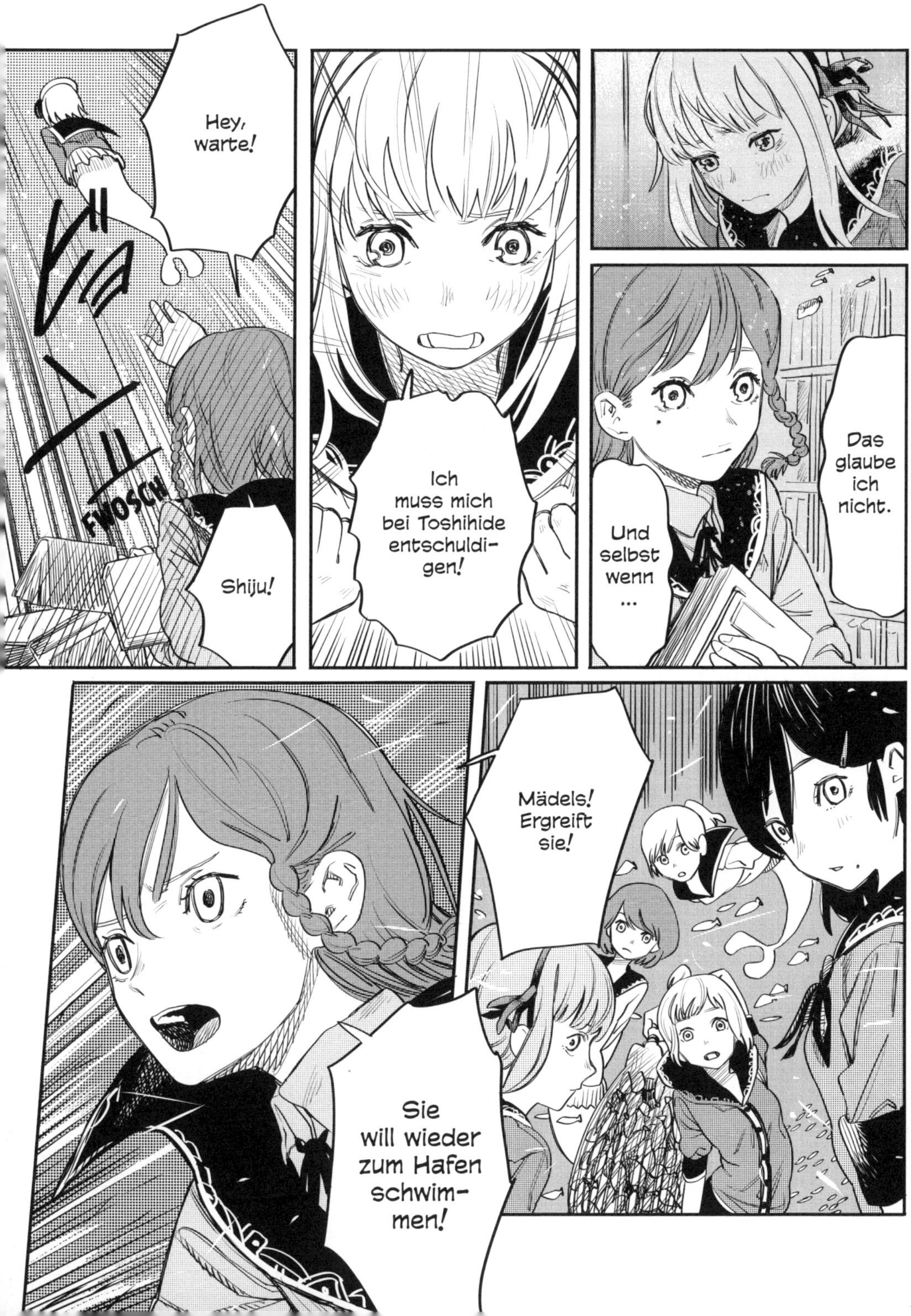
Das glaube ich nicht.
Und selbst wenn ...
Ich muss mich bei Toshihide entschuldigen!
Hey, warte!
FWOSCH
Shiju!
Mädels! Ergreift sie!
Sie will wieder zum Hafen schwimmen!

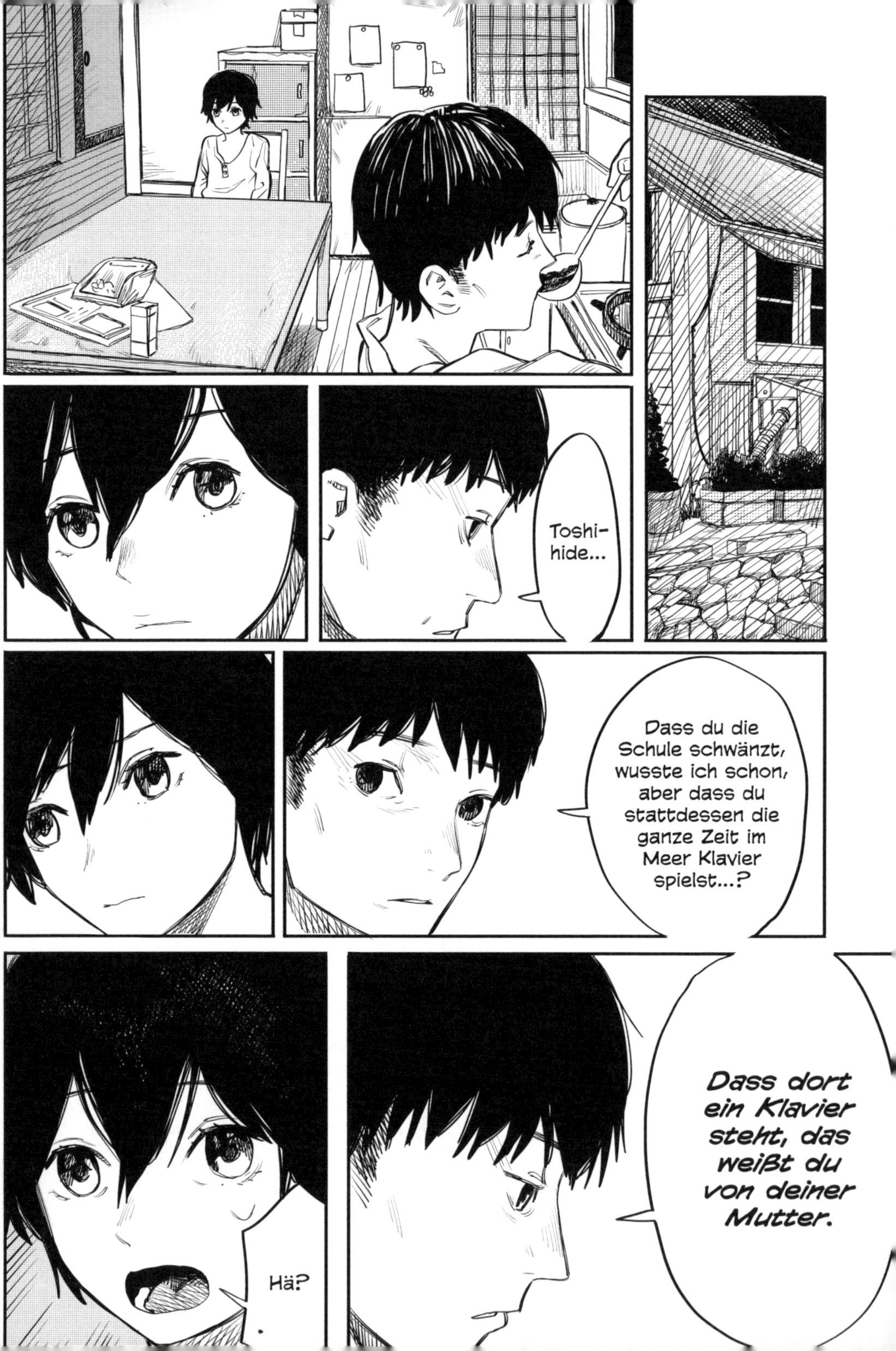
Toshi-
hide...
Dass du die Schule schwänzt, wusste ich schon, aber dass du stattdessen die ganze Zeit im Meer Klavier spielst...?
Dass dort ein Klavier steht, das weißt du von deiner Mutter.
Hä?

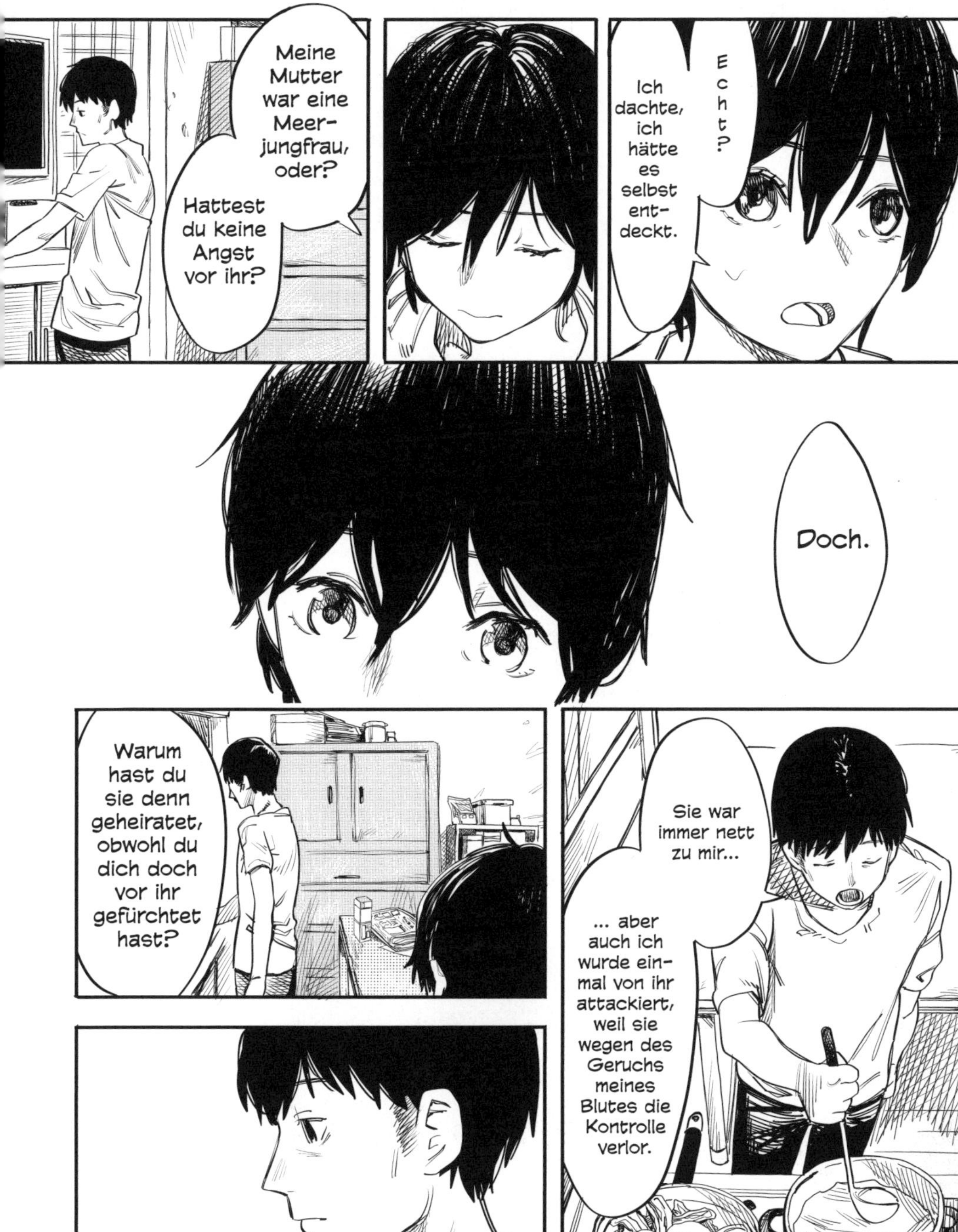

Echt?
Ich dachte, ich hätte es selbst entdeckt.
Meine Mutter war eine Meerjungfrau, oder?
Hattest du keine Angst vor ihr?
Doch.
Sie war immer nett zu mir...
... aber auch ich wurde einmal von ihr attackiert, weil sie wegen des Geruchs meines Blutes die Kontrolle verlor.
Warum hast du sie denn geheiratet, obwohl du dich doch vor ihr gefürchtet hast?

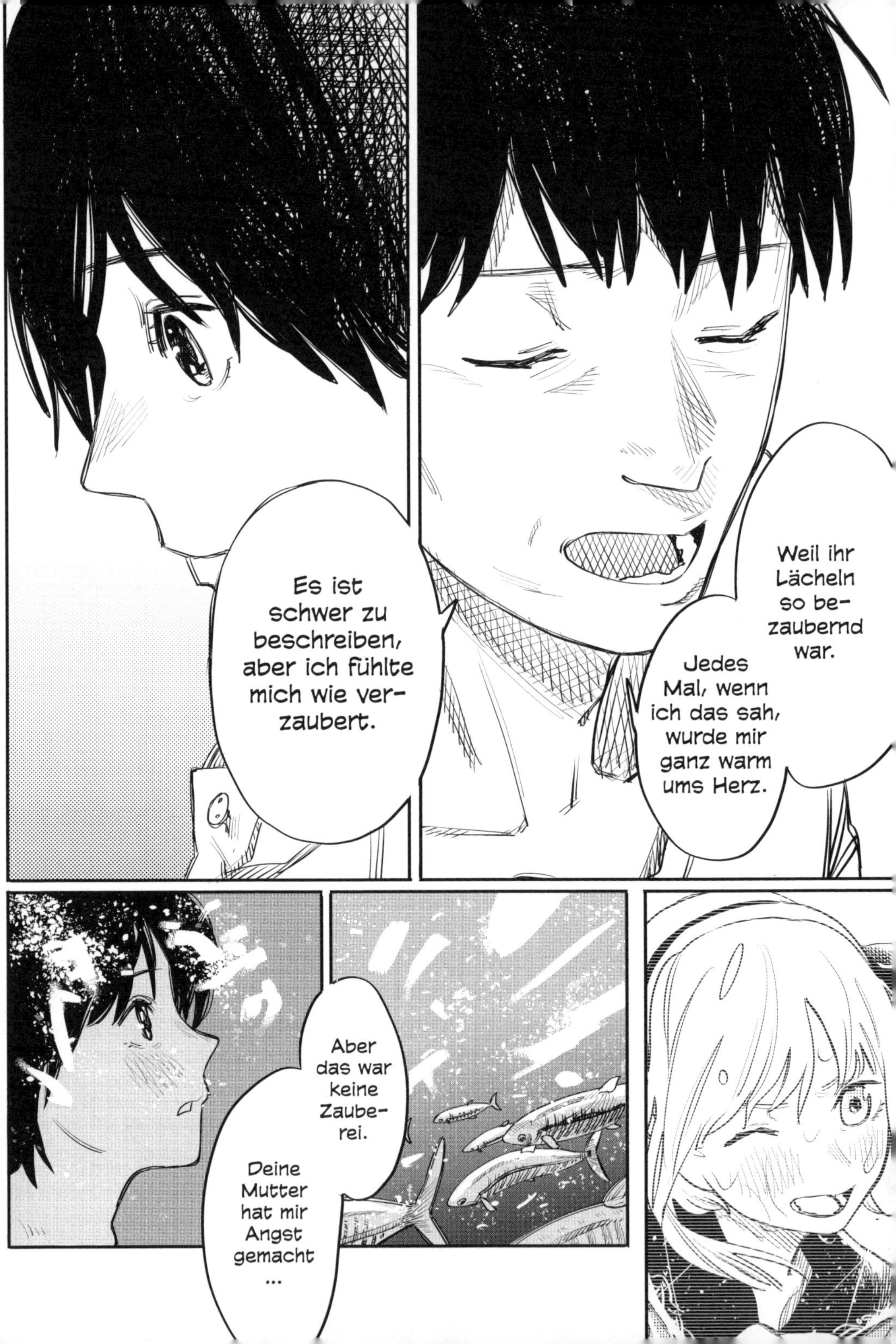
Weil ihr Lächeln so bezaubernd war.
Jedes Mal, wenn ich das sah, wurde mir ganz warm ums Herz.
Es ist schwer zu beschreiben, aber ich fühlte mich wie verzaubert.
Aber das war keine Zauberei.
Deine Mutter hat mir Angst gemacht ...

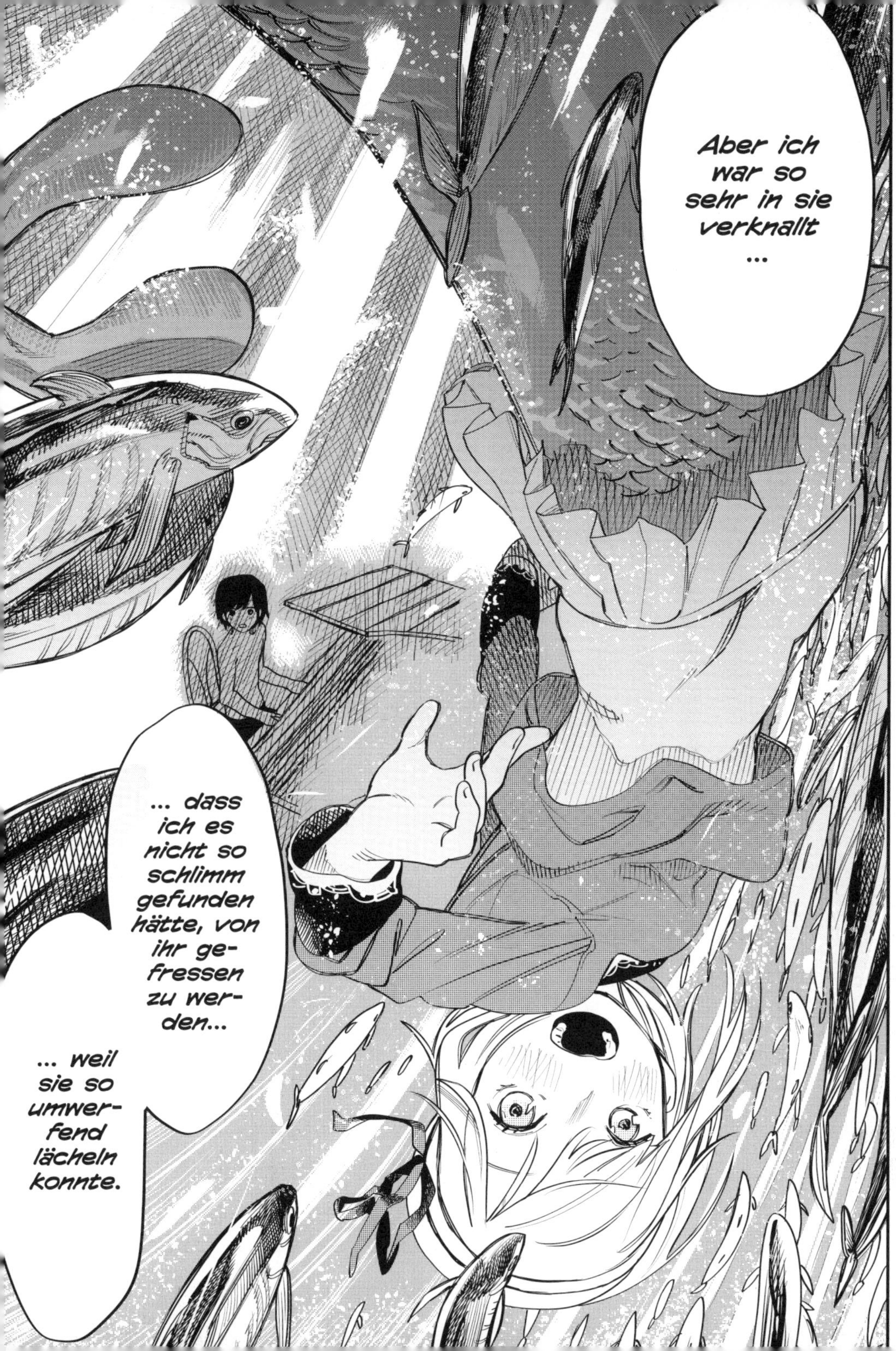
Aber ich war so sehr in sie verknallt ...
... dass ich es nicht so schlimm gefunden hätte, von ihr ge-fressen zu wer-den...
... weil sie so umwer-fend lächeln konnte.

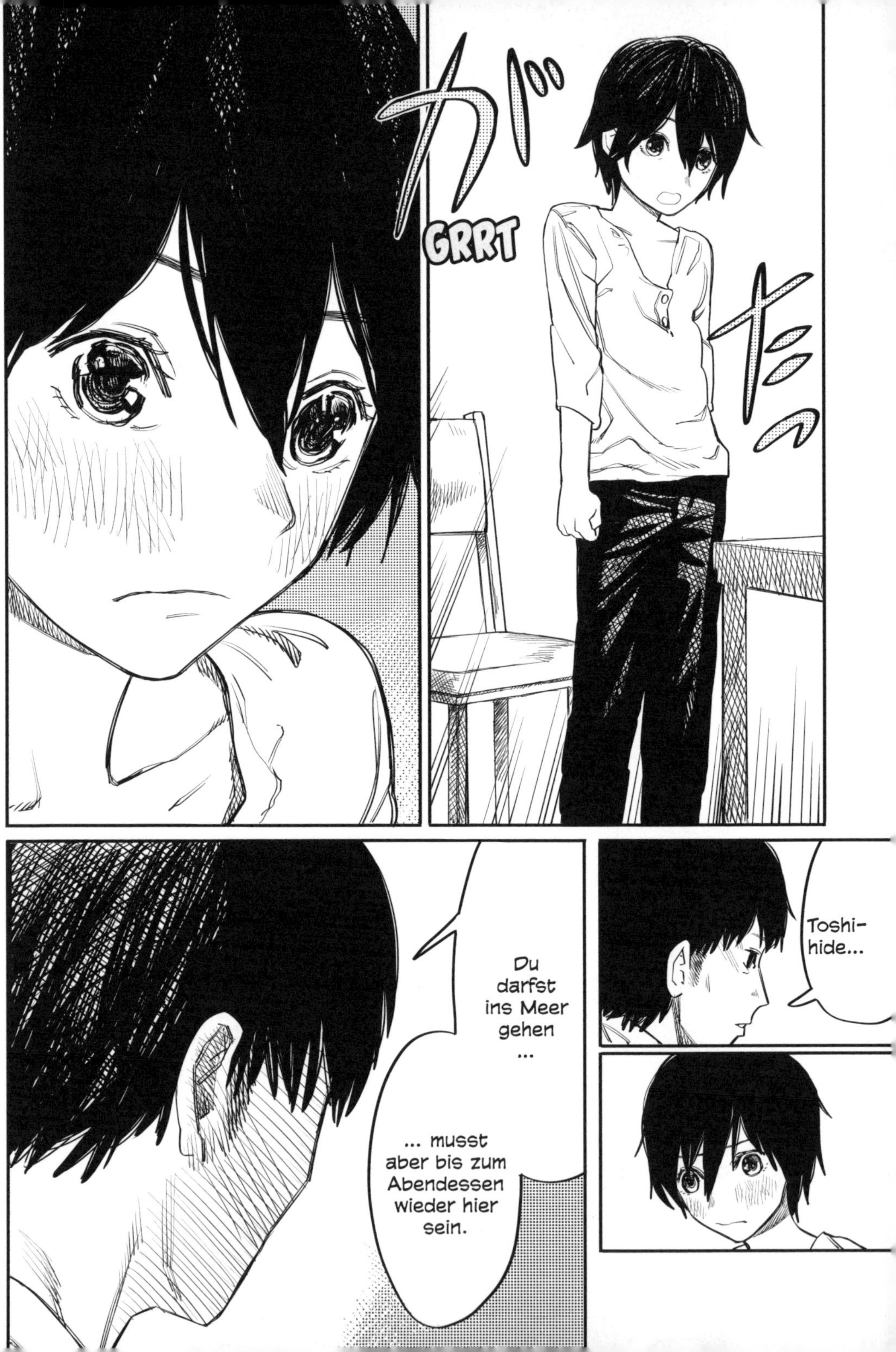
GRRT
Toshi-
hide...
Du
darfst
ins Meer
gehen
...
... musst
aber bis zum
Abendessen
wieder hier
sein.

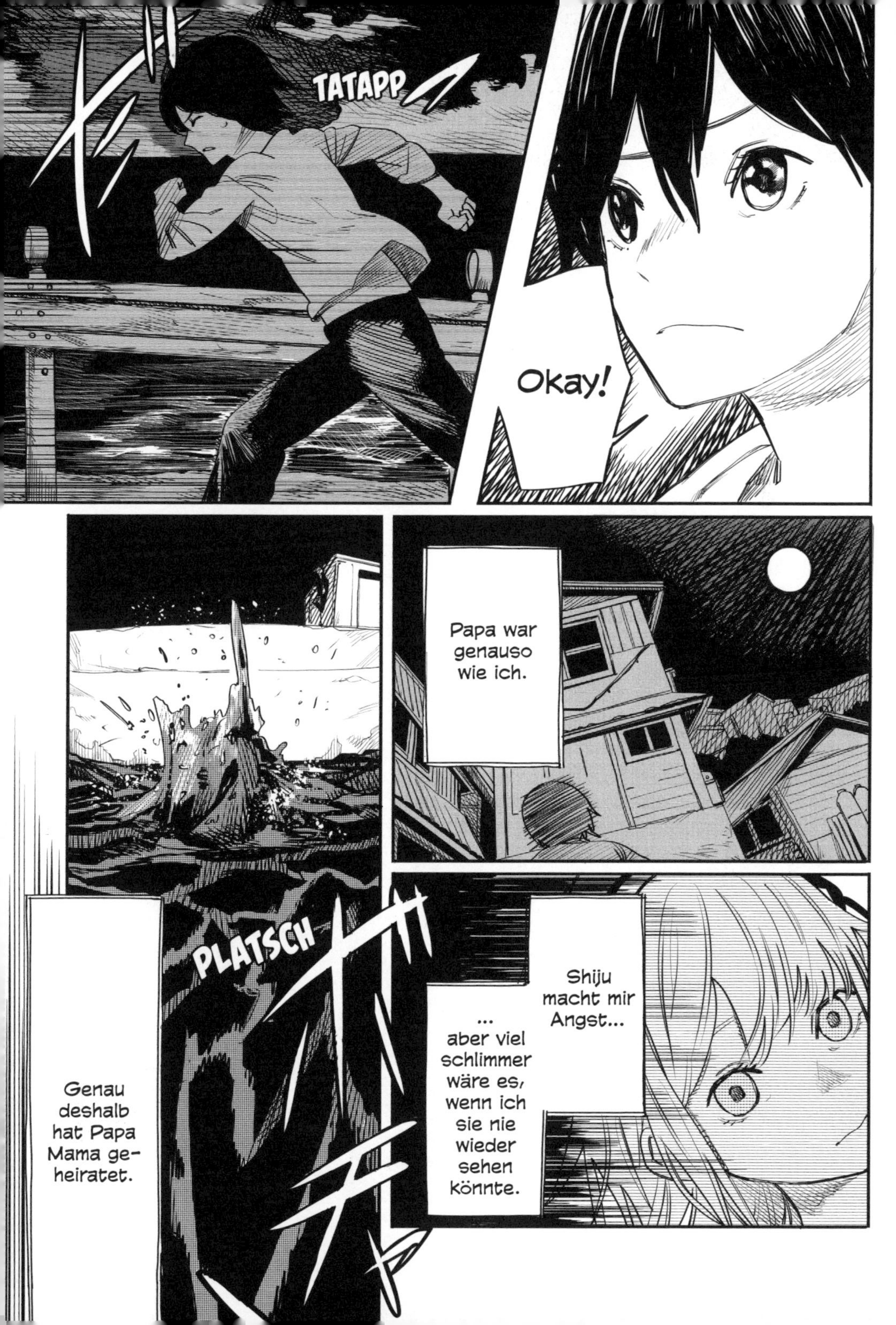
TATAPP
Okay!
Papa war genauso wie ich.
PLATSCH
Shiju macht mir Angst...
... aber viel schlimmer wäre es, wenn ich sie nie wieder sehen könnte.
Genau deshalb hat Papa Mama geheiratet.

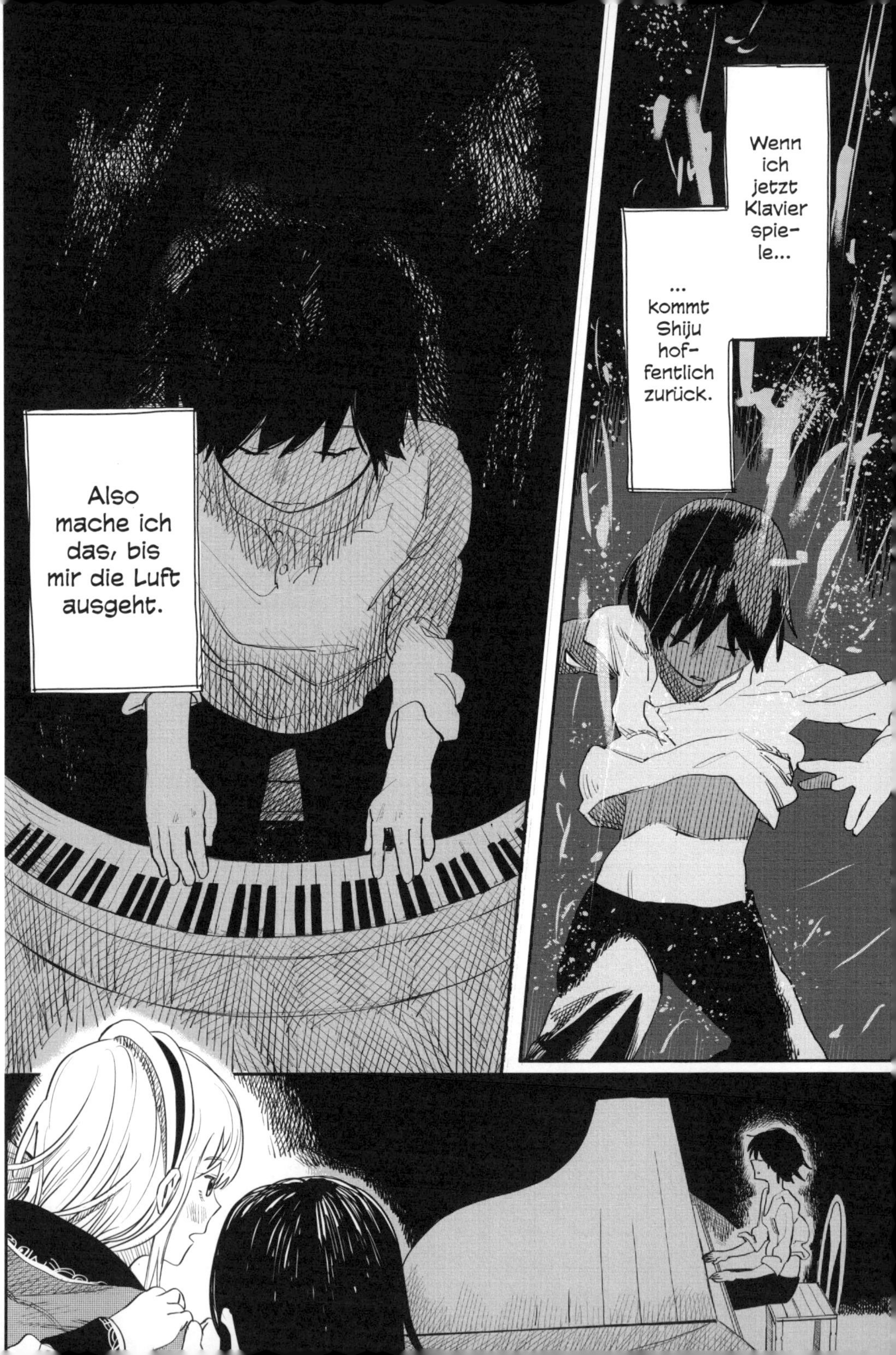
Wenn ich jetzt Klavier spiele...
... kommt Shiju hoffentlich zurück.
Also mache ich das, bis mir die Luft ausgeht.

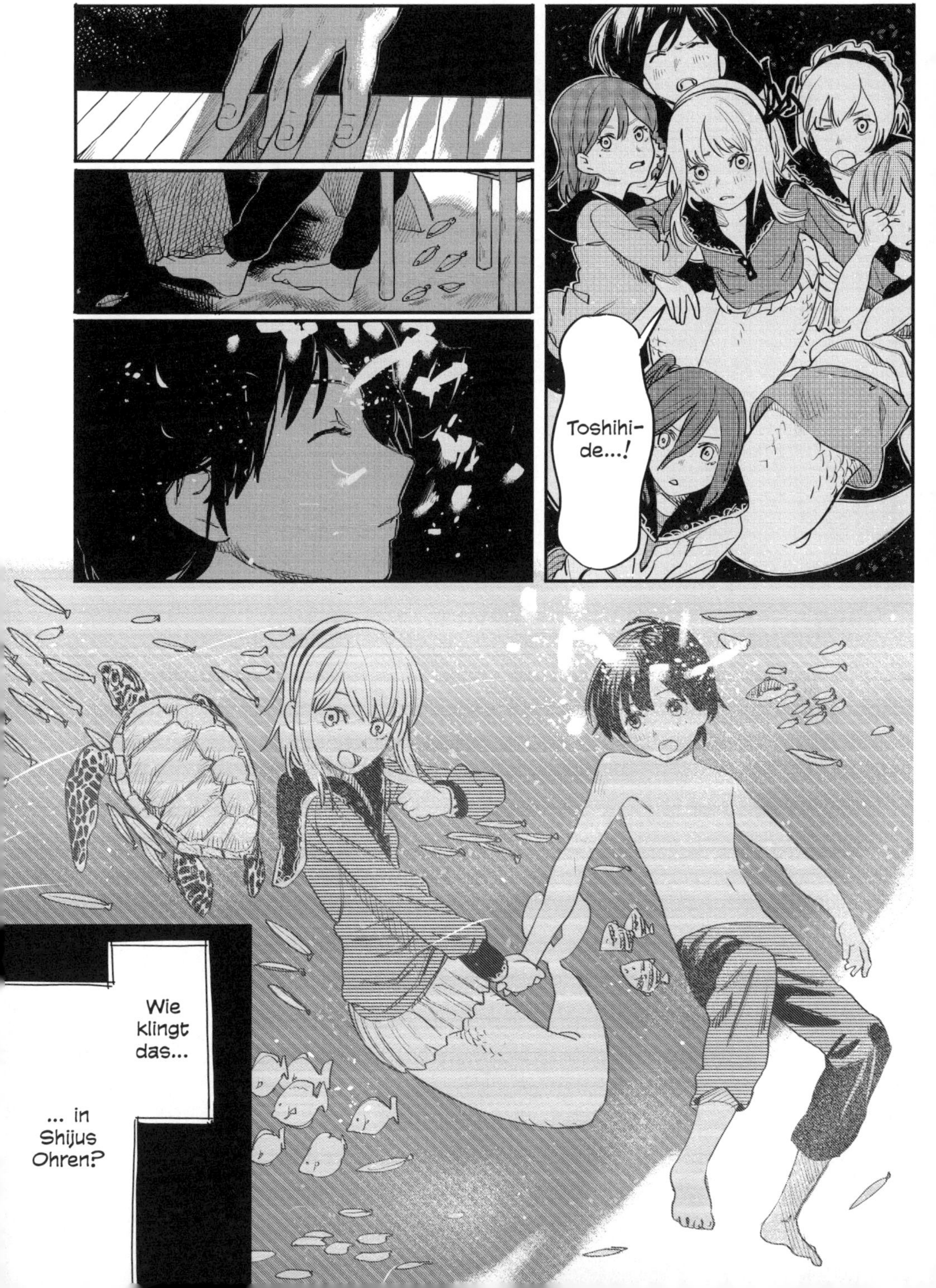
Toshihi-
de...!
Wie
klingt
das...
... in
Shijus
Ohren?

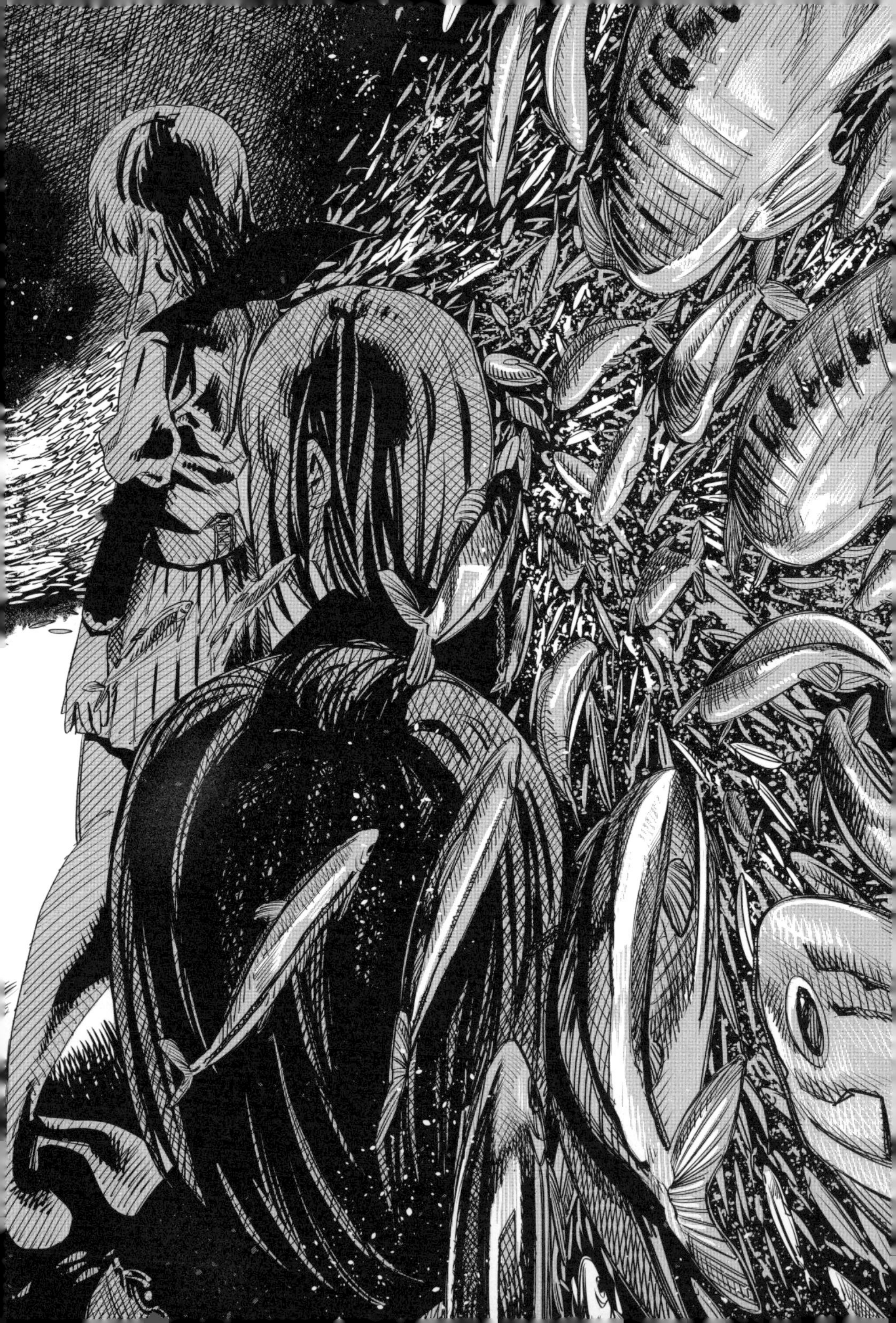

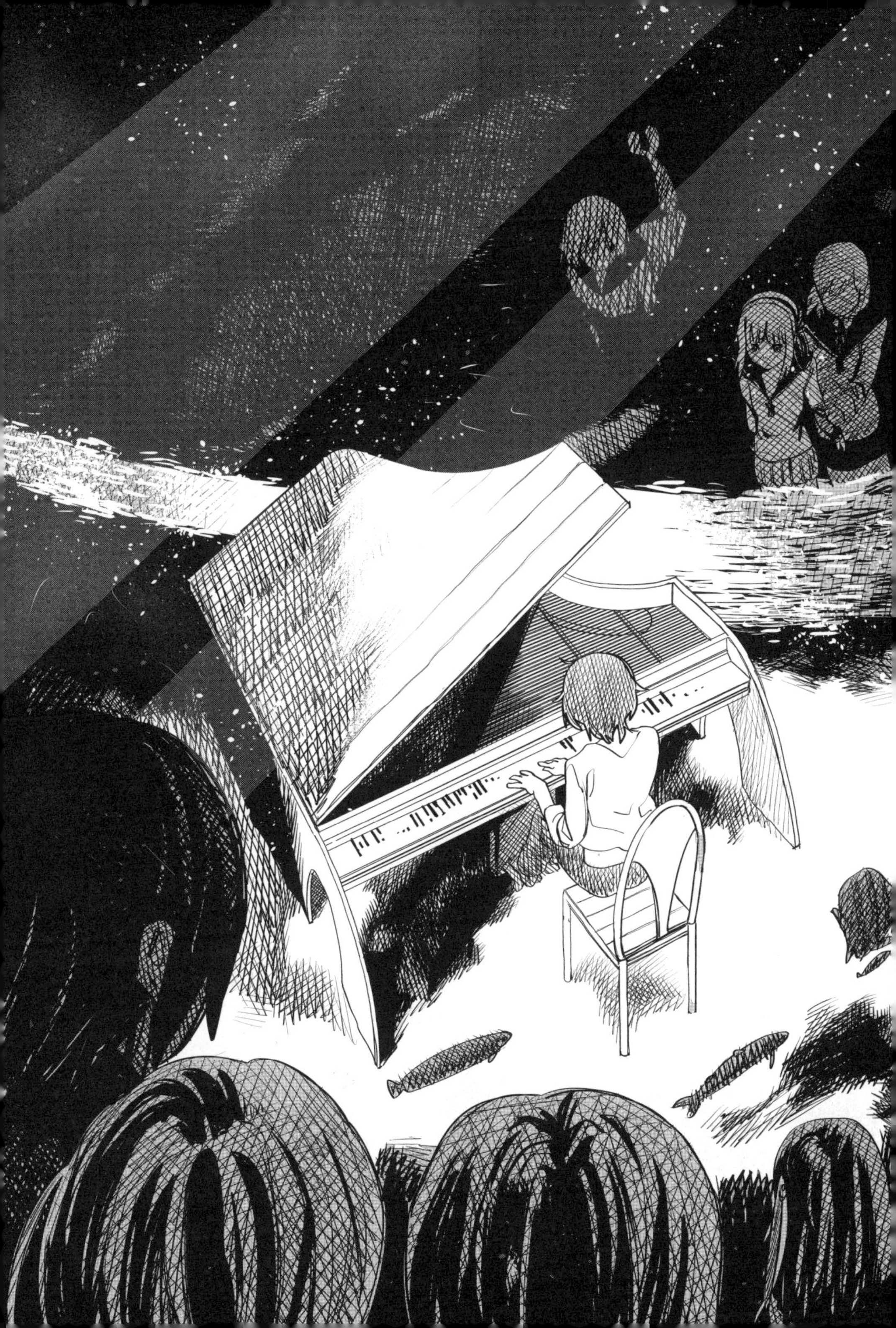

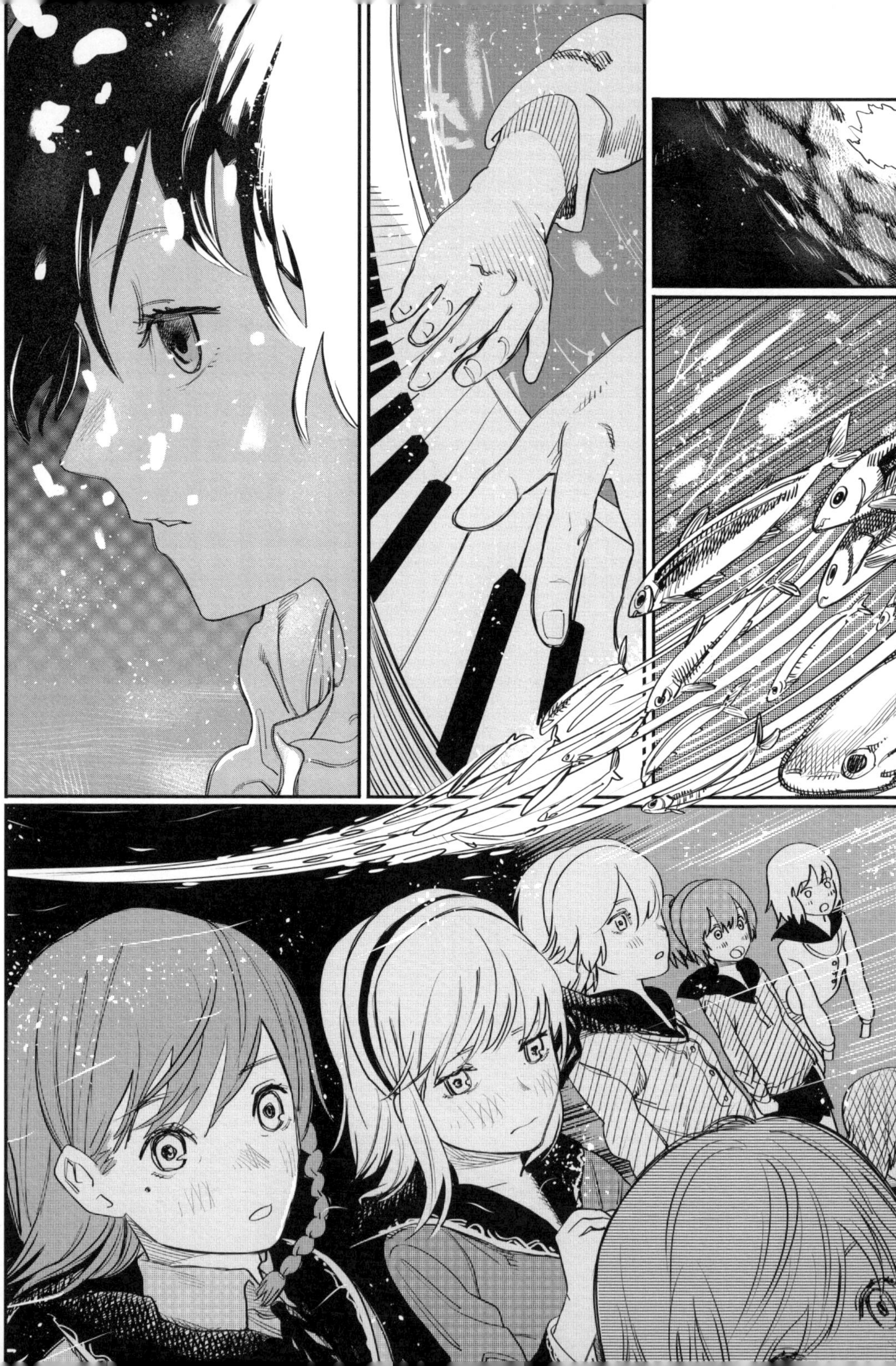

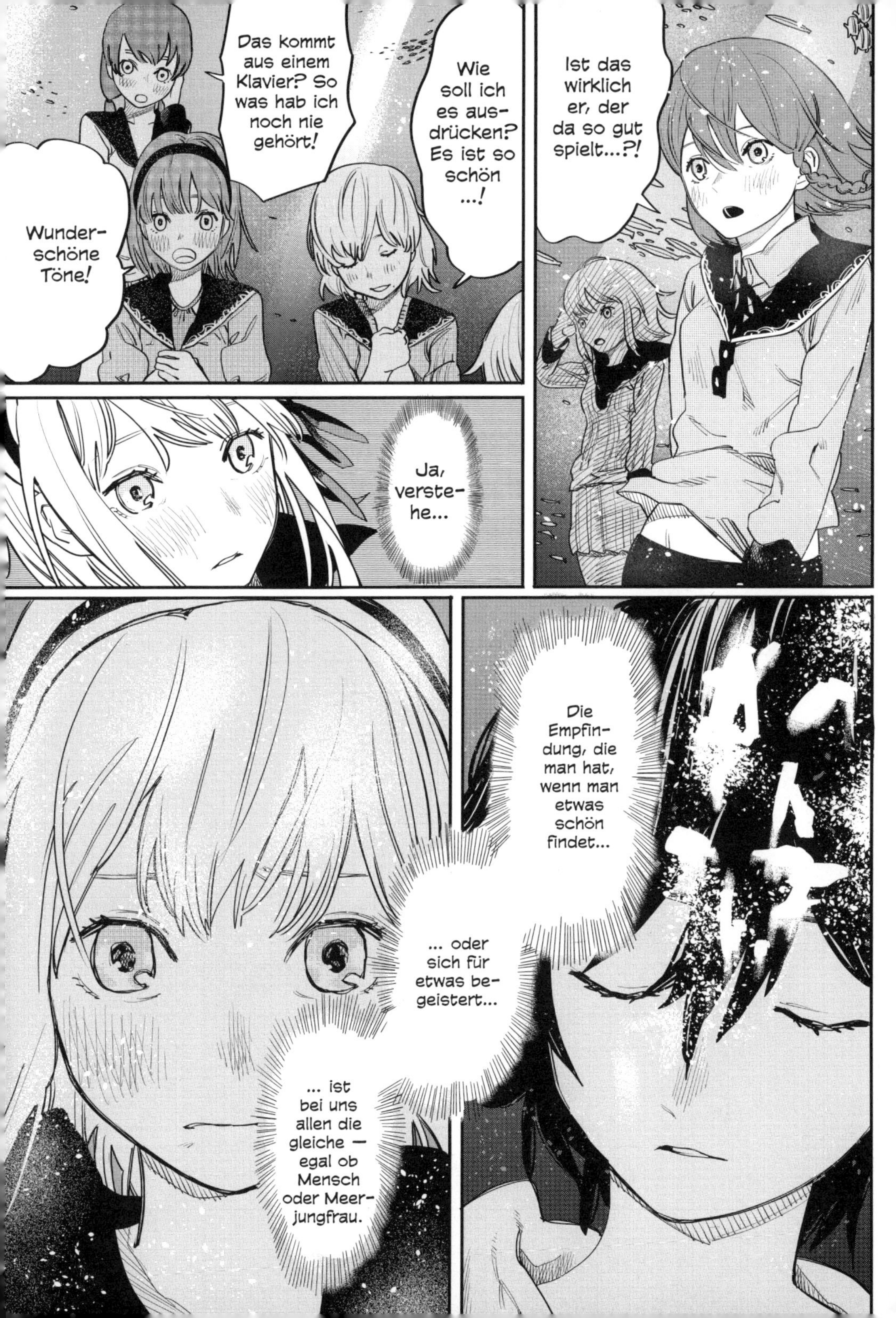

Ist das wirklich er, der da so gut spielt...?!
Wie soll ich es aus-drücken? Es ist so schön ...!
Das kommt aus einem Klavier? So was hab ich noch nie gehört!
Wunder-schöne Töne!
Ja, verste-he...
Die Empfin-dung, die man hat, wenn man etwas schön findet...
... oder sich für etwas be-geistert...
... ist bei uns allen die gleiche — egal ob Mensch oder Meer-jungfrau.

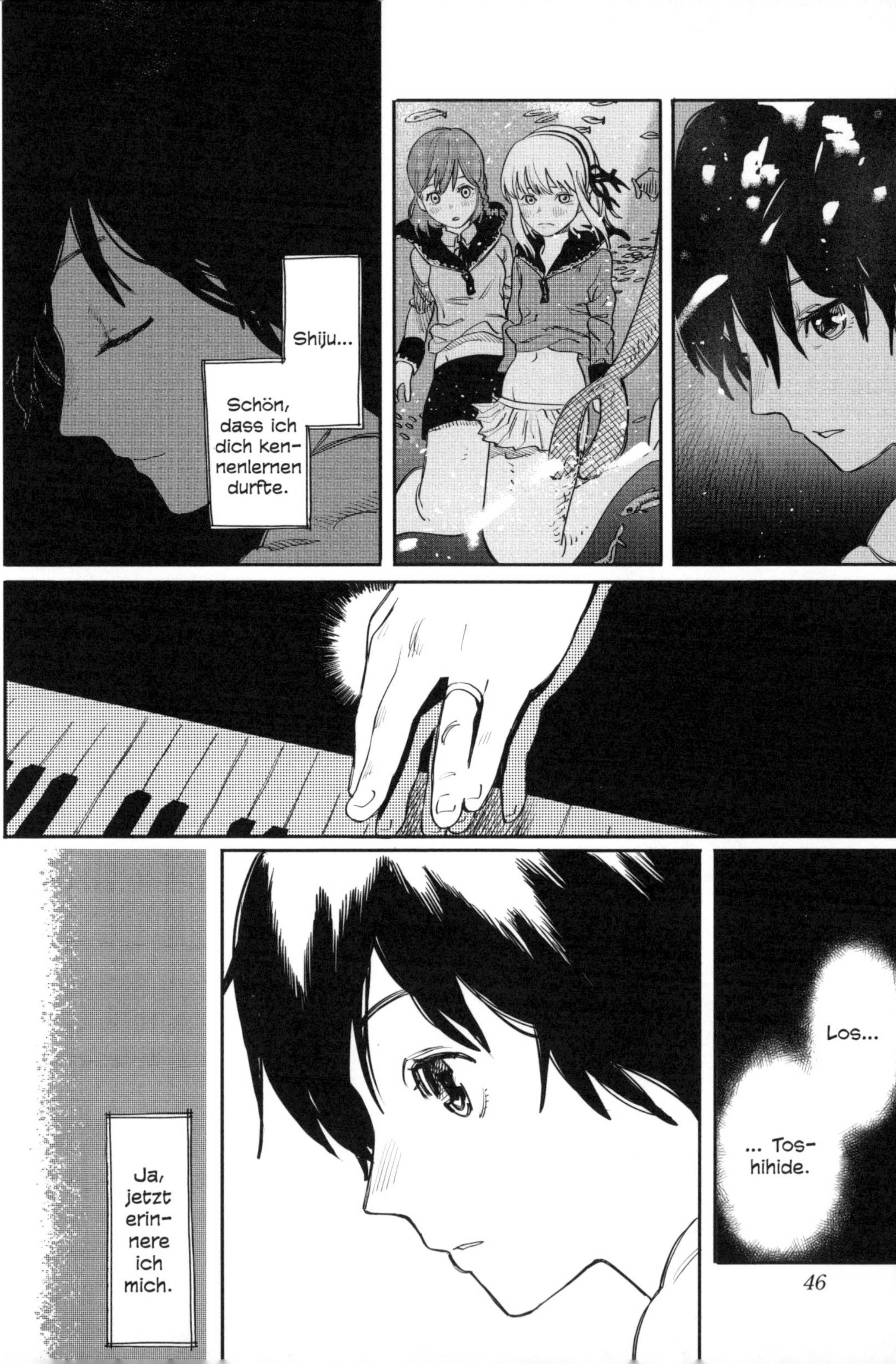
Shiju...
Schön, dass ich dich kennenlernen durfte.
Los...
... Toshihide.
Ja, jetzt erinnere ich mich.

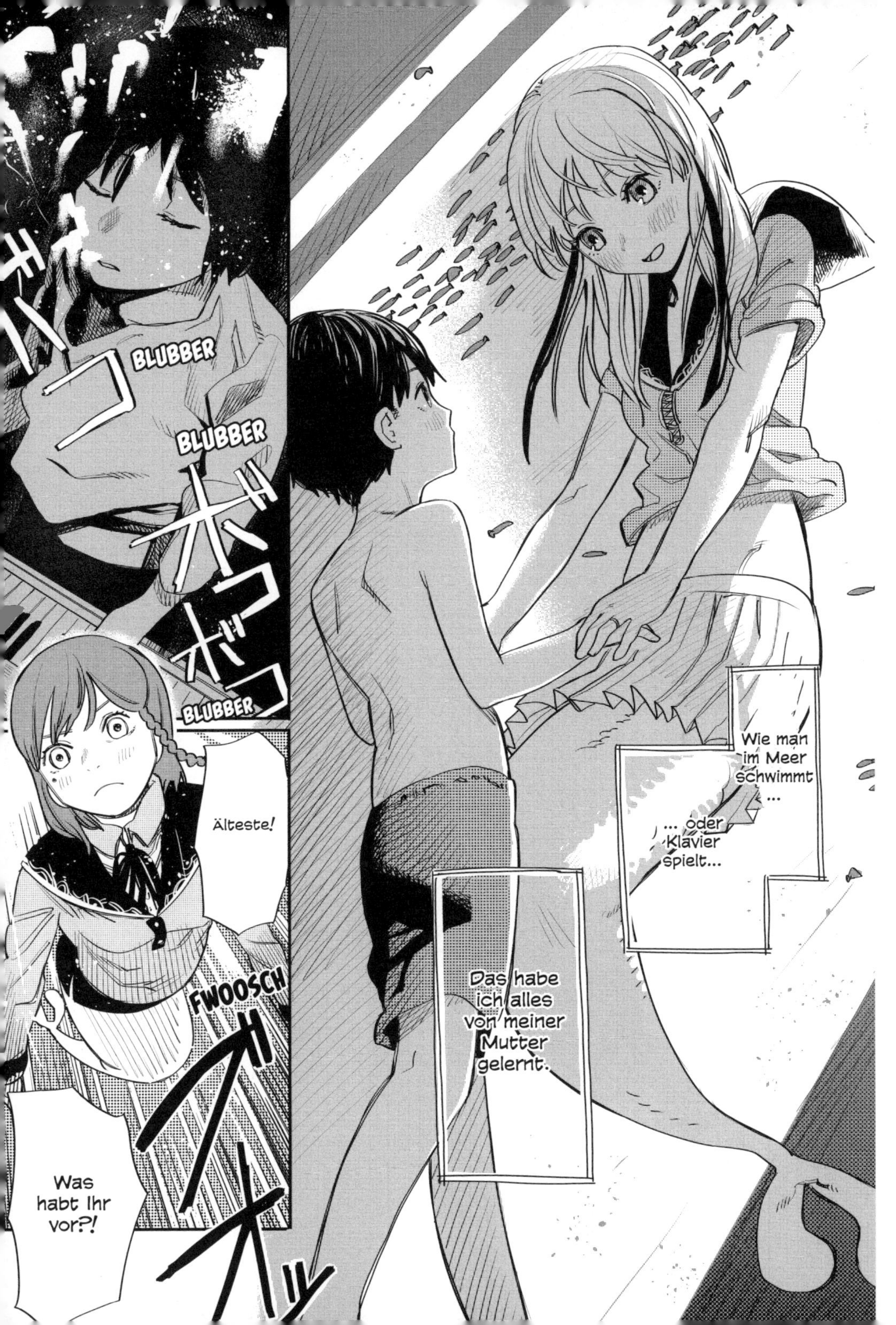
Wie man im Meer schwimmt ...
... oder Klavier spielt...
Das habe ich alles von meiner Mutter gelernt.
BLUBBER
BLUBBER
BLUBBER
Älteste!
FWOOSCH
Was habt Ihr vor?!

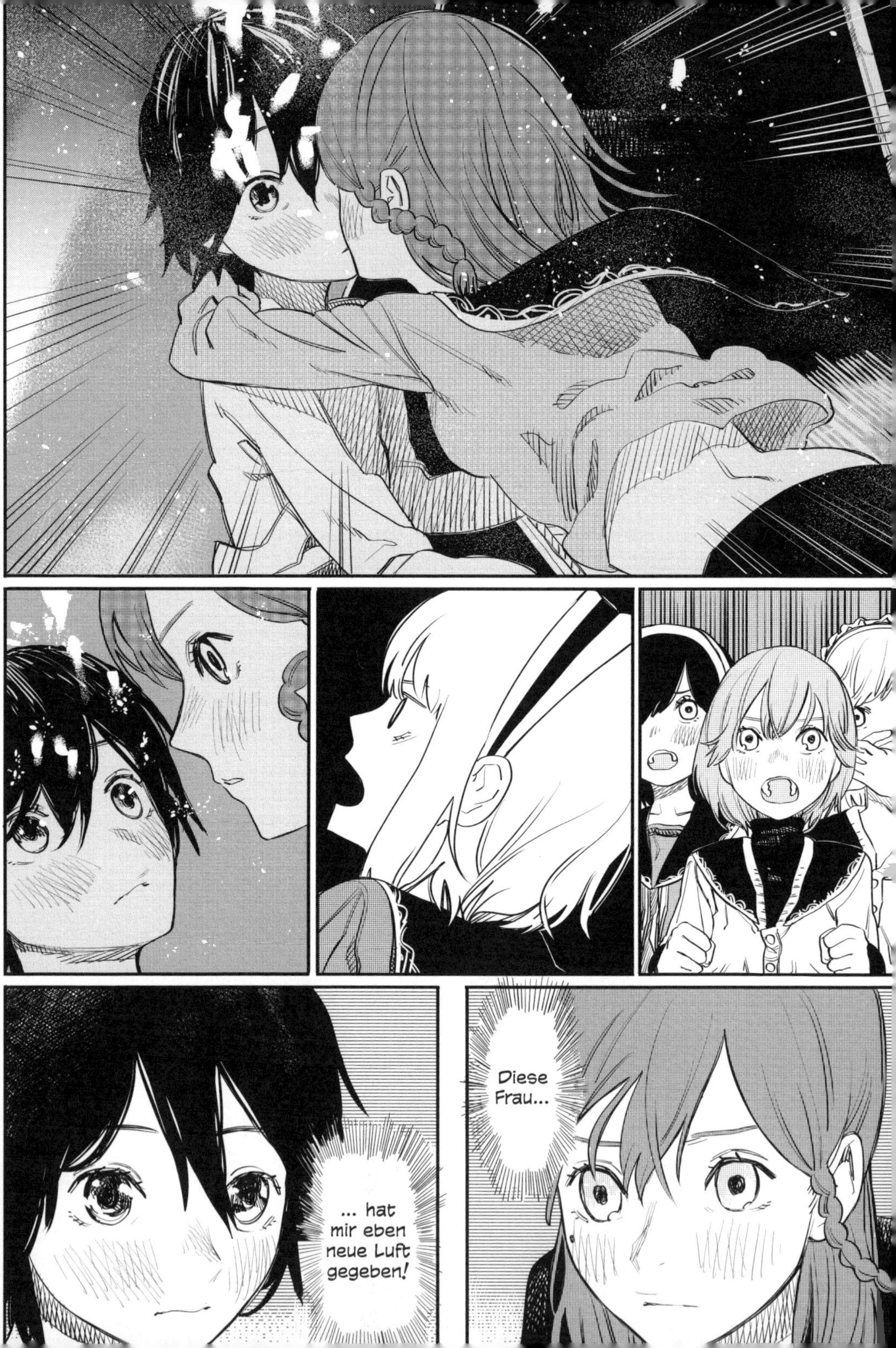
Diese Frau...
... hat mir eben neue Luft gegeben!

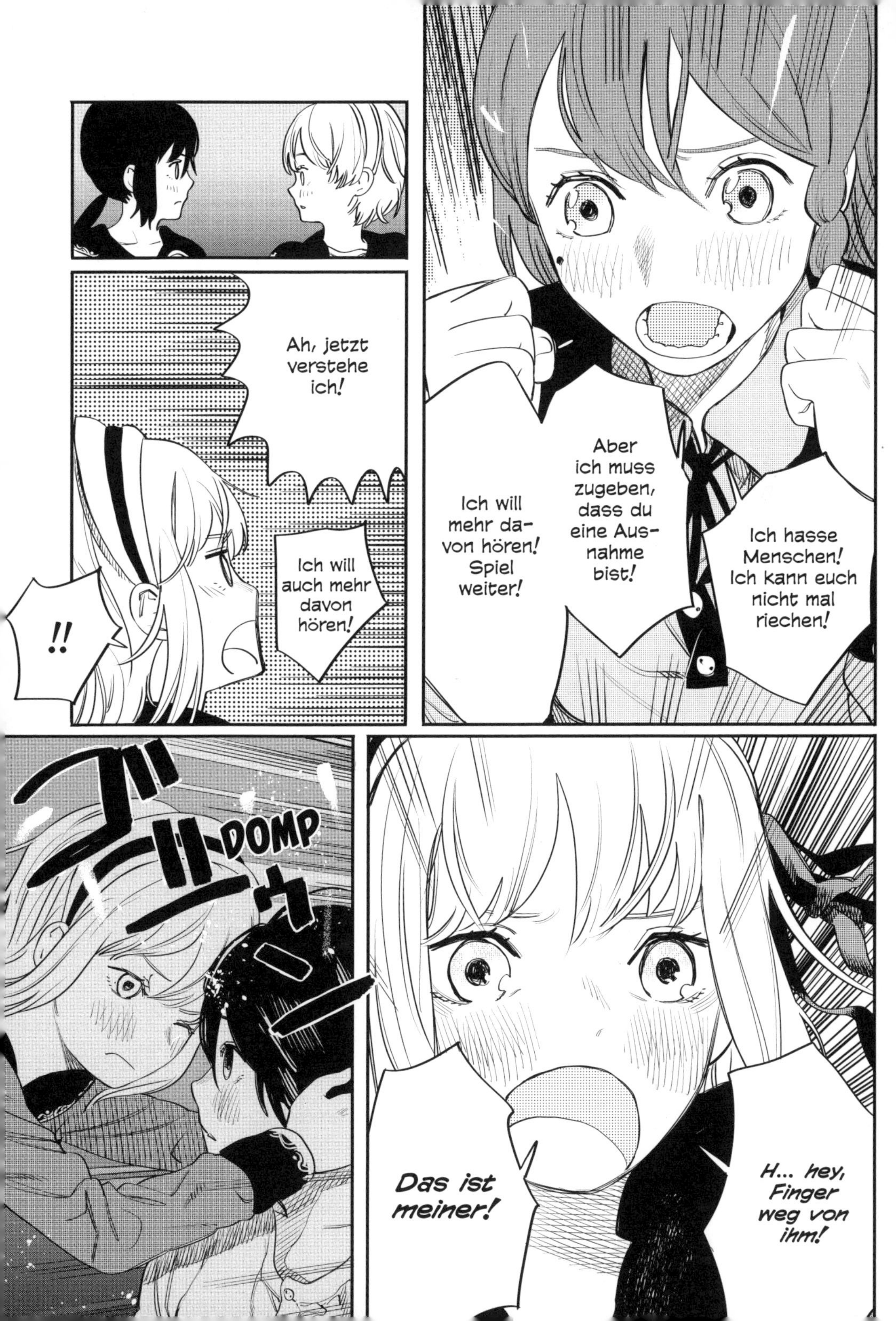
Ich hasse Menschen! Ich kann euch nicht mal riechen!
Aber ich muss zugeben, dass du eine Ausnahme bist!
Ich will mehr davon hören! Spiel weiter!
Ah, jetzt verstehe ich!
Ich will auch mehr davon hören!
!!
H... hey, Finger weg von ihm!
Das ist meiner!
DOMP

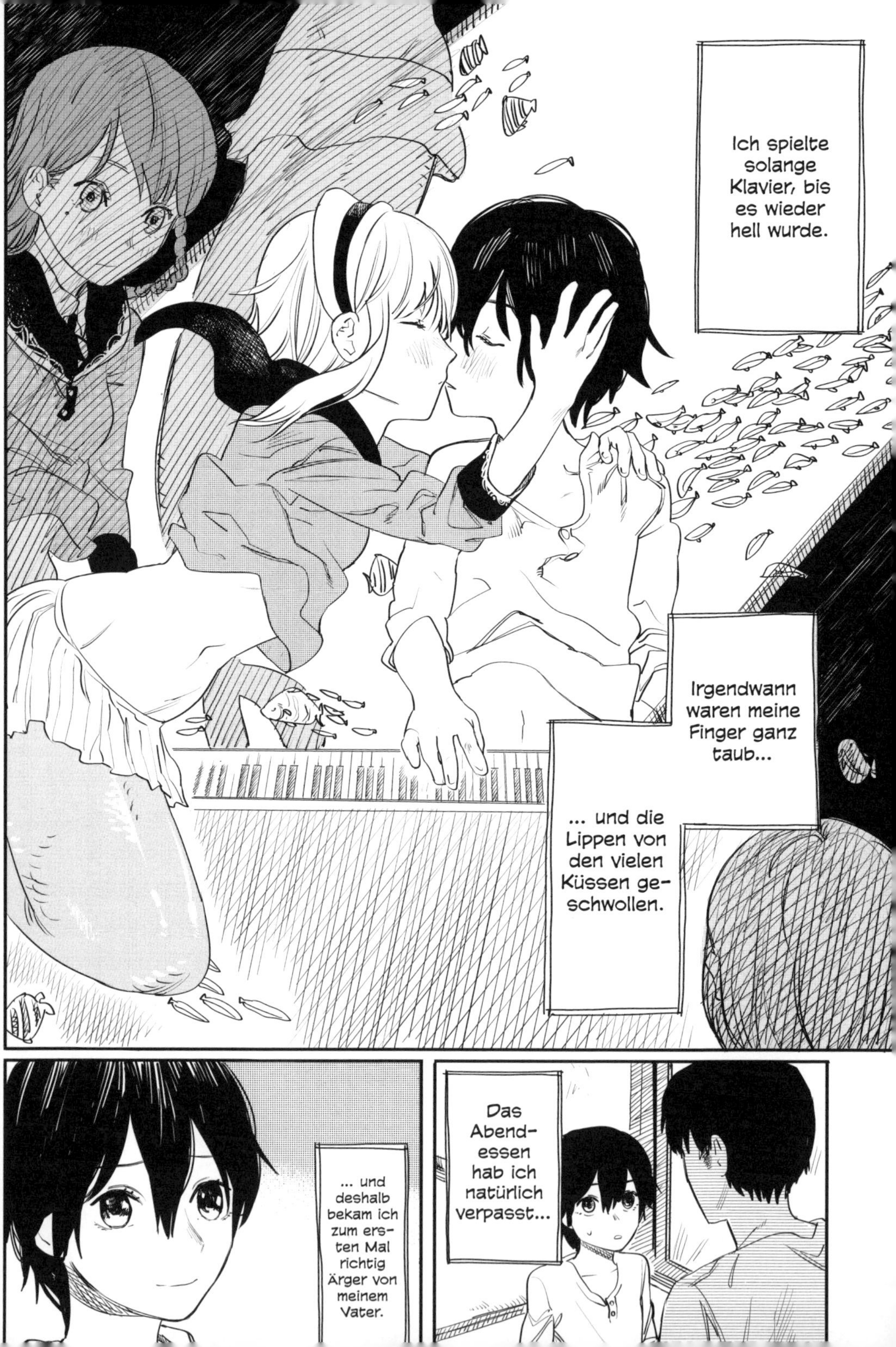
Ich spielte solange Klavier, bis es wieder hell wurde.
Irgendwann waren meine Finger ganz taub...
... und die Lippen von den vielen Küssen geschwollen.
Das Abendessen hab ich natürlich verpasst...
... und deshalb bekam ich zum ersten Mal richtig Ärger von meinem Vater.

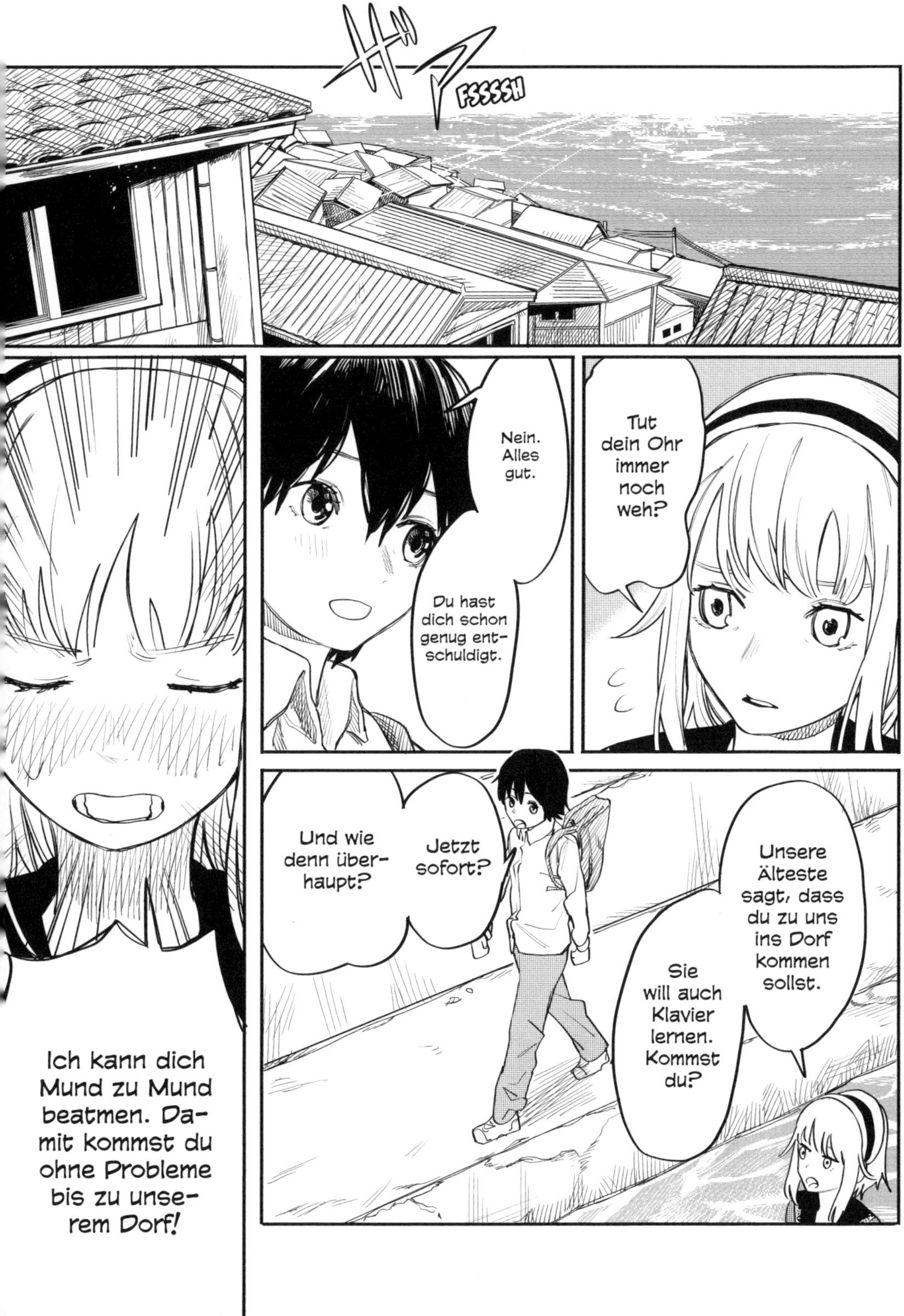
FSSSSH
Tut dein Ohr immer noch weh?
Nein. Alles gut.
Du hast dich schon genug entschuldigt.
Unsere Älteste sagt, dass du zu uns ins Dorf kommen sollst.
Sie will auch Klavier lernen. Kommst du?
Jetzt sofort?
Und wie denn überhaupt?
Ich kann dich Mund zu Mund beatmen. Damit kommst du ohne Probleme bis zu unserem Dorf!

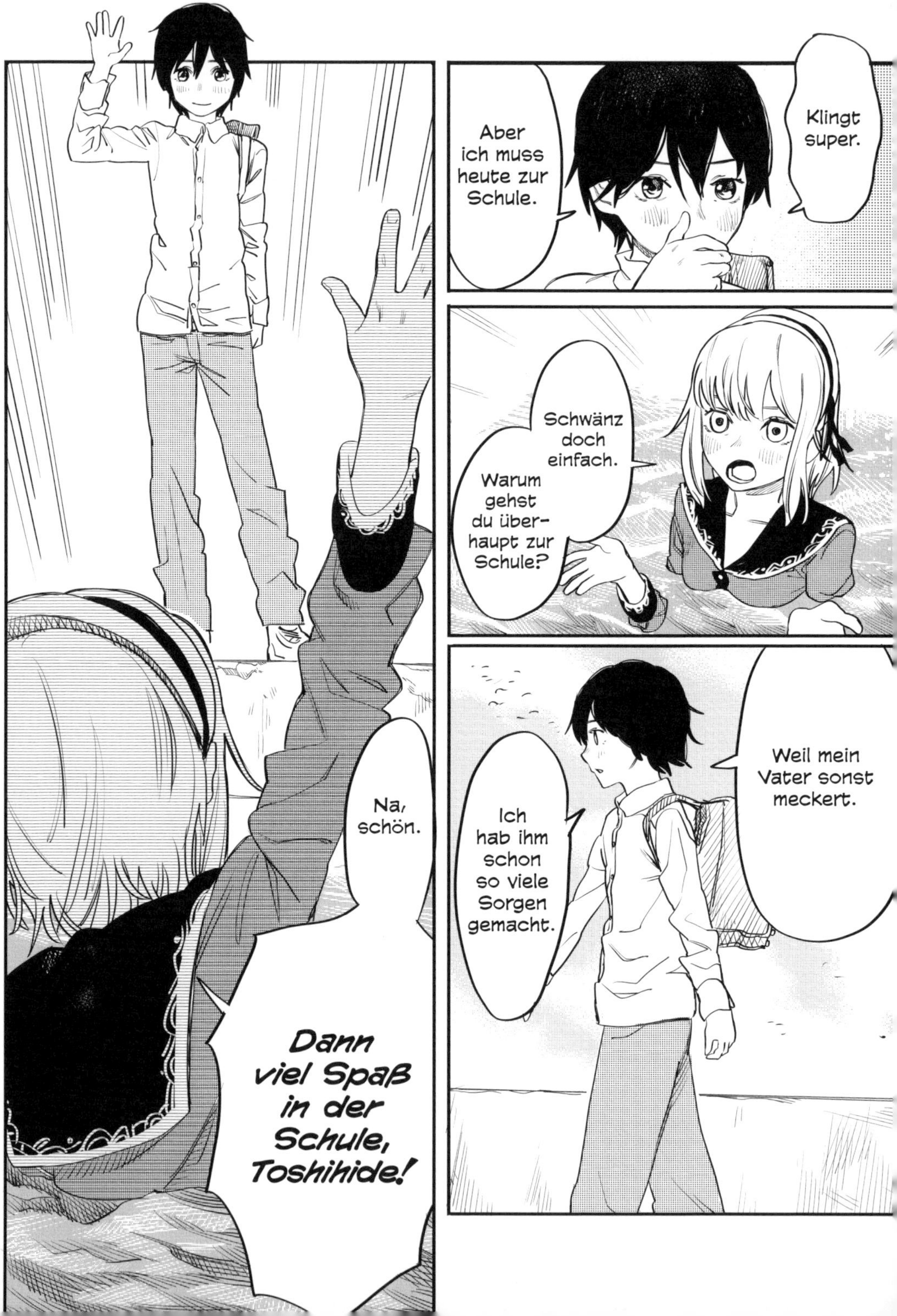
Klingt super.
Aber ich muss heute zur Schule.
Schwänz doch einfach.
Warum gehst du überhaupt zur Schule?
Weil mein Vater sonst meckert.
Ich hab ihm schon so viele Sorgen gemacht.
Na, schön.
Dann viel Spaß in der Schule, Toshihide!

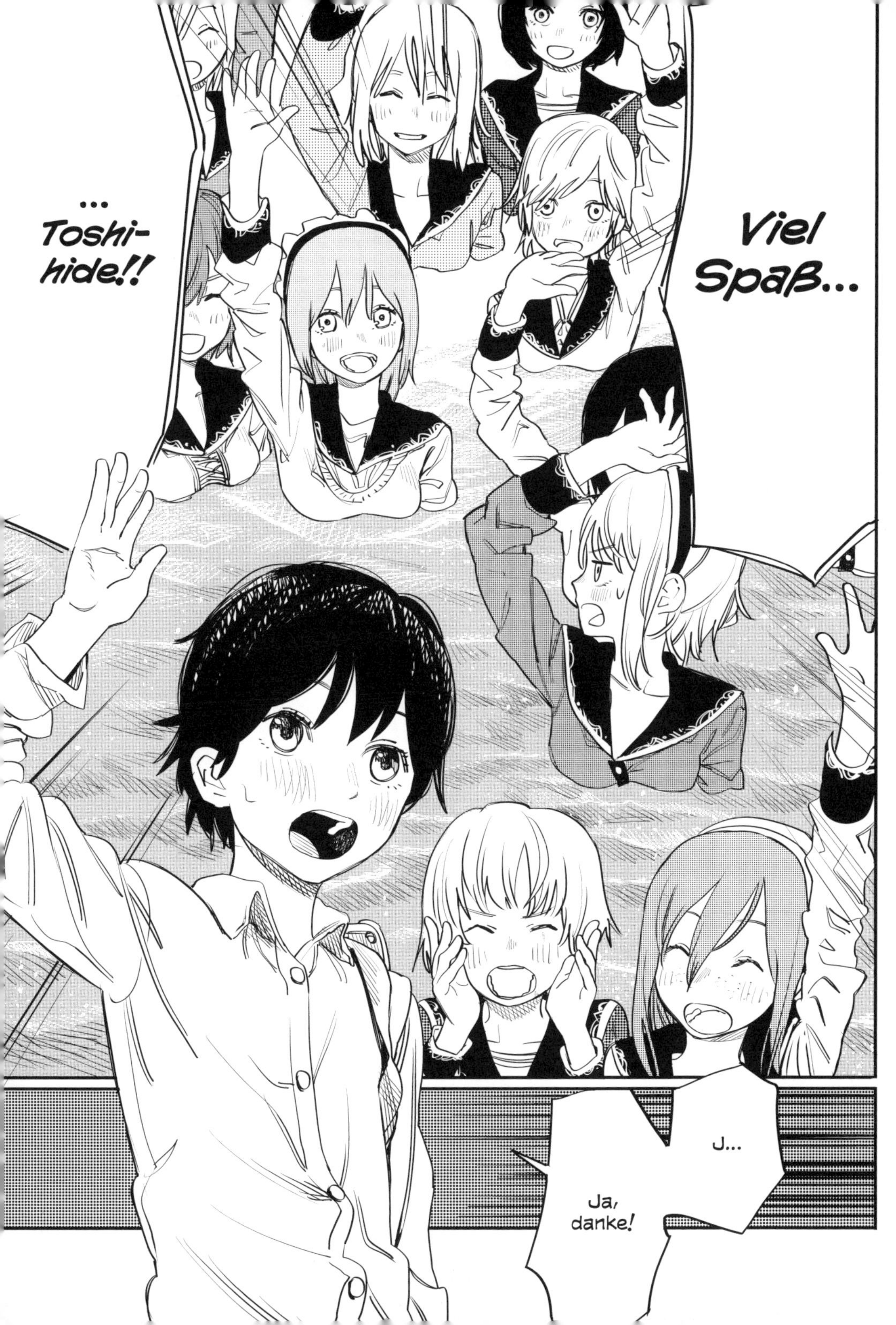
Viel Spaß...
... Toshi-hide!!
J...
Ja, danke!

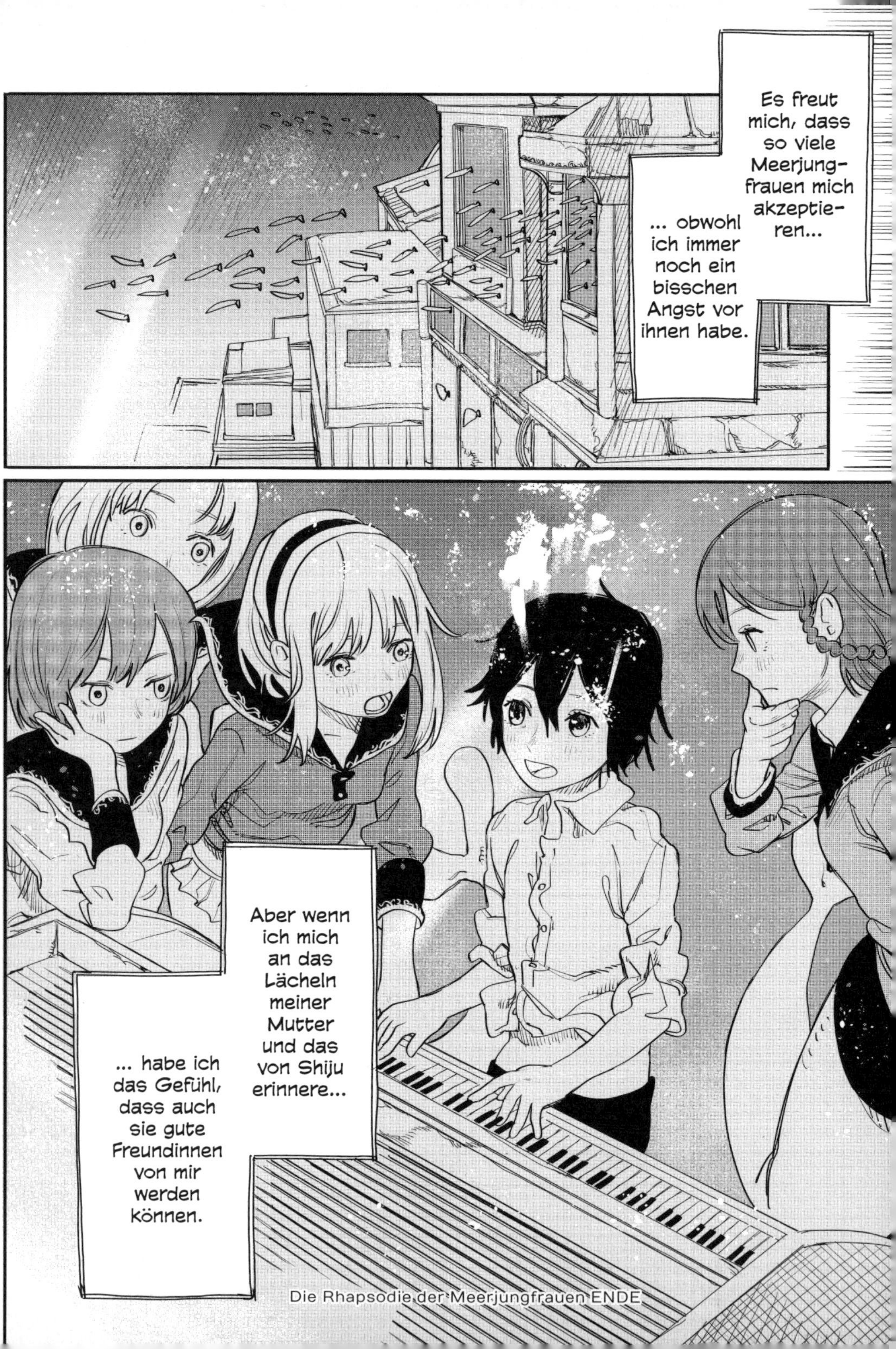
Es freut mich, dass so viele Meerjung-frauen mich akzeptie-ren...
... obwohl ich immer noch ein bisschen Angst vor ihnen habe.
Aber wenn ich mich an das Lächeln meiner Mutter und das von Shiju erinnere...
... habe ich das Gefühl, dass auch sie gute Freundinnen von mir werden können.
Die Rhapsodie der Meerjungfrauen ENDE

[Die Rhapsodie der Meerjungfrauen]

Da mein Redakteur behauptete, ich könne keine normale Geschichte zeichnen, wollte ich unbedingt das Gegenteil beweisen. Und wenn ich jetzt das Werk vor mir betrachte, kann ich nichts Unnormales daran erkennen.

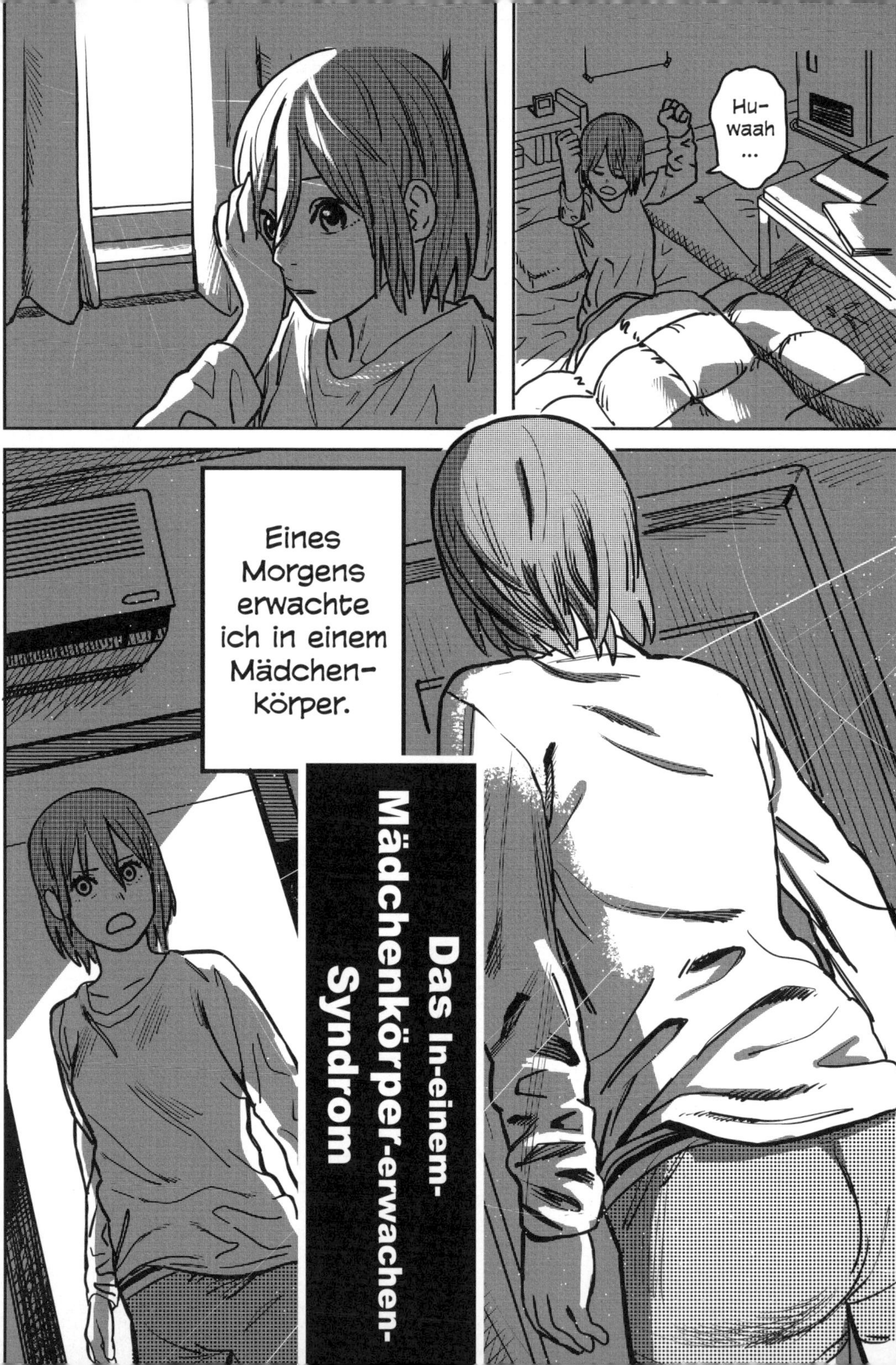
Hu-waah ...
Eines Morgens erwachte ich in einem Mädchenkörper.
Das In-einem-Mädchenkörper-erwachen-Syndrom

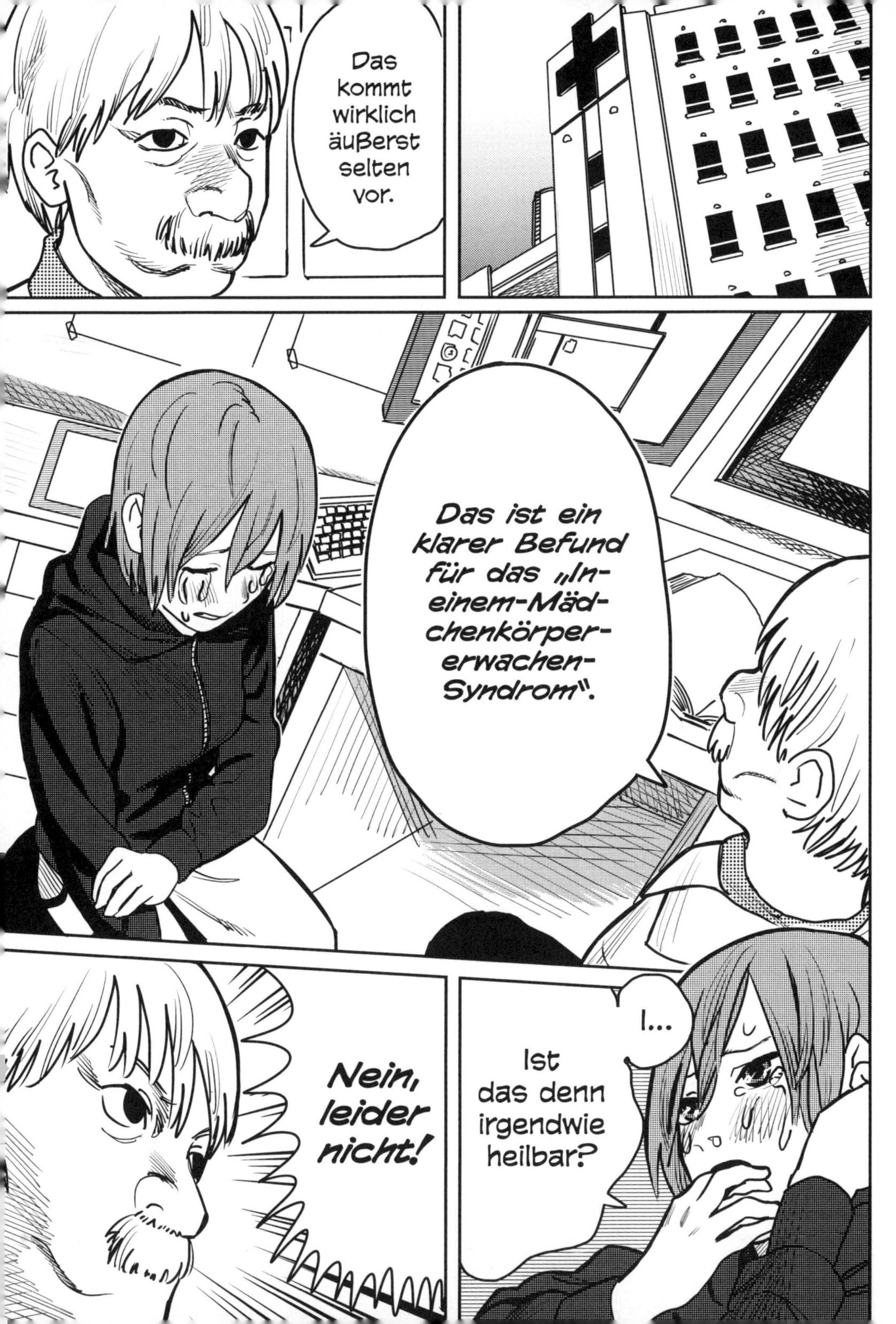
Das kommt wirklich äußerst selten vor.
Das ist ein klarer Befund für das „In-einem-Mädchenkörper-erwachen-Syndrom".
I...
Ist das denn irgendwie heilbar?
Nein, leider nicht!

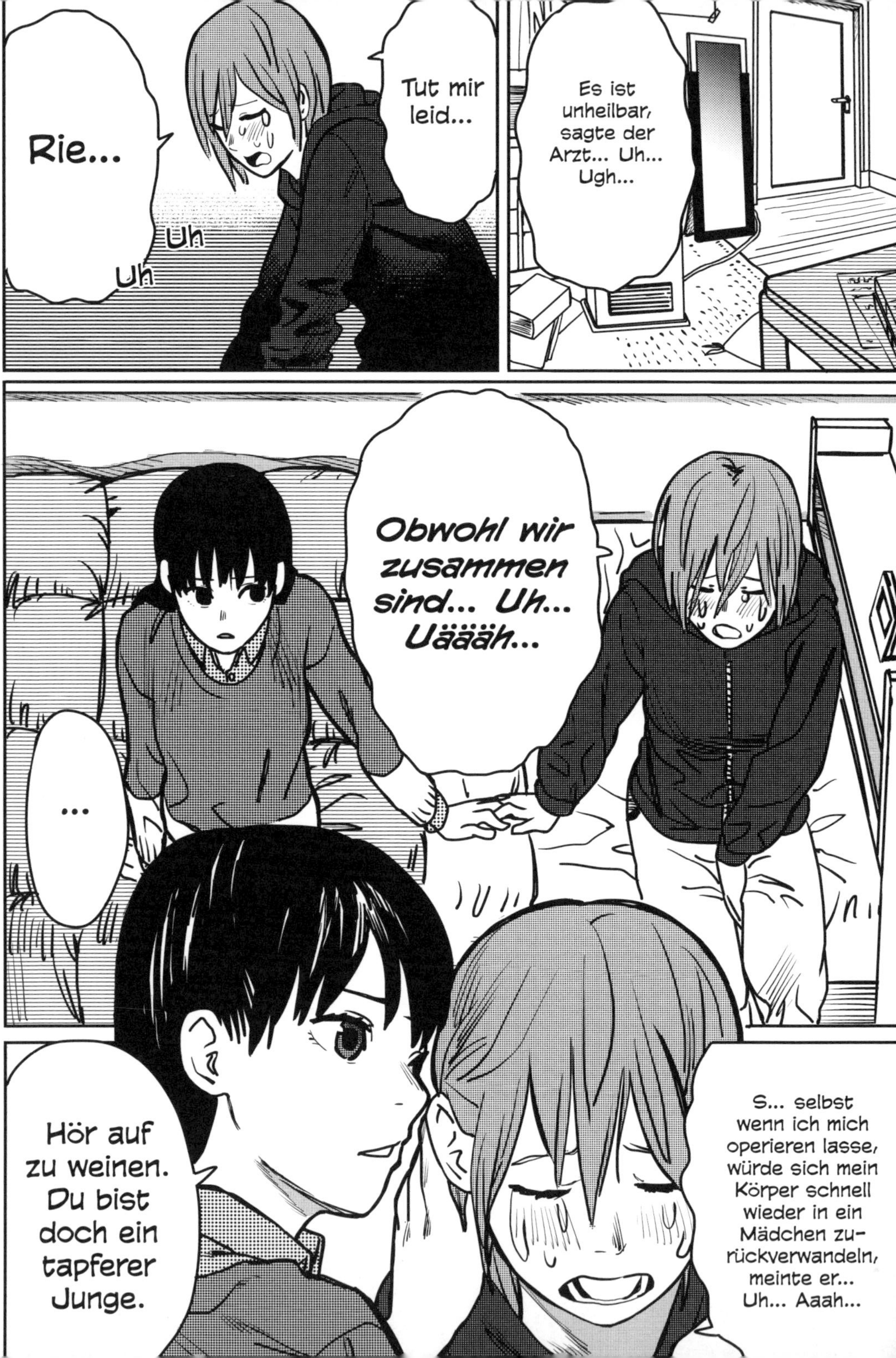

Es ist unheilbar, sagte der Arzt... Uh... Ugh...
Tut mir leid...
Rie...
Uh
Uh
Obwohl wir zusammen sind... Uh... Uäääh...
...
S... selbst wenn ich mich operieren lasse, würde sich mein Körper schnell wieder in ein Mädchen zurückverwandeln, meinte er... Uh... Aaah...
Hör auf zu weinen. Du bist doch ein tapferer Junge.

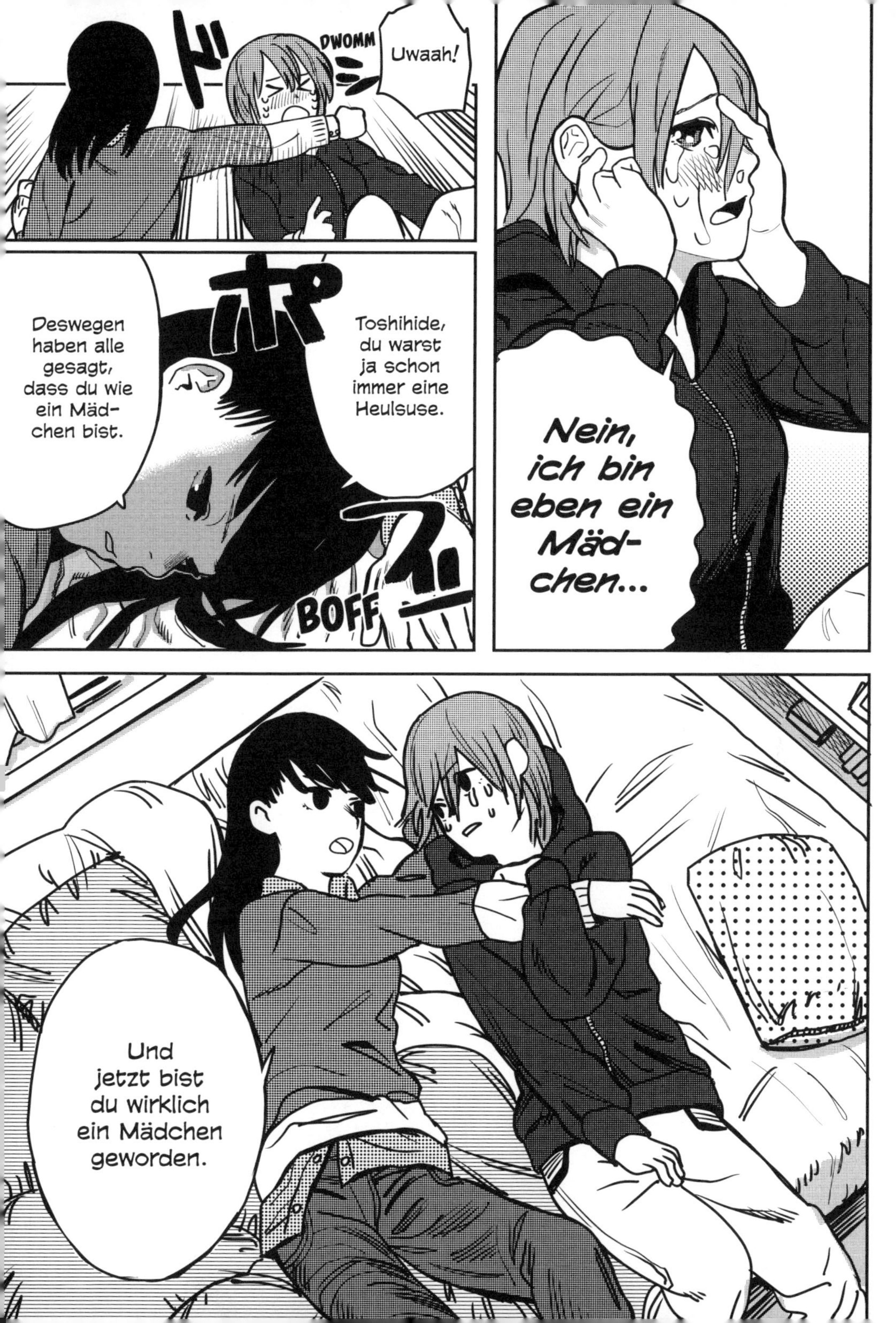
DWOMM
Uwaah!
Toshihide, du warst ja schon immer eine Heulsuse.
Deswegen haben alle gesagt, dass du wie ein Mädchen bist.
BOFF
Nein, ich bin eben ein Mädchen...
Und jetzt bist du wirklich ein Mädchen geworden.

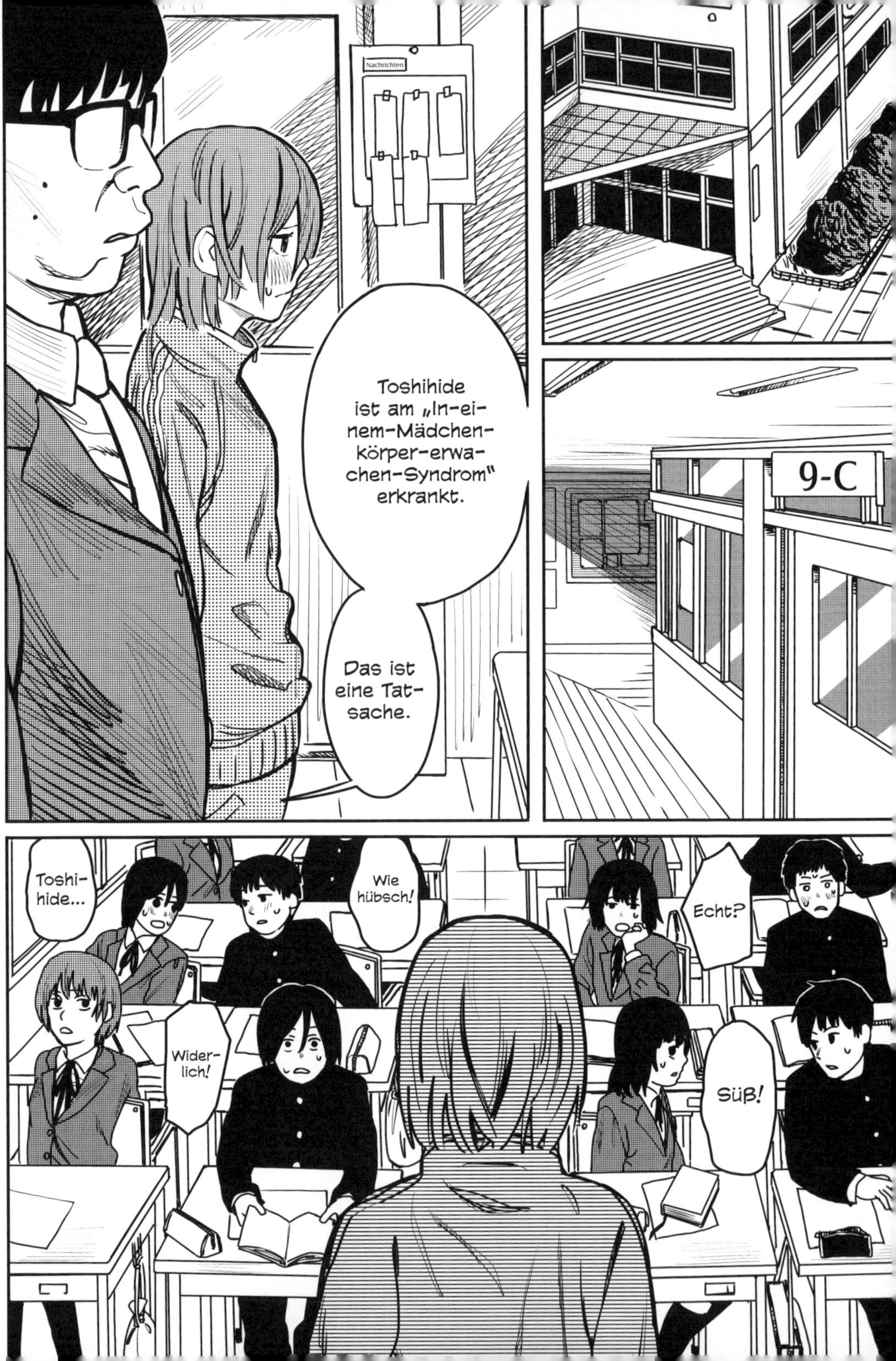

Nachrichten
Toshihide ist am „In-einem-Mädchenkörper-erwachen-Syndrom" erkrankt.
Das ist eine Tatsache.
9-C
Echt?
Wie hübsch!
Toshihide...
Süß!
Widerlich!

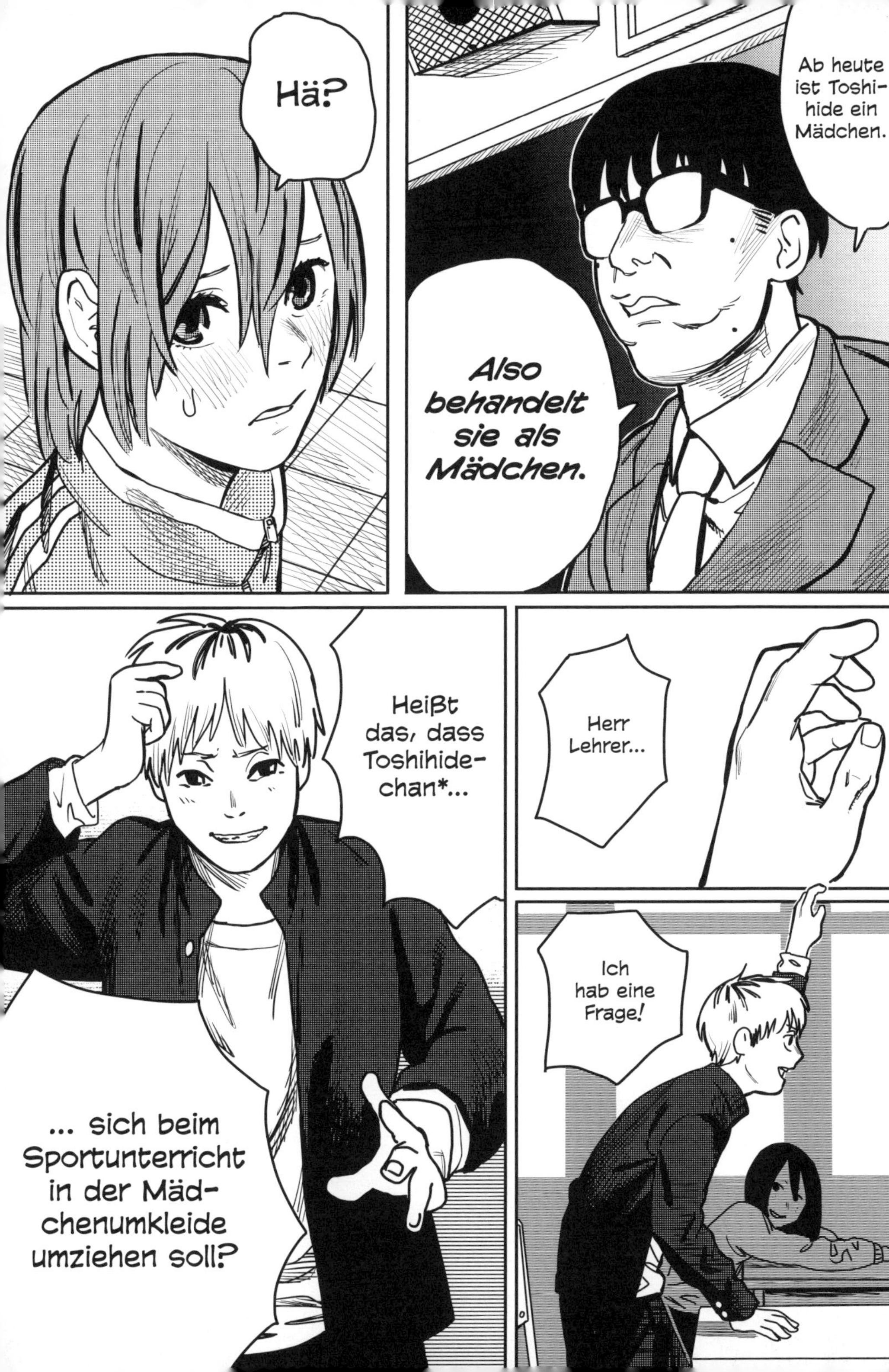

*verniedlichende Anrede für Mädchen und kleine Kinder

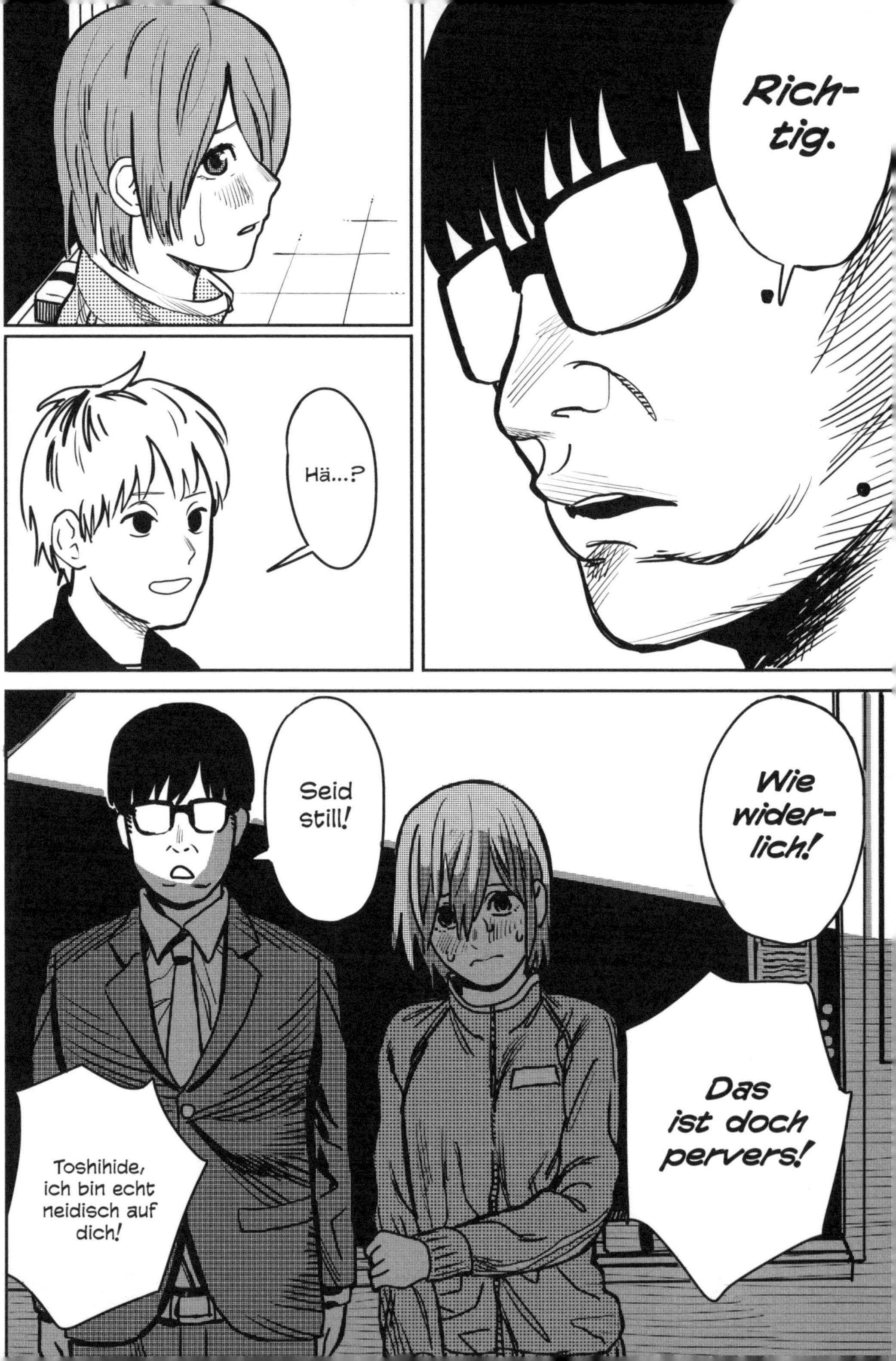
Rich-tig.
Hä...?
Wie wider-lich!
Das ist doch pervers!
Seid still!
Toshihide, ich bin echt neidisch auf dich!

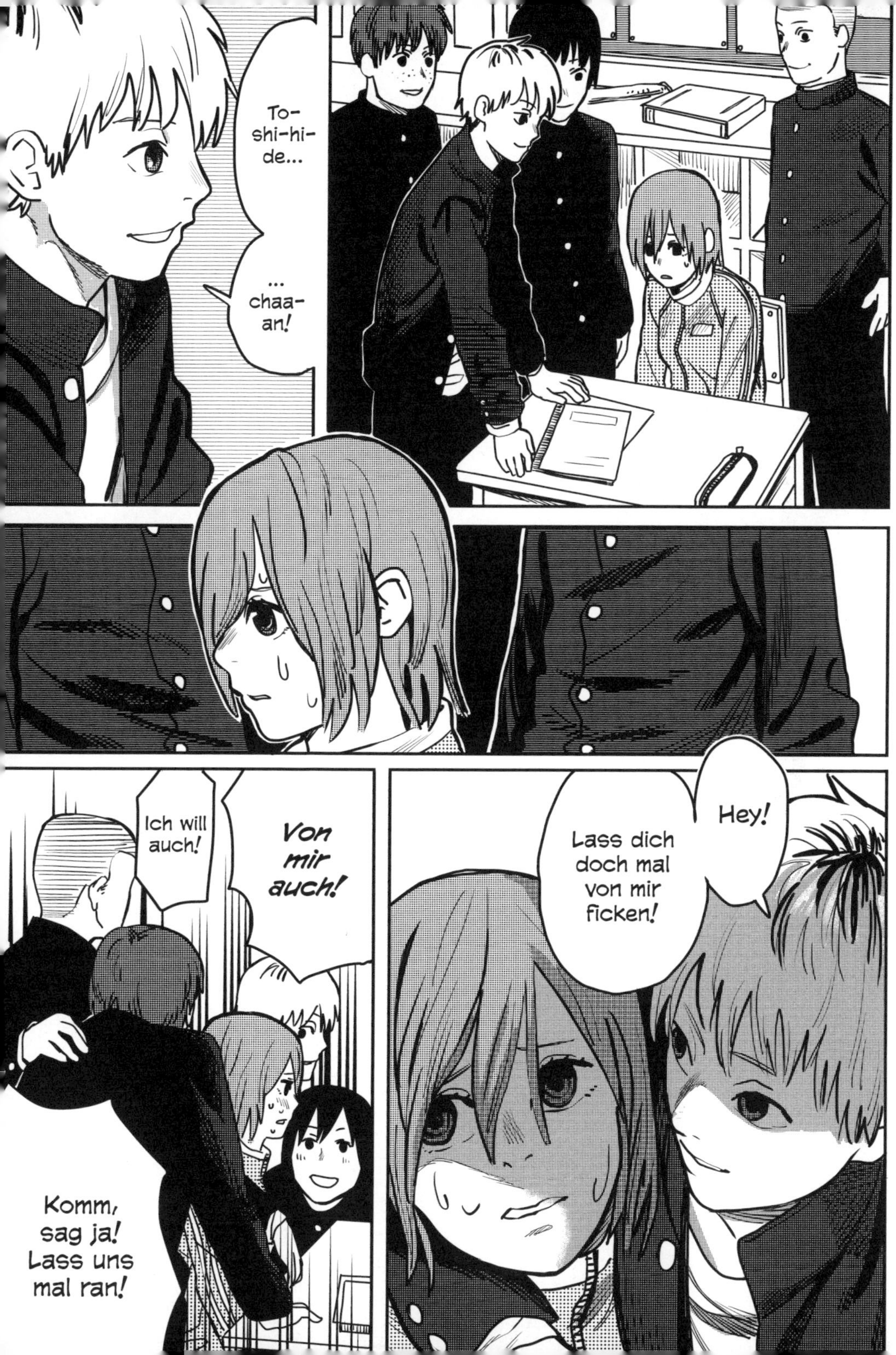
To-shi-hi-de...
... chaaa-an!
Hey!
Lass dich doch mal von mir ficken!
Von mir auch!
Ich will auch!
Komm, sag ja! Lass uns mal ran!

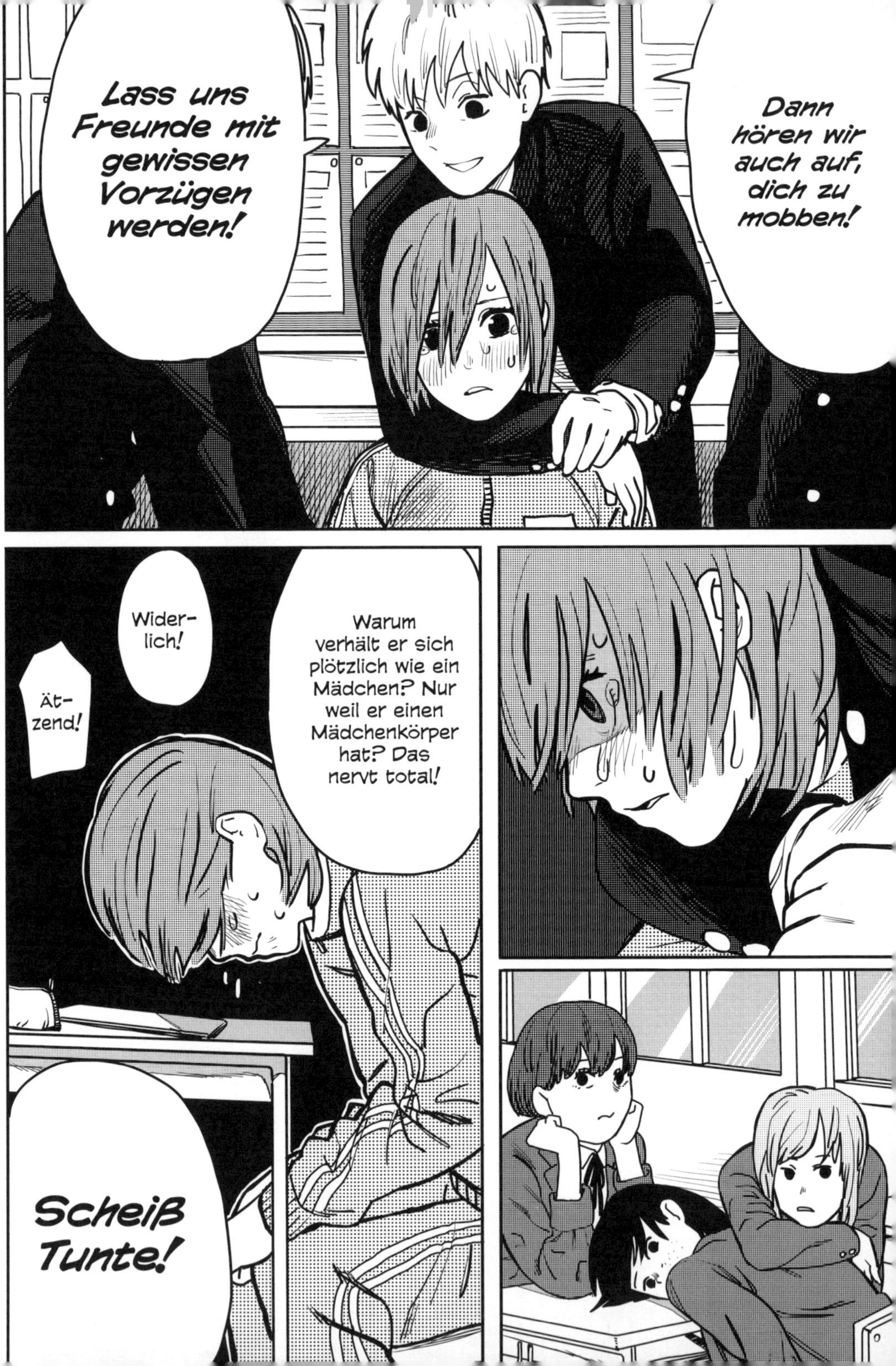
Dann hören wir auch auf, dich zu mobben!
Lass uns Freunde mit gewissen Vorzügen werden!
Warum verhält er sich plötzlich wie ein Mädchen? Nur weil er einen Mädchenkörper hat? Das nervt total!
Wider-lich!
Ät-zend!
Scheiß Tunte!

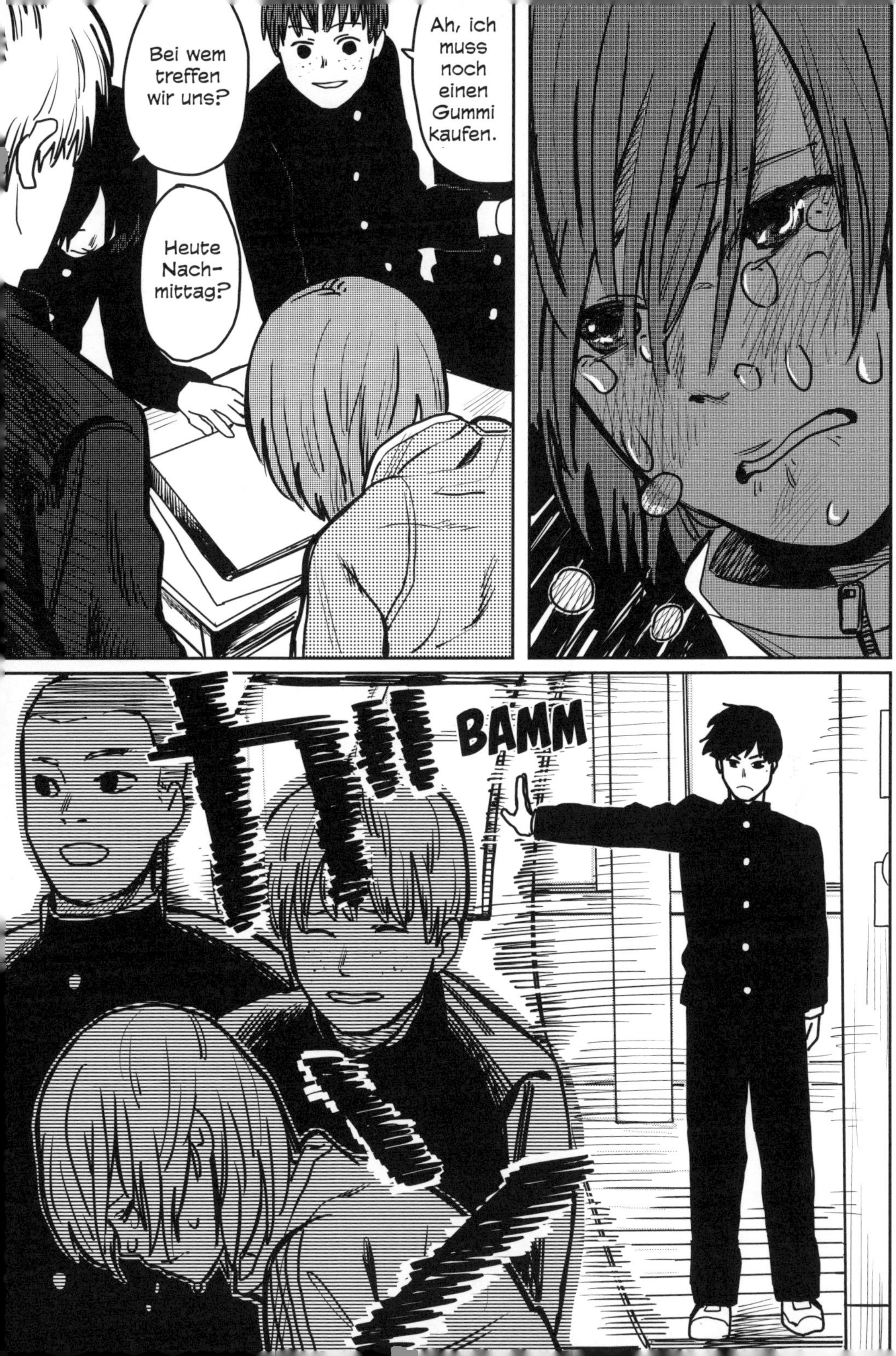
Ah, ich muss noch einen Gummi kaufen.
Bei wem treffen wir uns?
Heute Nachmittag?
BAMM

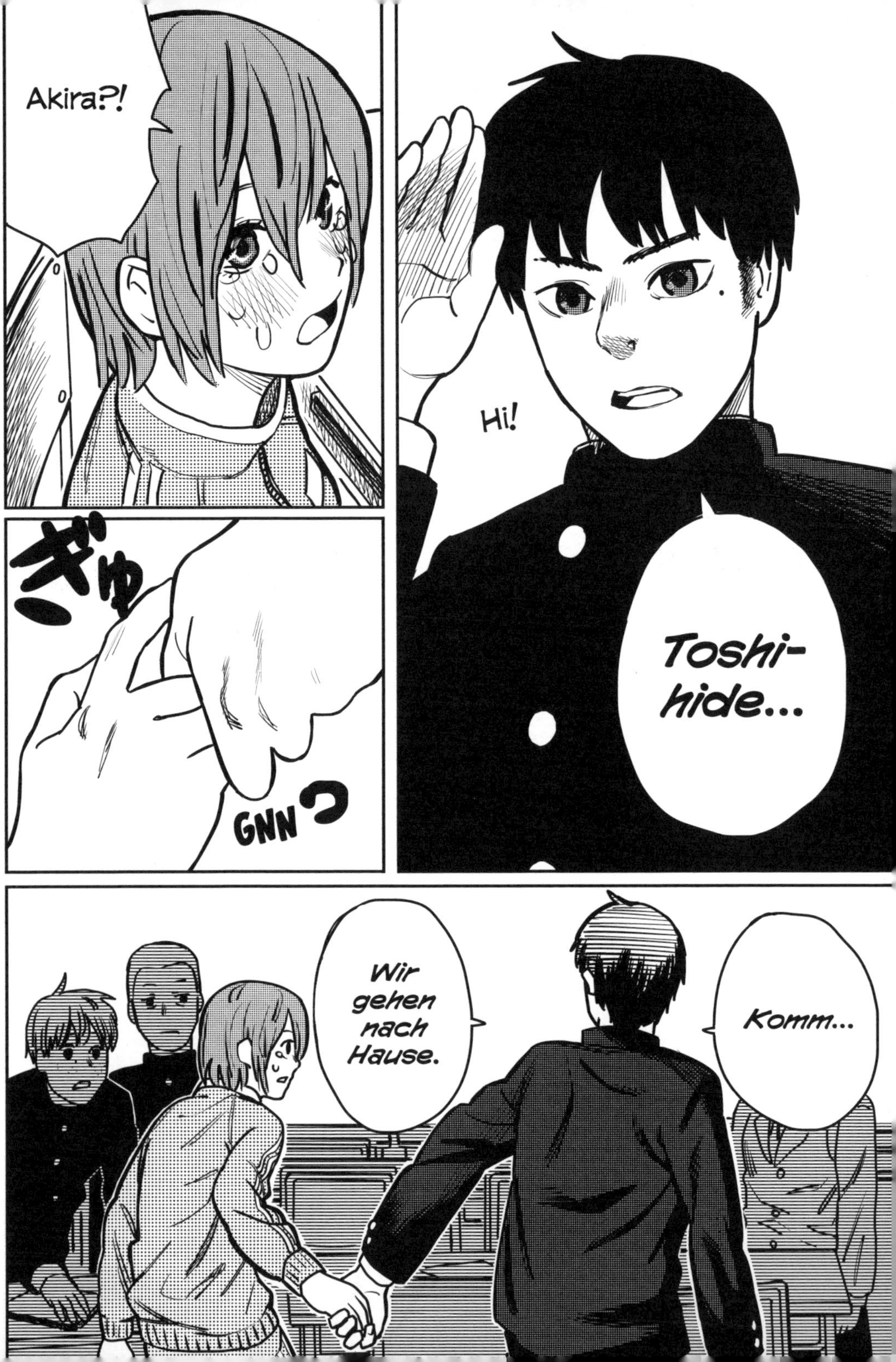
Hi!
Akira?!
Toshi-
hide…
ぎゅ
GNN っ
Komm…
Wir
gehen
nach
Hause.

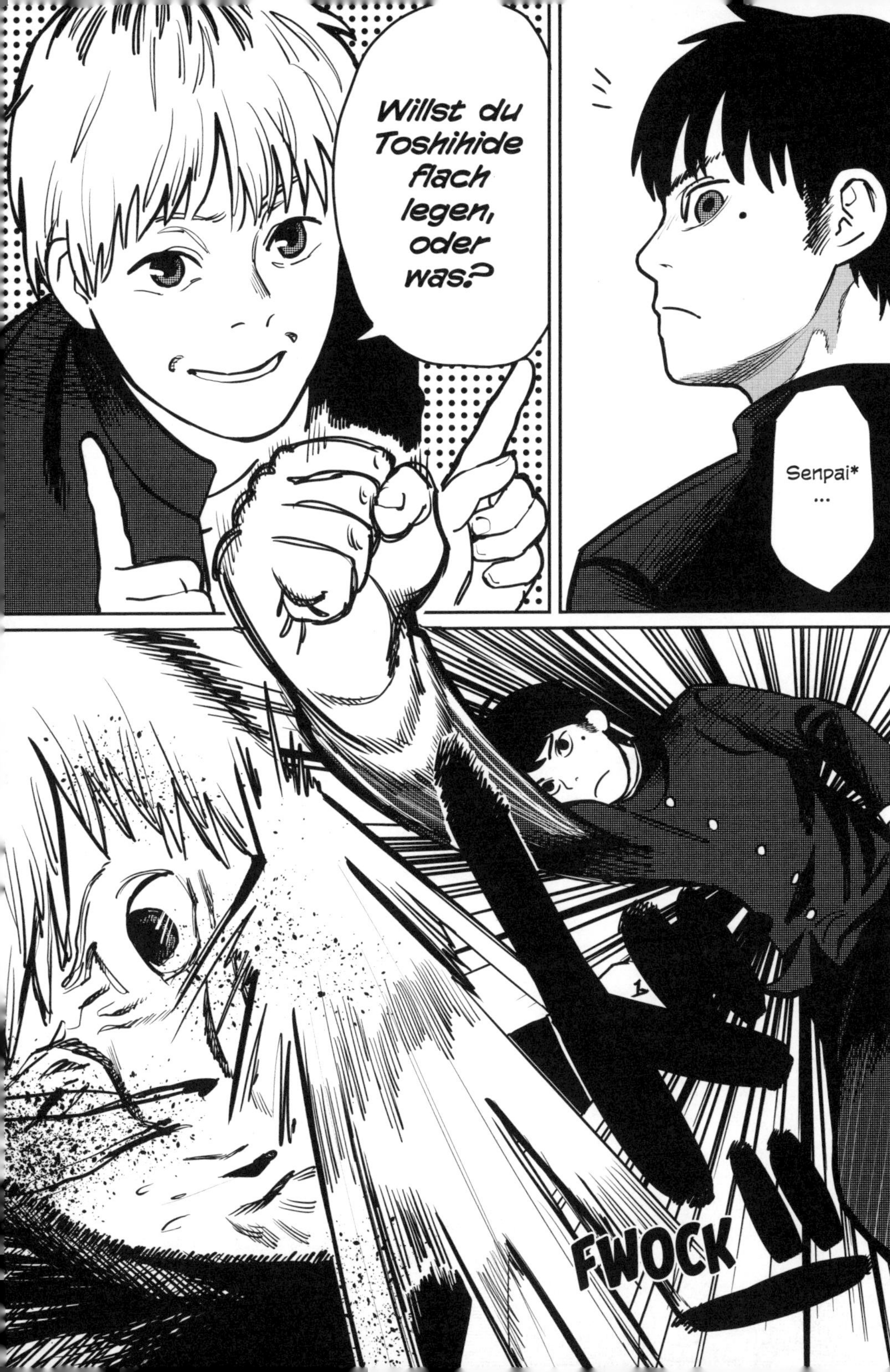

* Anrede für ältere Schüler*innen

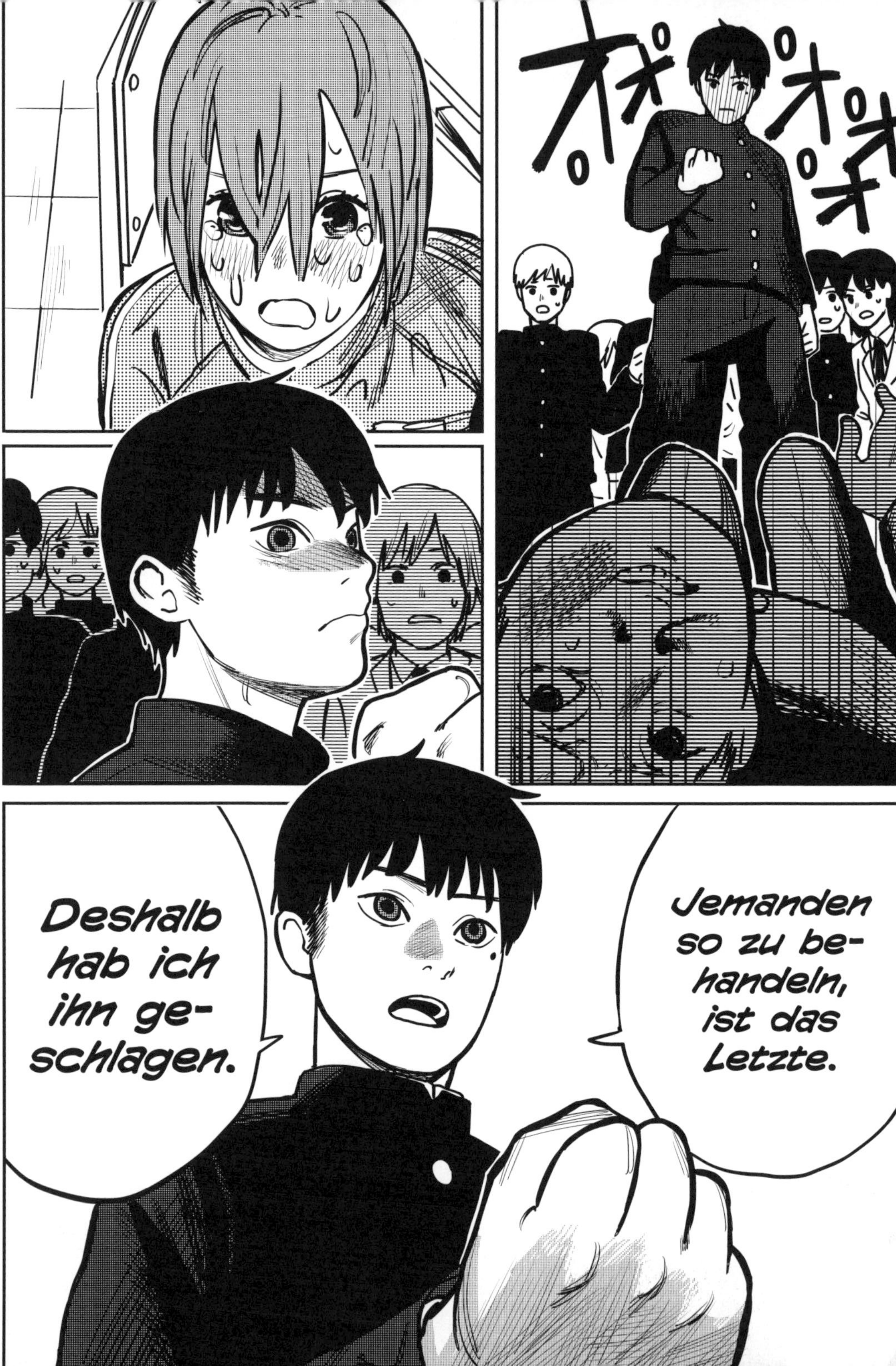

オポオ
オポオオ
Jemanden so zu behandeln, ist das Letzte.
Deshalb hab ich ihn geschlagen.

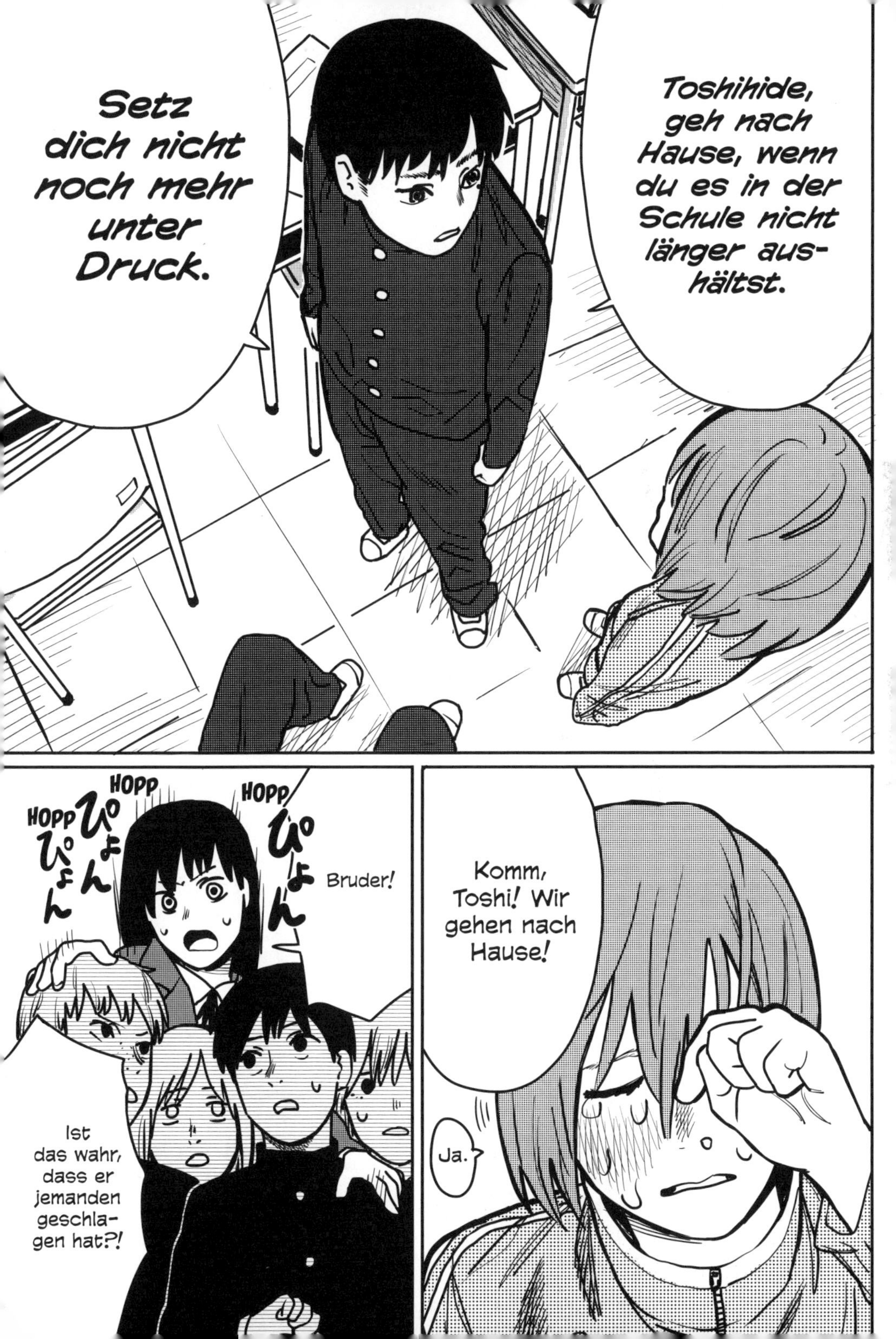
Toshihide, geh nach Hause, wenn du es in der Schule nicht länger aushältst.
Setz dich nicht noch mehr unter Druck.
Komm, Toshi! Wir gehen nach Hause!
Ja.
HOPP ぴょん
HOPP ぴょん
HOPP ぴょん
Bruder!
Ist das wahr, dass er jemanden geschlagen hat?!

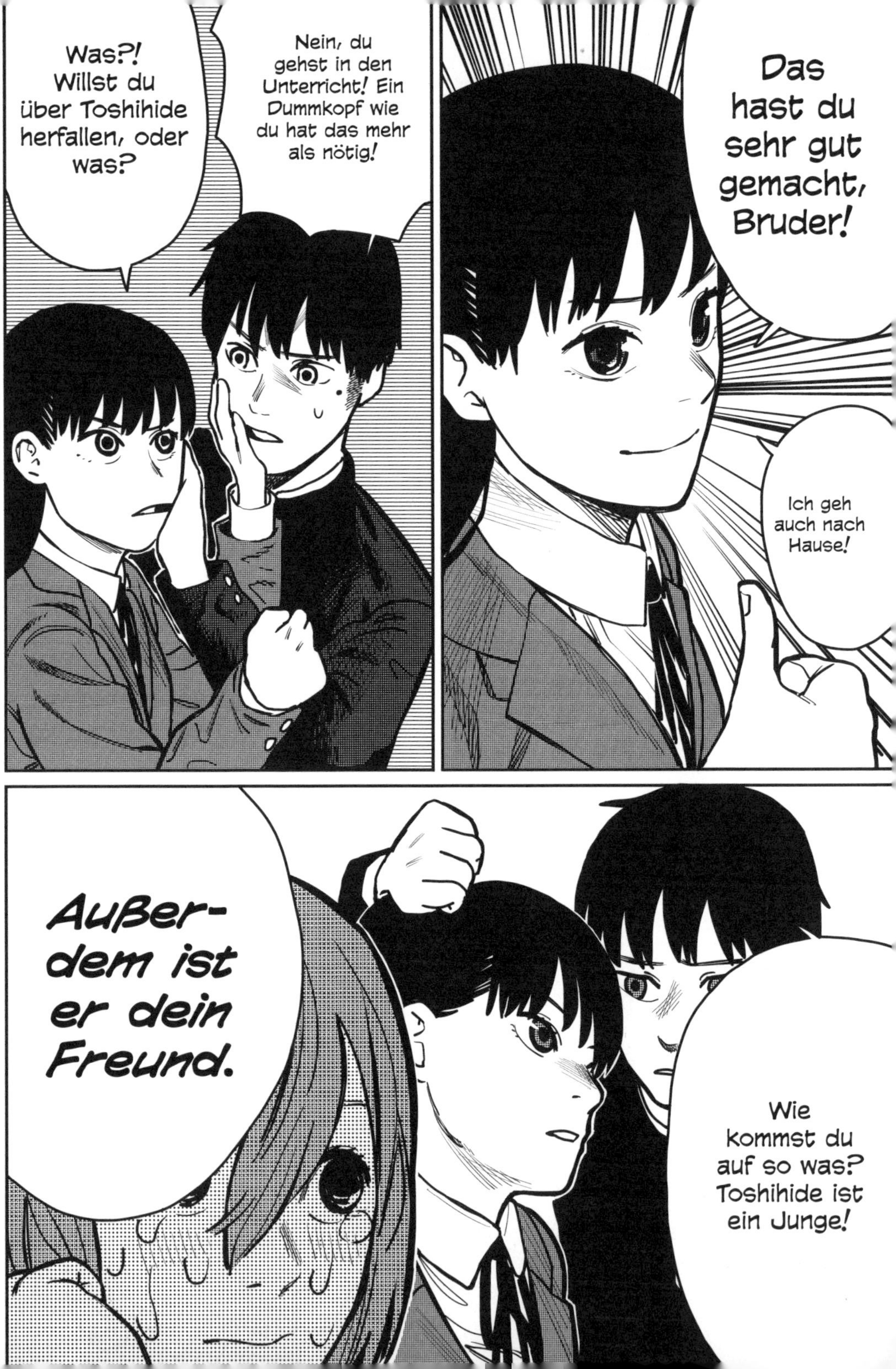
Das hast du sehr gut gemacht, Bruder!
Ich geh auch nach Hause!
Nein, du gehst in den Unterricht! Ein Dummkopf wie du hat das mehr als nötig!
Was?! Willst du über Toshihide herfallen, oder was?
Wie kommst du auf so was? Toshihide ist ein Junge!
Außer-dem ist er dein Freund.

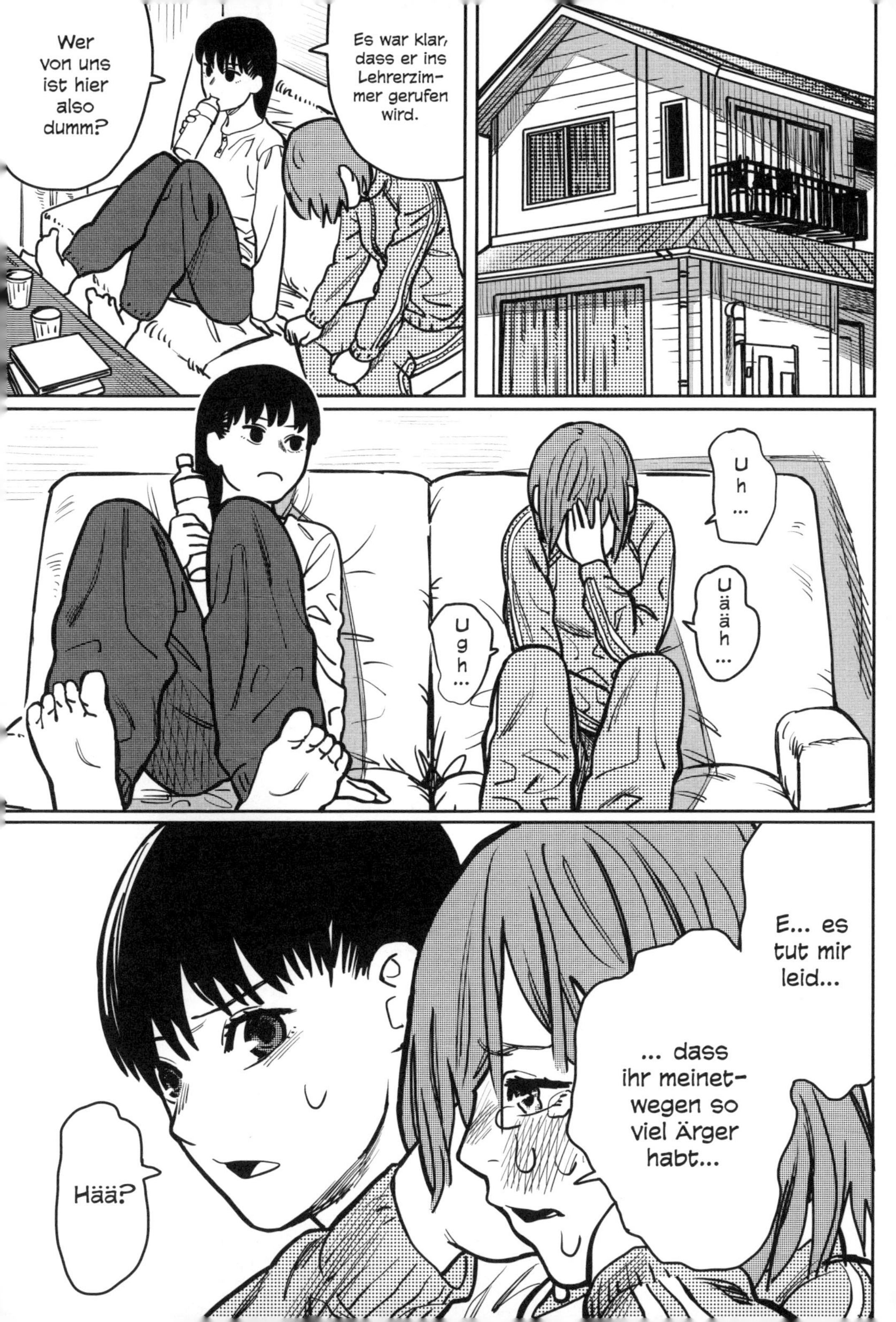
Es war klar, dass er ins Lehrerzimmer gerufen wird.
Wer von uns ist hier also dumm?
Uh ...
Uääh ...
Ugh ...
E... es tut mir leid...
... dass ihr meinetwegen so viel Ärger habt...
Hää?

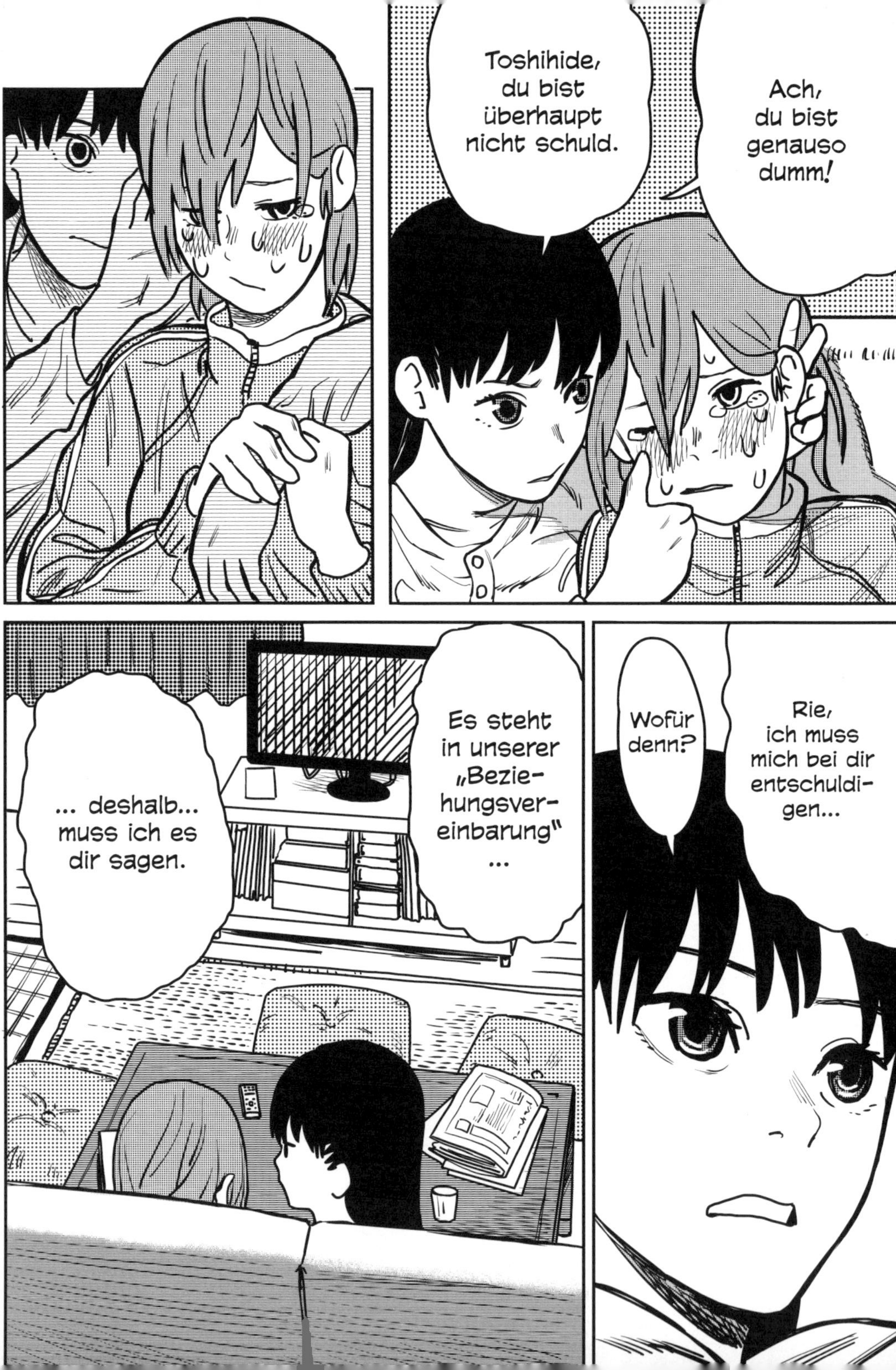
Ach, du bist genauso dumm!
Toshihide, du bist überhaupt nicht schuld.
Rie, ich muss mich bei dir entschuldigen...
Wofür denn?
Es steht in unserer „Beziehungsvereinbarung“ ...
... deshalb... muss ich es dir sagen.

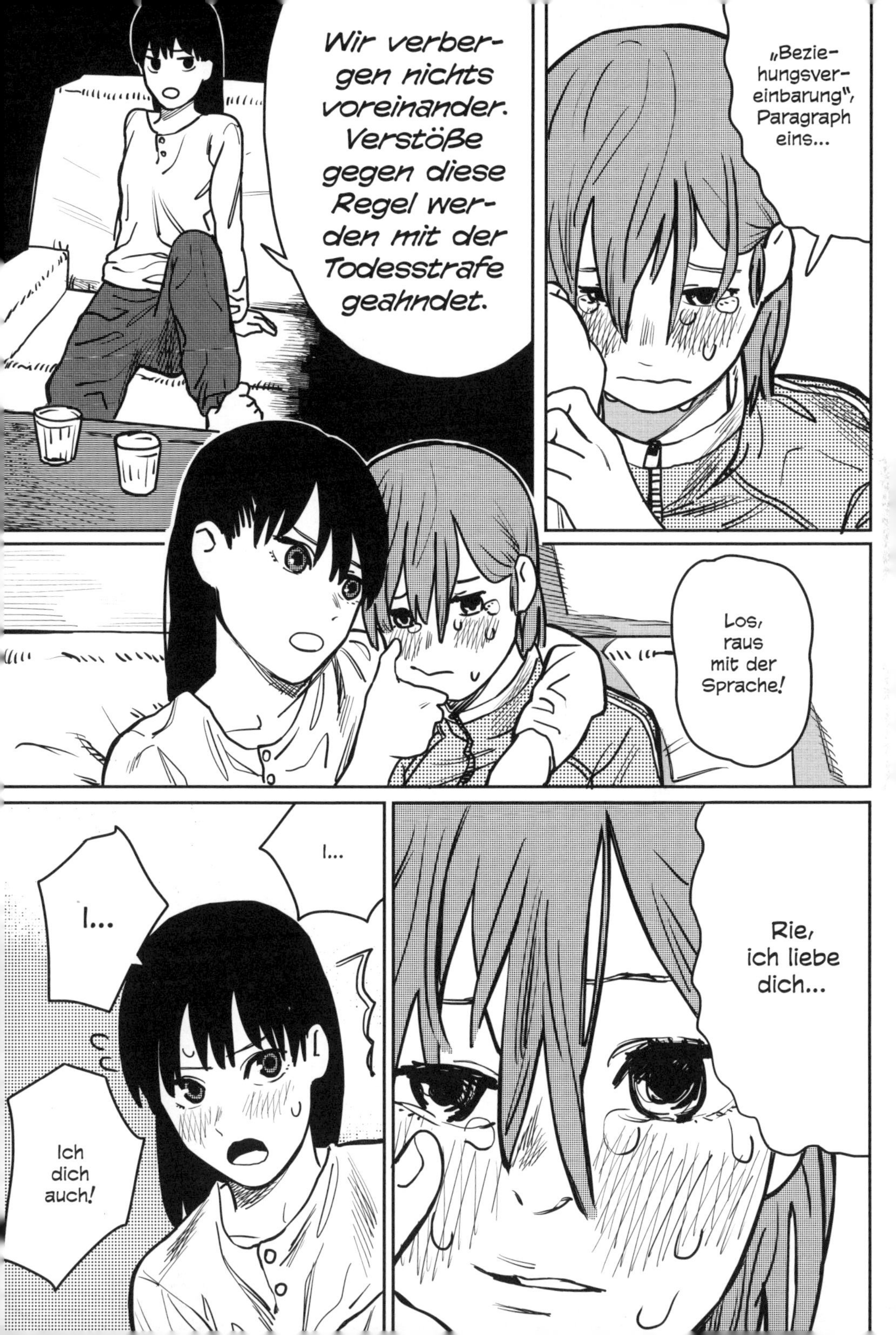
„Beziehungsvereinbarung", Paragraph eins...
Wir verbergen nichts voreinander. Verstöße gegen diese Regel werden mit der Todesstrafe geahndet.
Los, raus mit der Sprache!
Rie, ich liebe dich...
I...
I...
Ich dich auch!

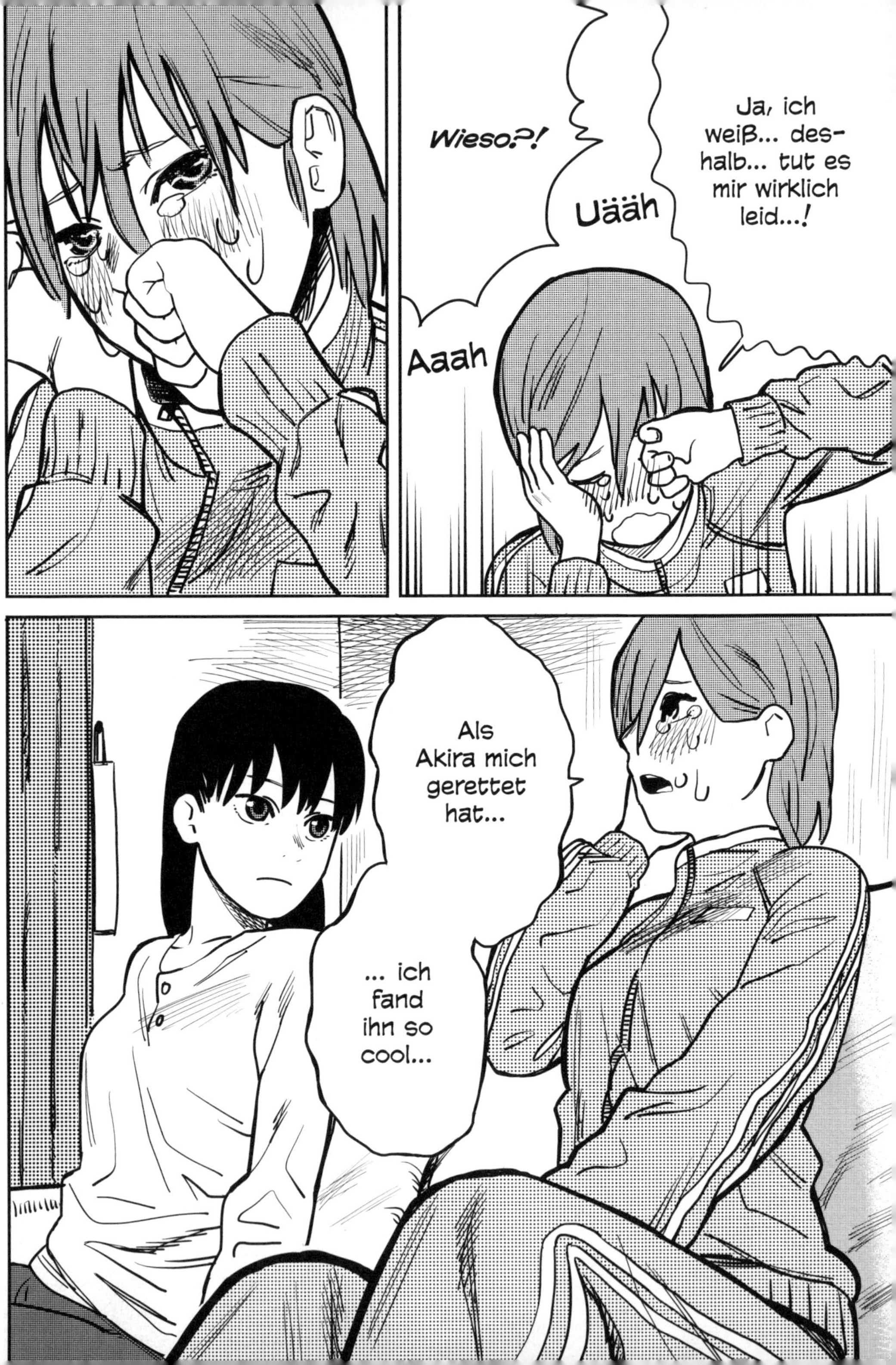
Ja, ich weiß... des-halb... tut es mir wirklich leid...!
Uääh
Wieso?!
Aaah
Als Akira mich gerettet hat...
... ich fand ihn so cool...

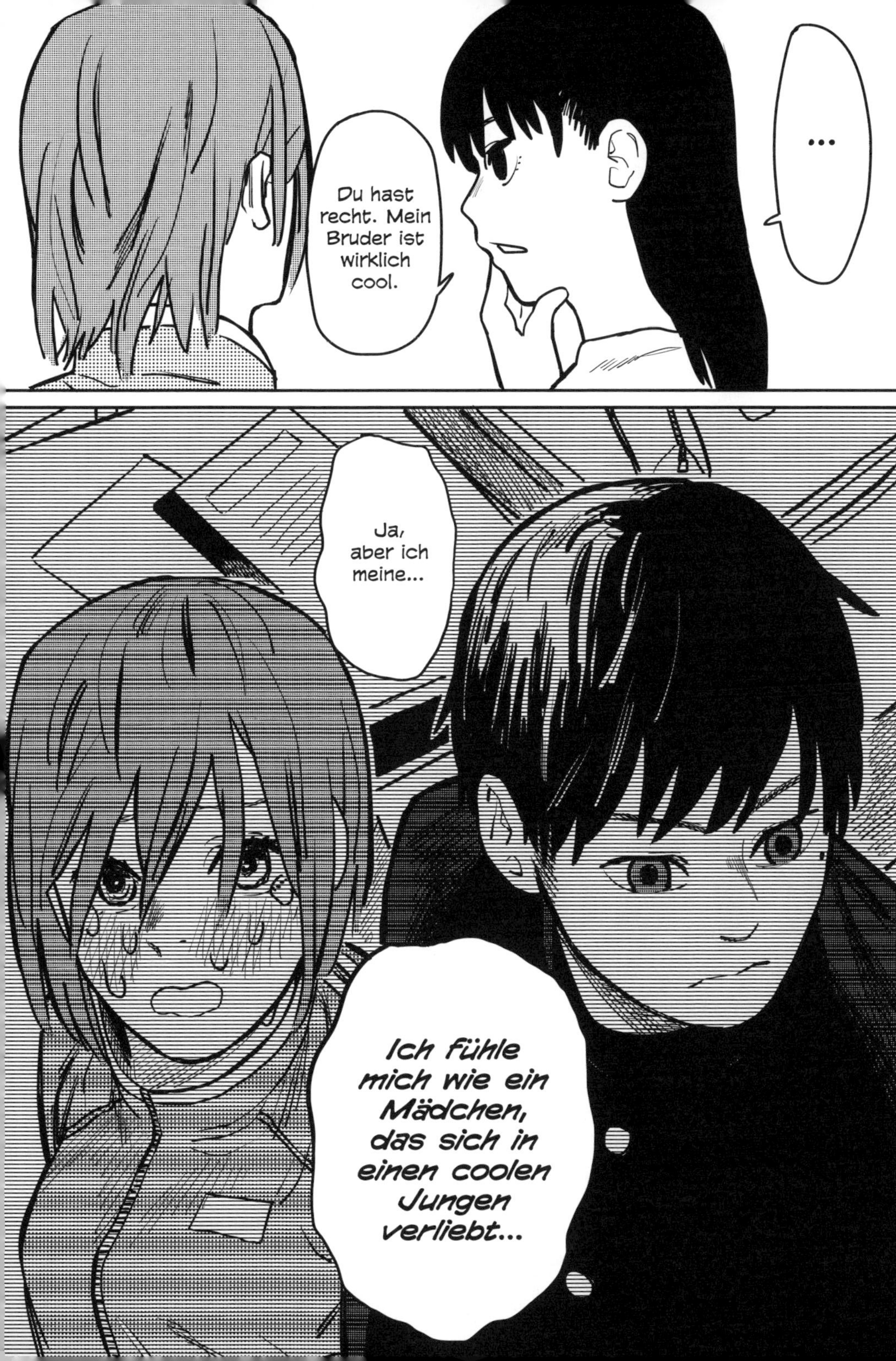
...
Du hast recht. Mein Bruder ist wirklich cool.
Ja, aber ich meine...
Ich fühle mich wie ein Mädchen, das sich in einen coolen Jungen verliebt...

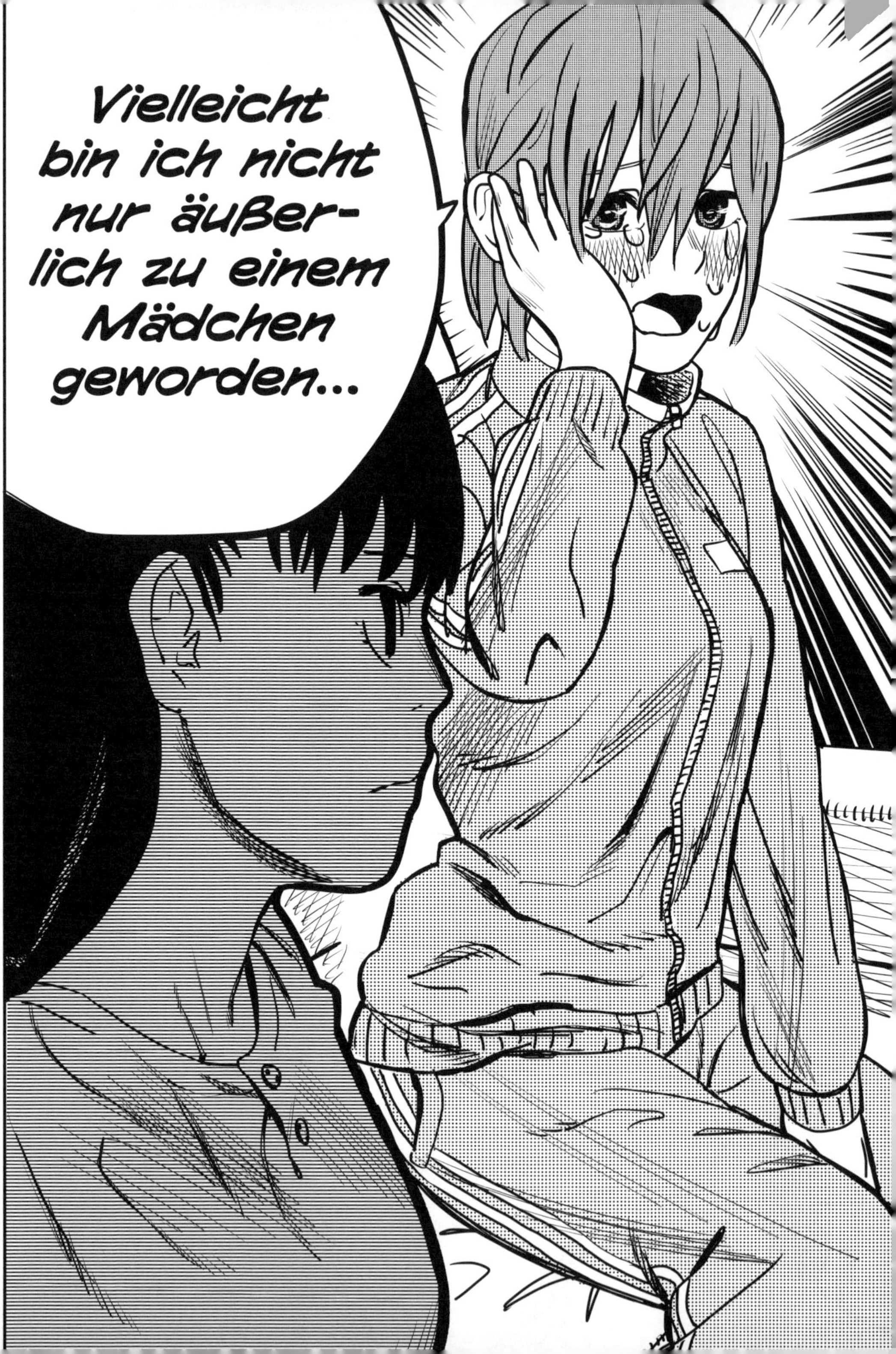
Vielleicht bin ich nicht nur äußer-lich zu einem Mädchen geworden...

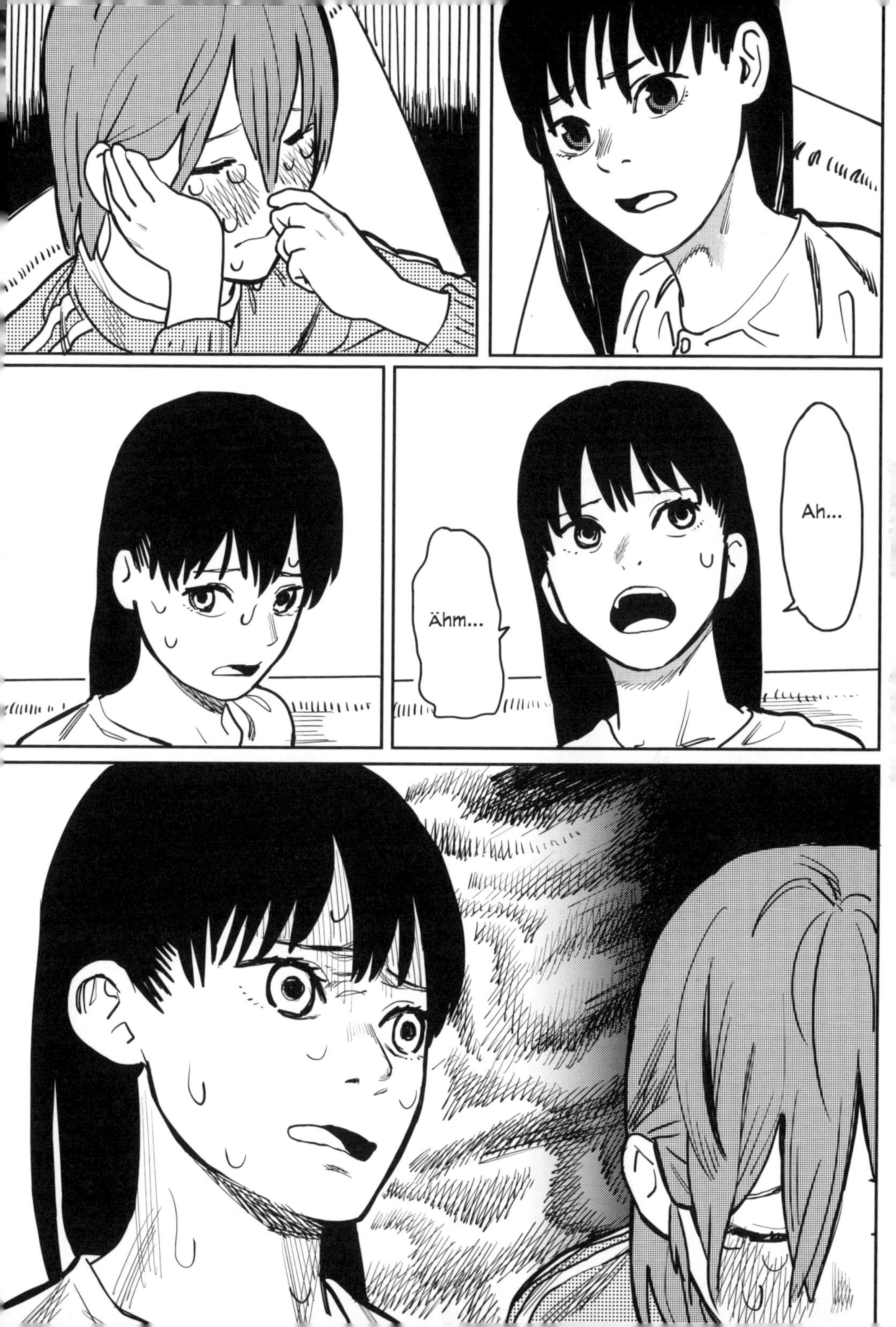
Ah...
Ähm...

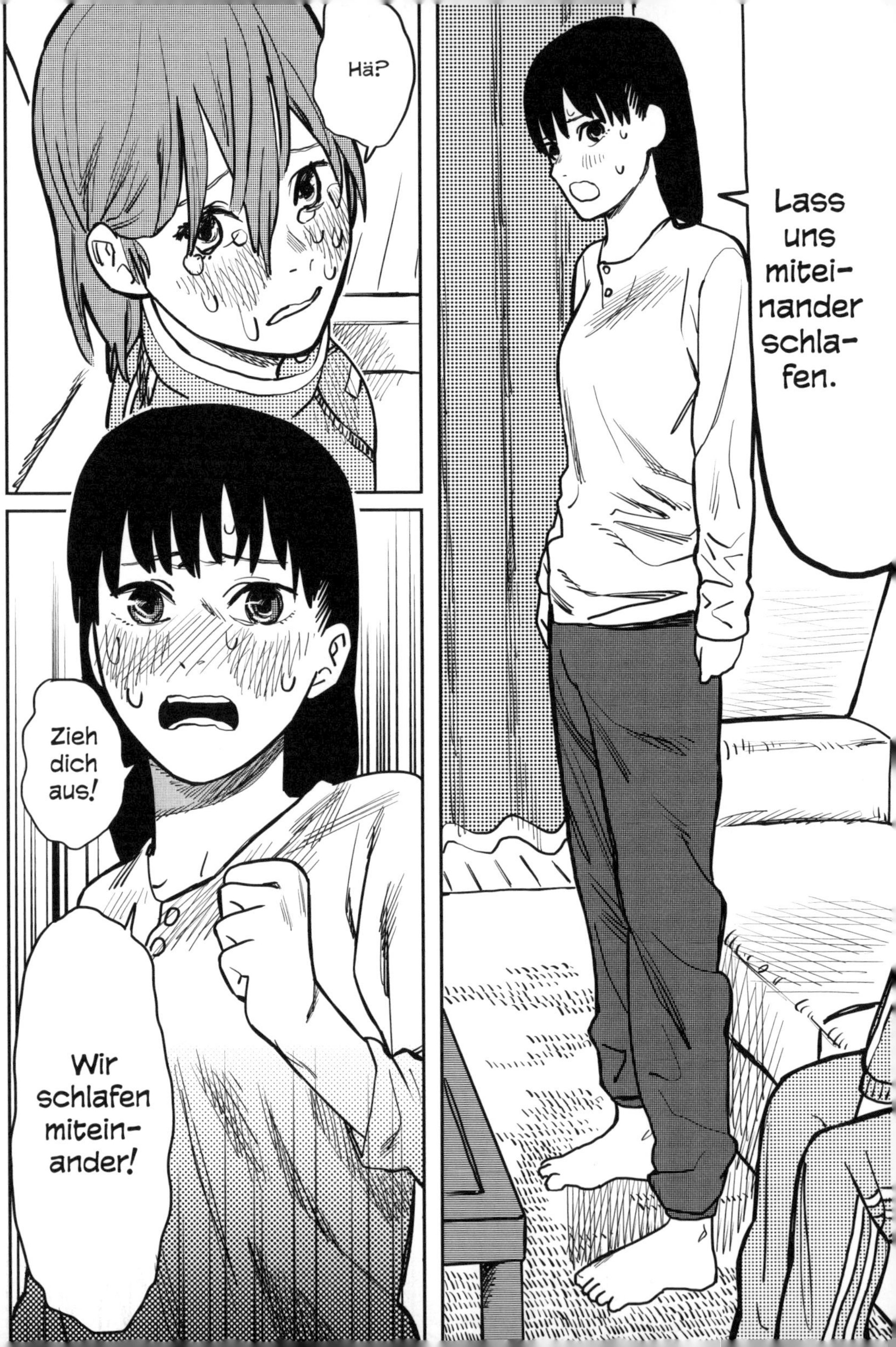
Lass uns miteinander schlafen.
Hä?
Zieh dich aus!
Wir schlafen miteinander!

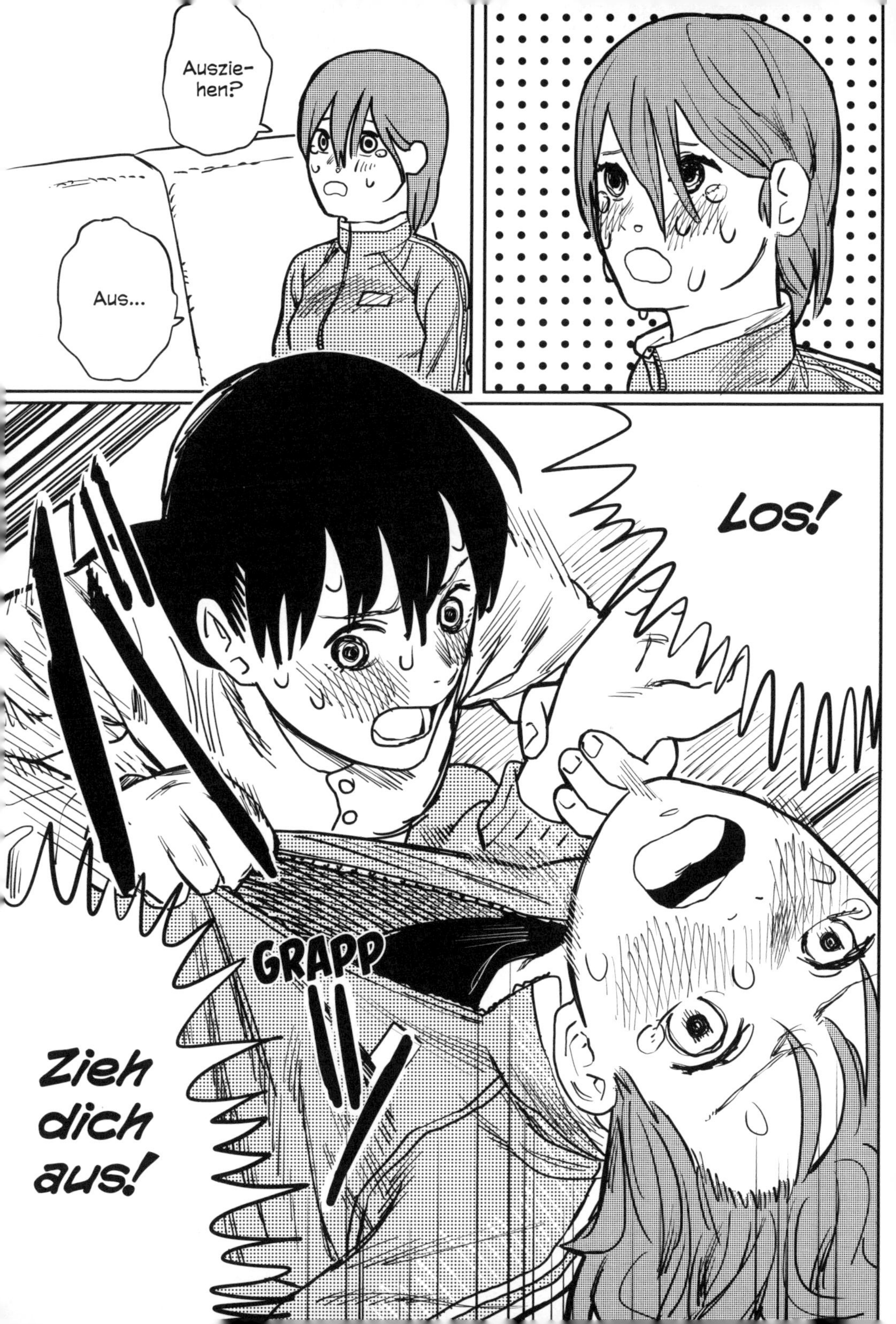
Auszie-
hen?
Aus...
Los!
GRAPP
Zieh dich aus!

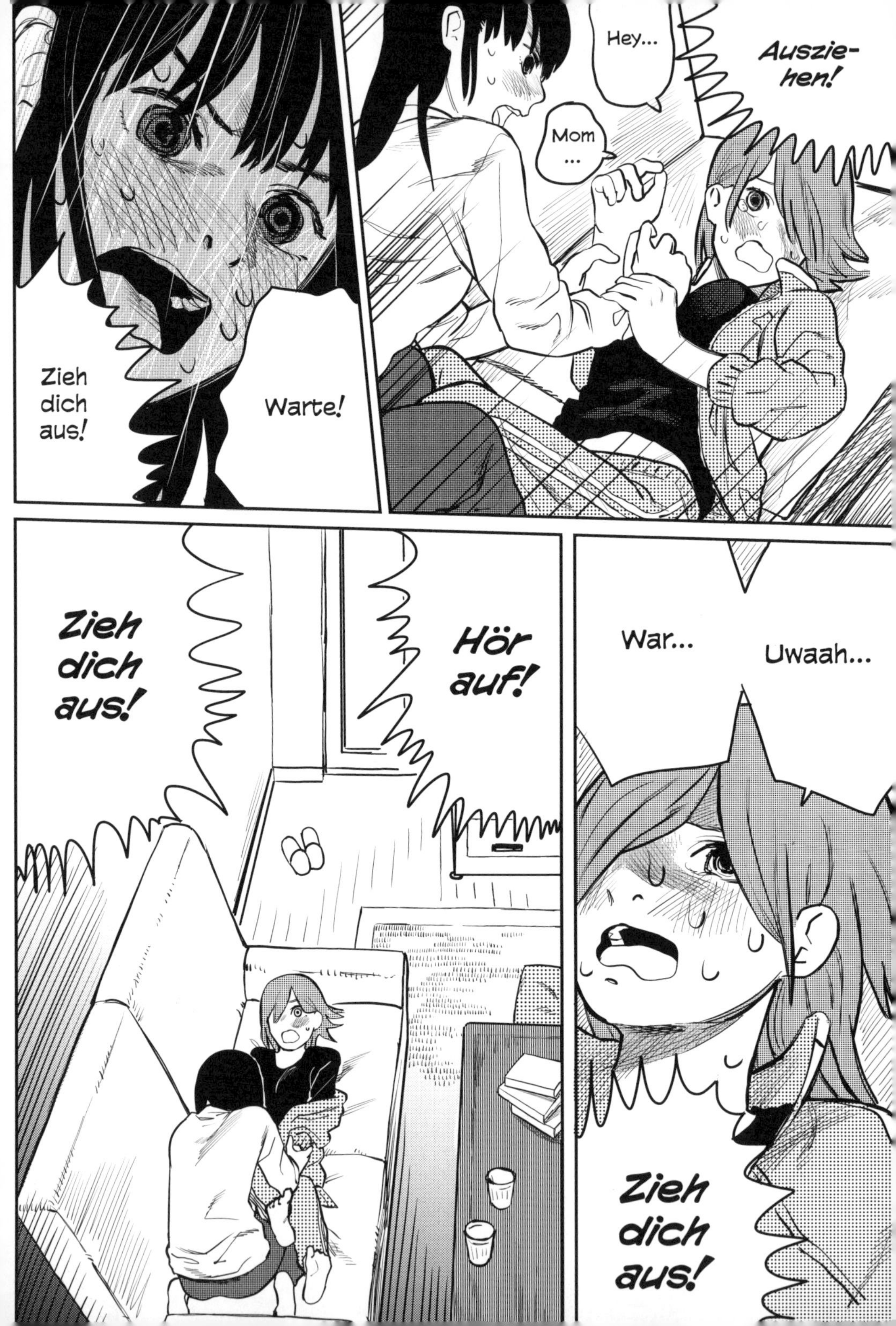
Auszie-
hen!
Hey...
Mom
...
Warte!
Zieh
dich
aus!
Uwaah...
War...
Zieh
dich
aus!
Hör
auf!
Zieh
dich
aus!

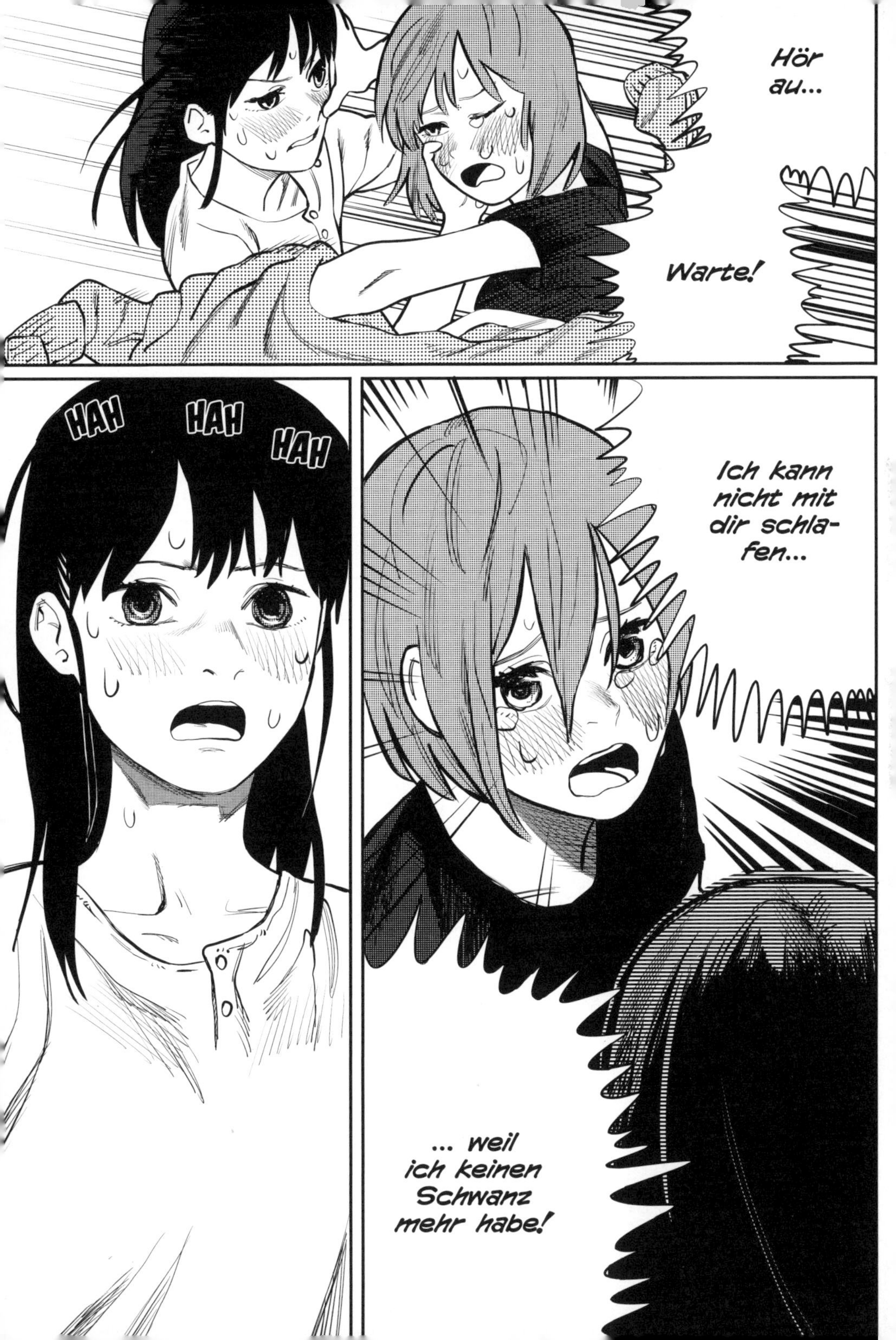
Hör
au...
Warte!
HAH HAH HAH
Ich kann
nicht mit
dir schla-
fen...
... weil
ich keinen
Schwanz
mehr habe!

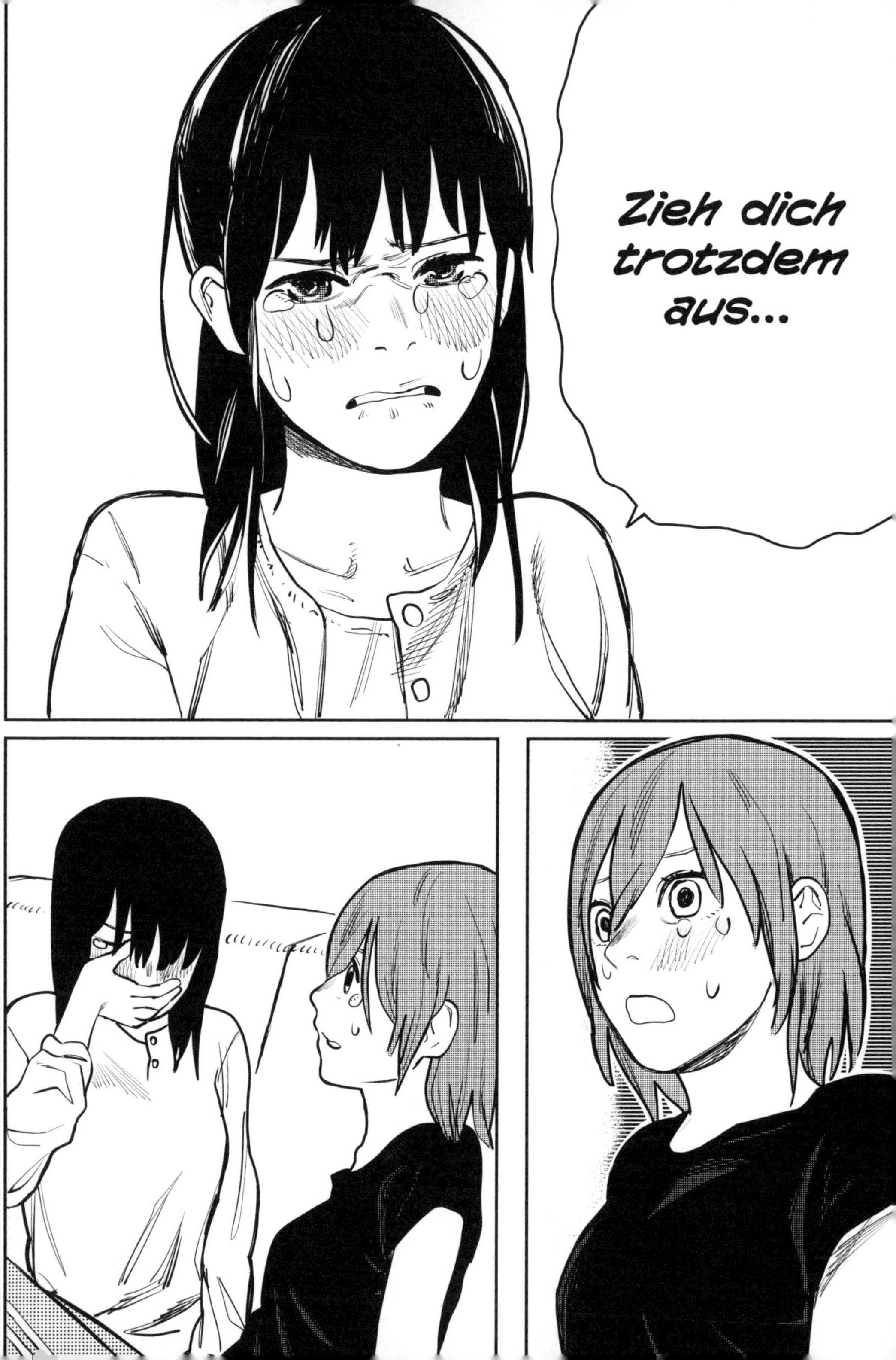
Zieh dich trotzdem aus...

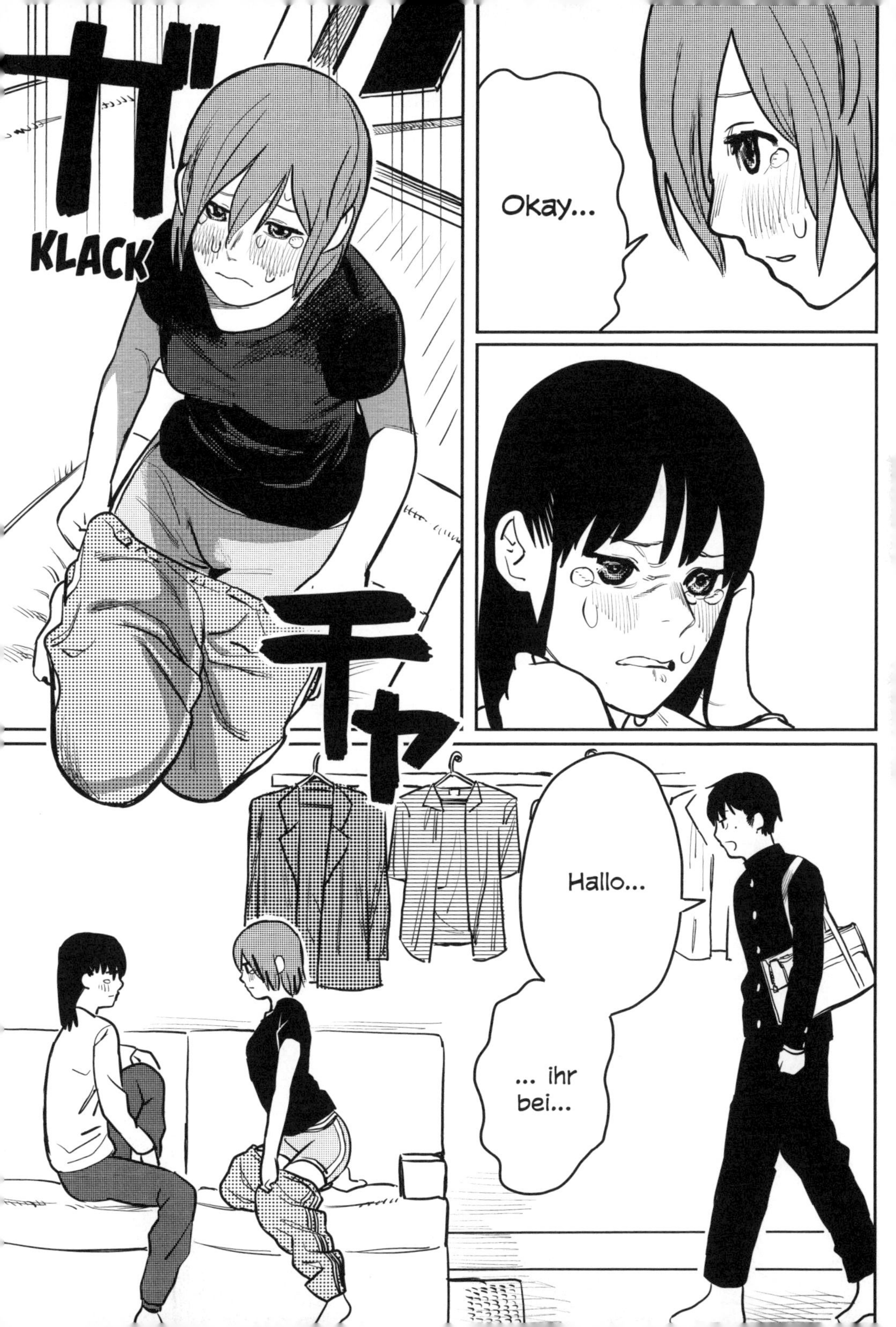

Okay...
ガ
KLACK
チャ
Hallo...
... ihr bei...

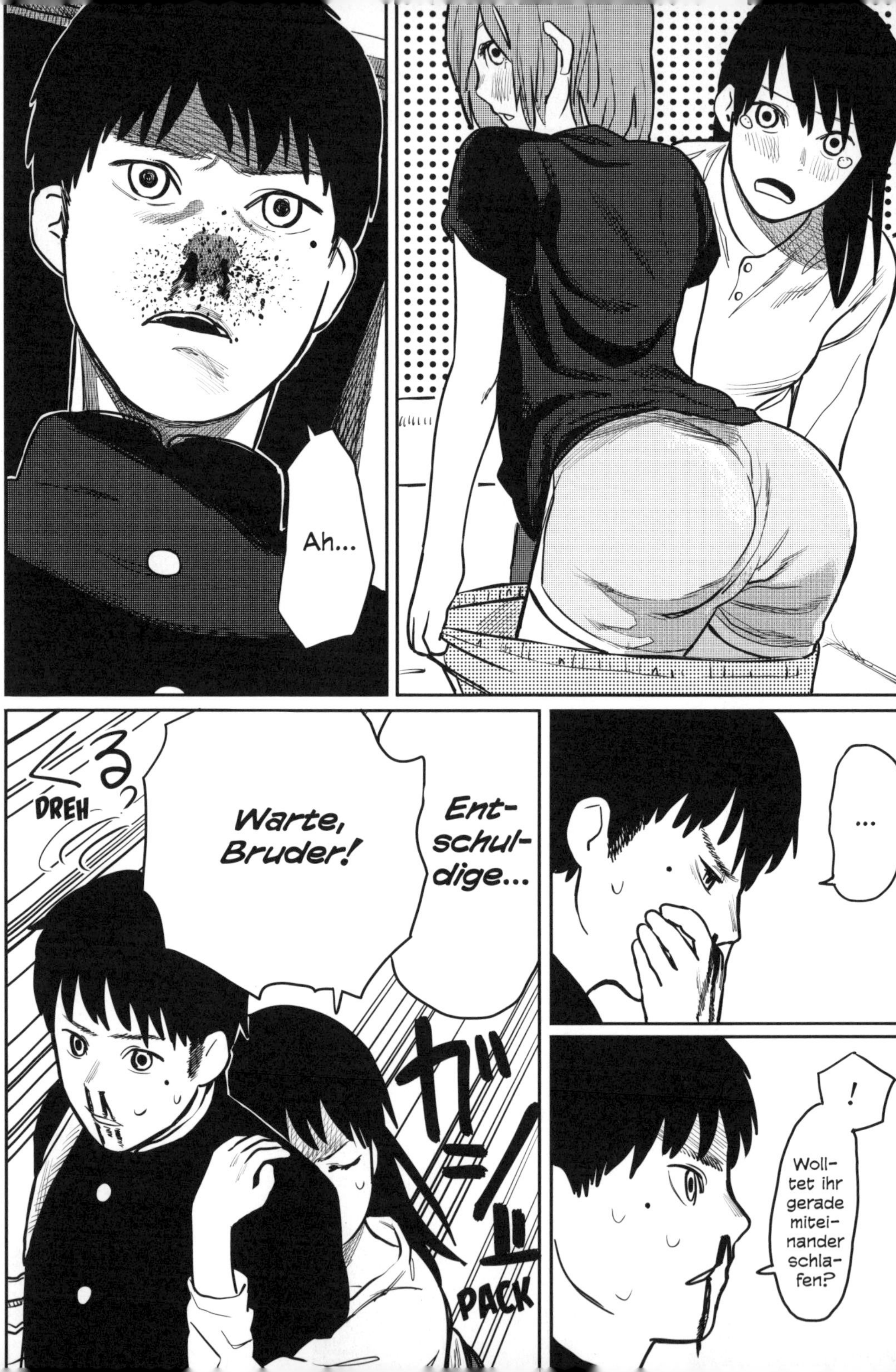
Ah...
...
!
Wolltet ihr gerade miteinander schlafen?
Entschuldige...
Warte, Bruder!
DREH
PACK

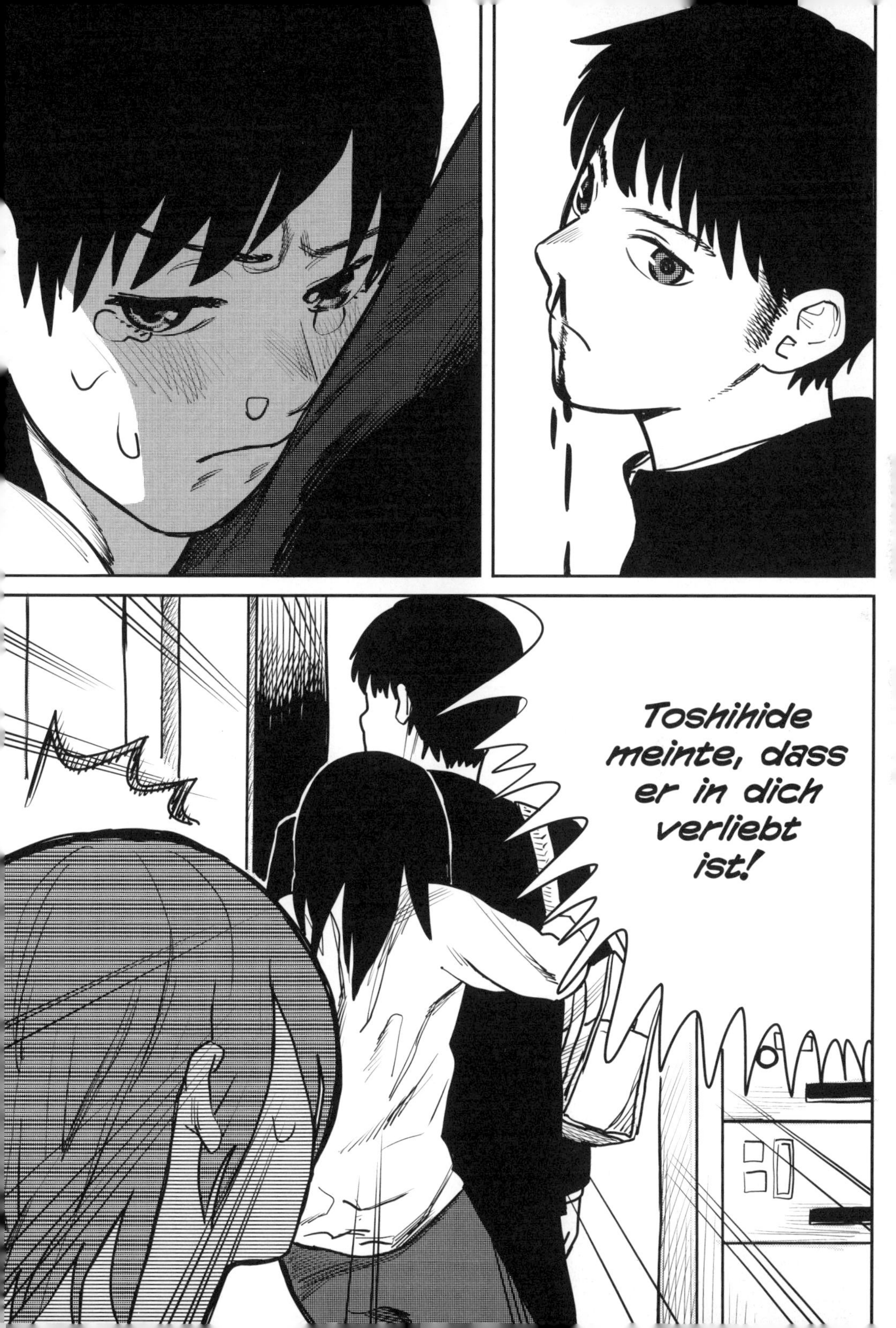
Toshihide meinte, dass er in dich verliebt ist!

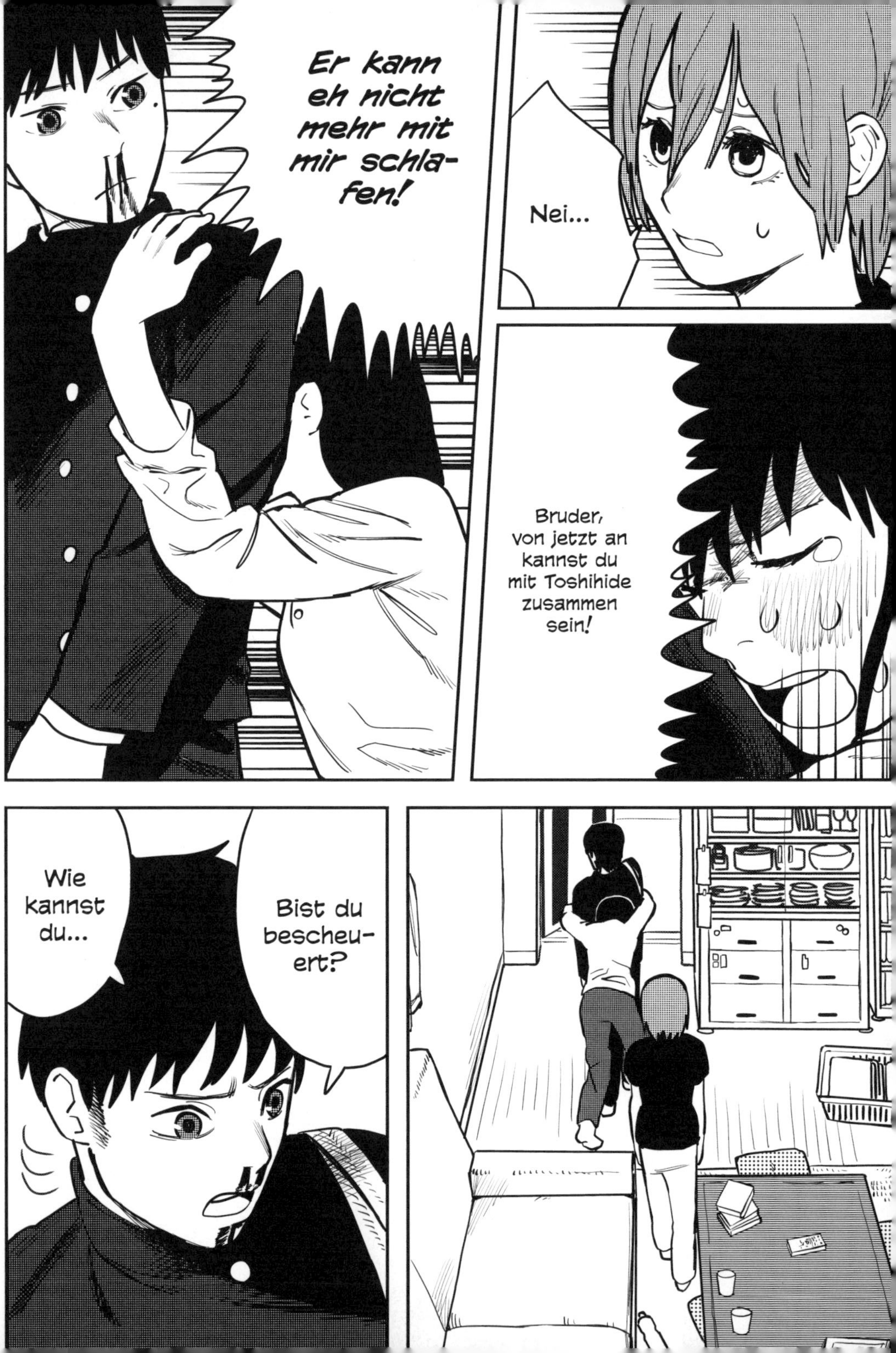
Nei...
Bruder, von jetzt an kannst du mit Toshihide zusammen sein!
Er kann eh nicht mehr mit mir schlafen!
Bist du bescheuert?
Wie kannst du...

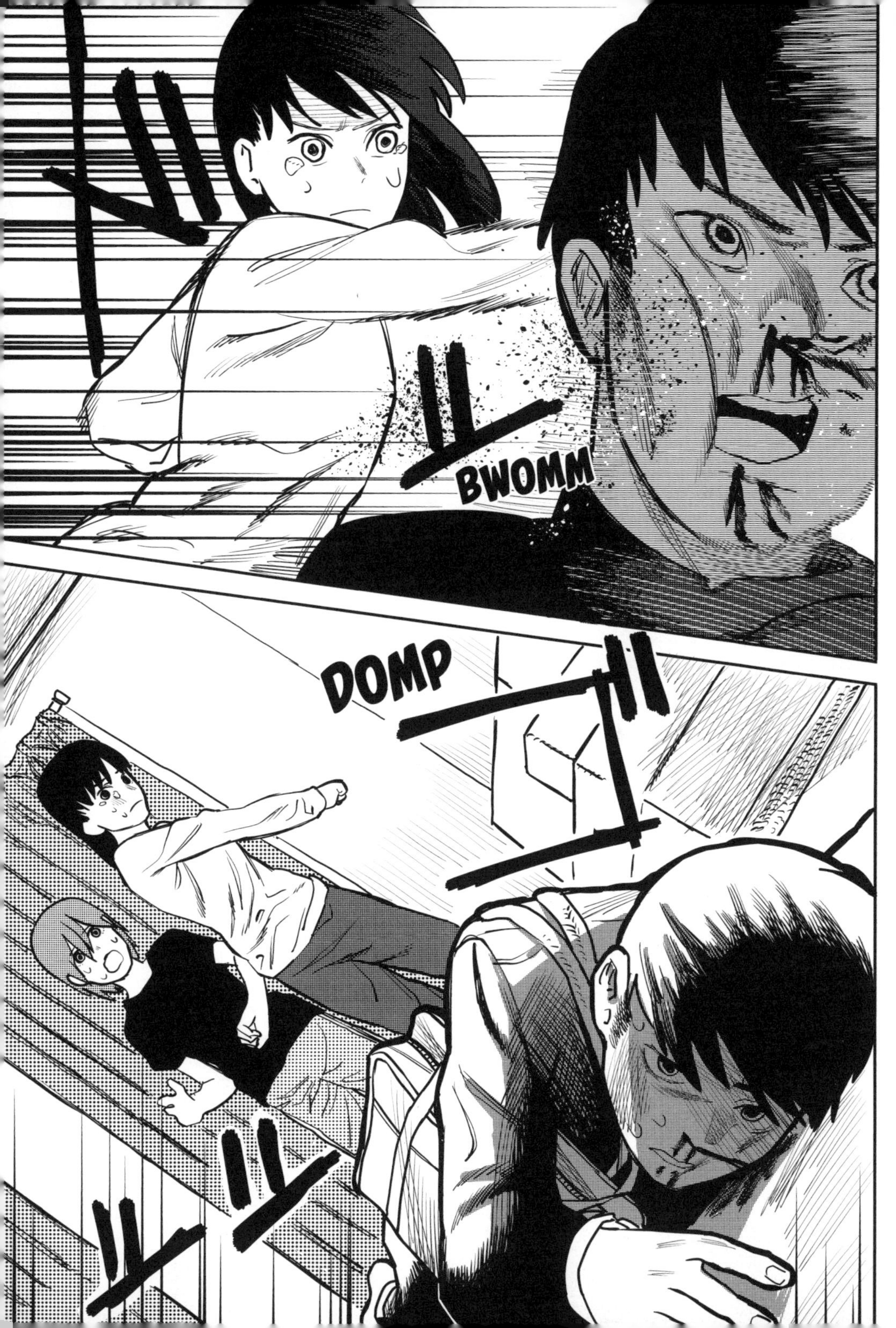
BWOMM
DOMP

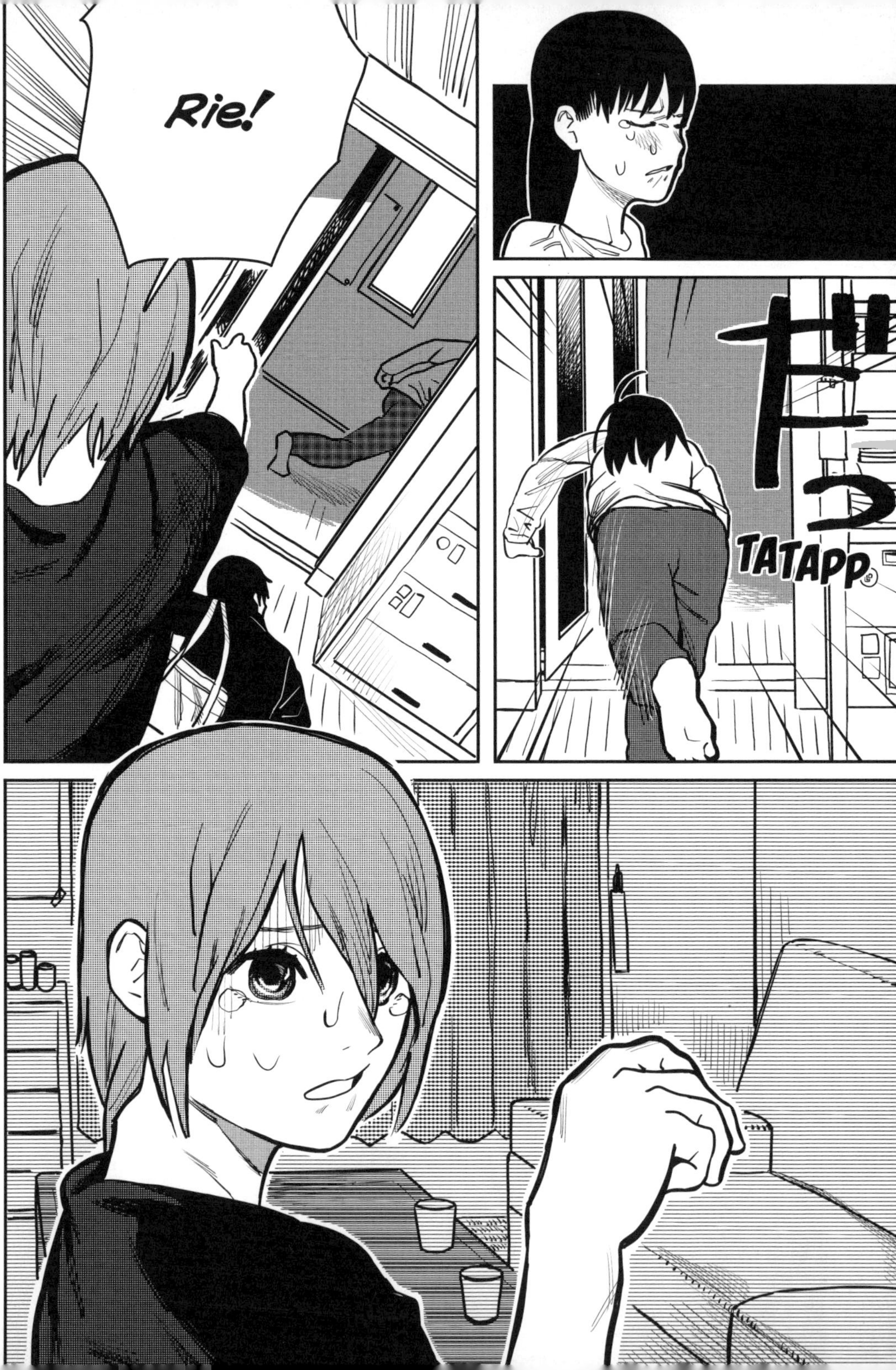
Rie!
ダッ
TATAPP

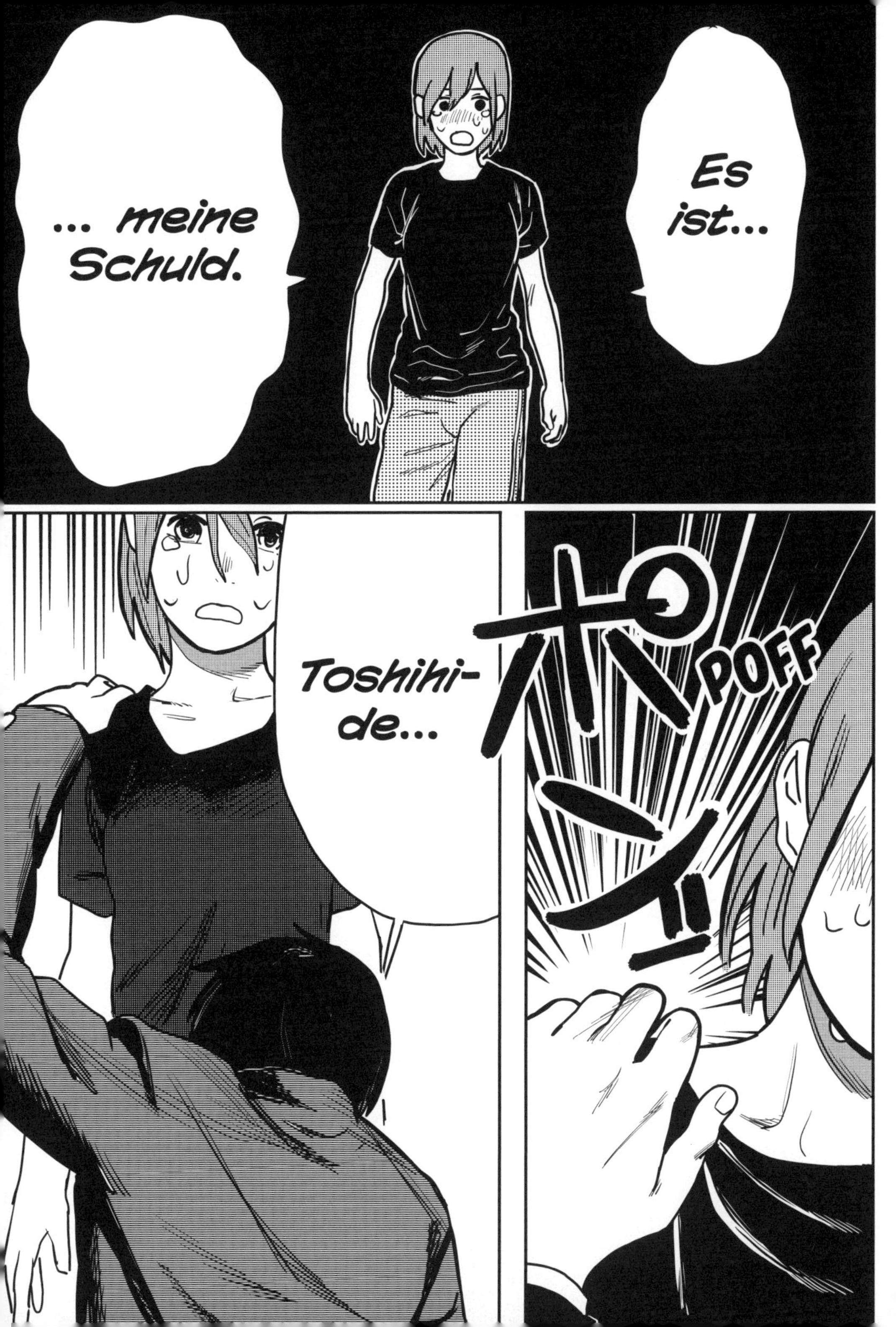
Es ist...
... meine Schuld.
POFF
Toshihi-de...

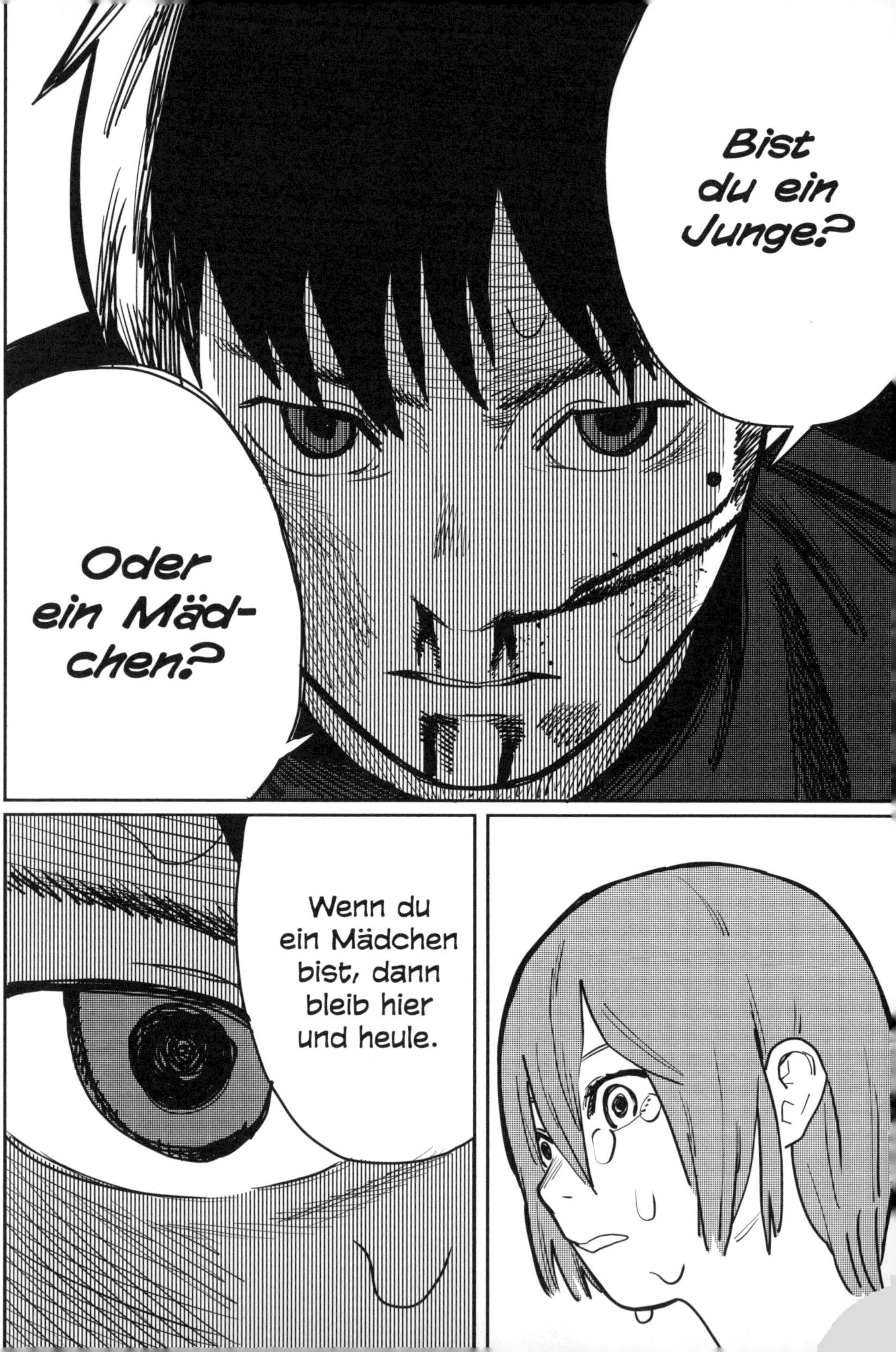
Bist du ein Junge?
Oder ein Mäd-chen?
Wenn du ein Mädchen bist, dann bleib hier und heule.

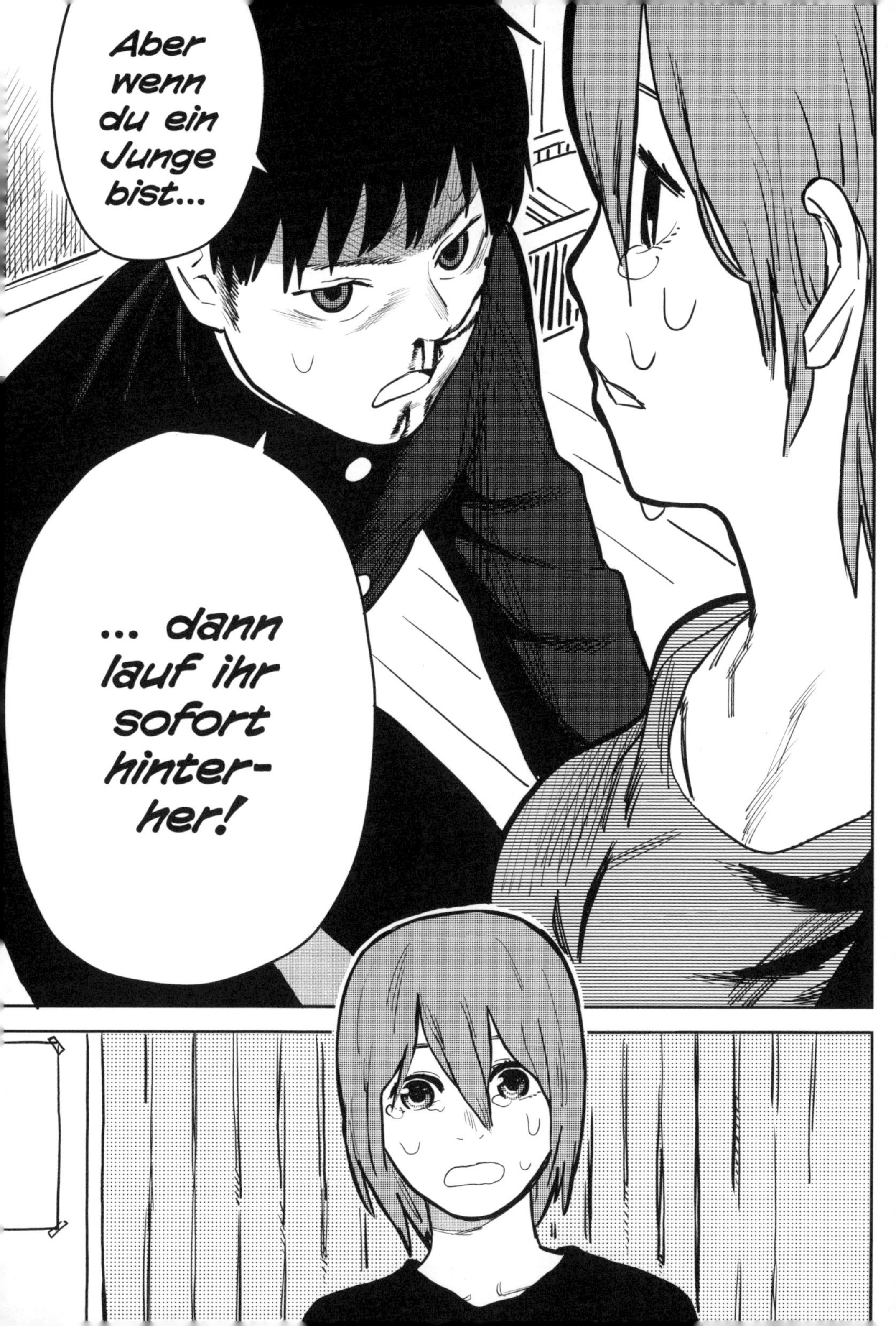
Aber wenn du ein Junge bist...
... dann lauf ihr sofort hinterher!

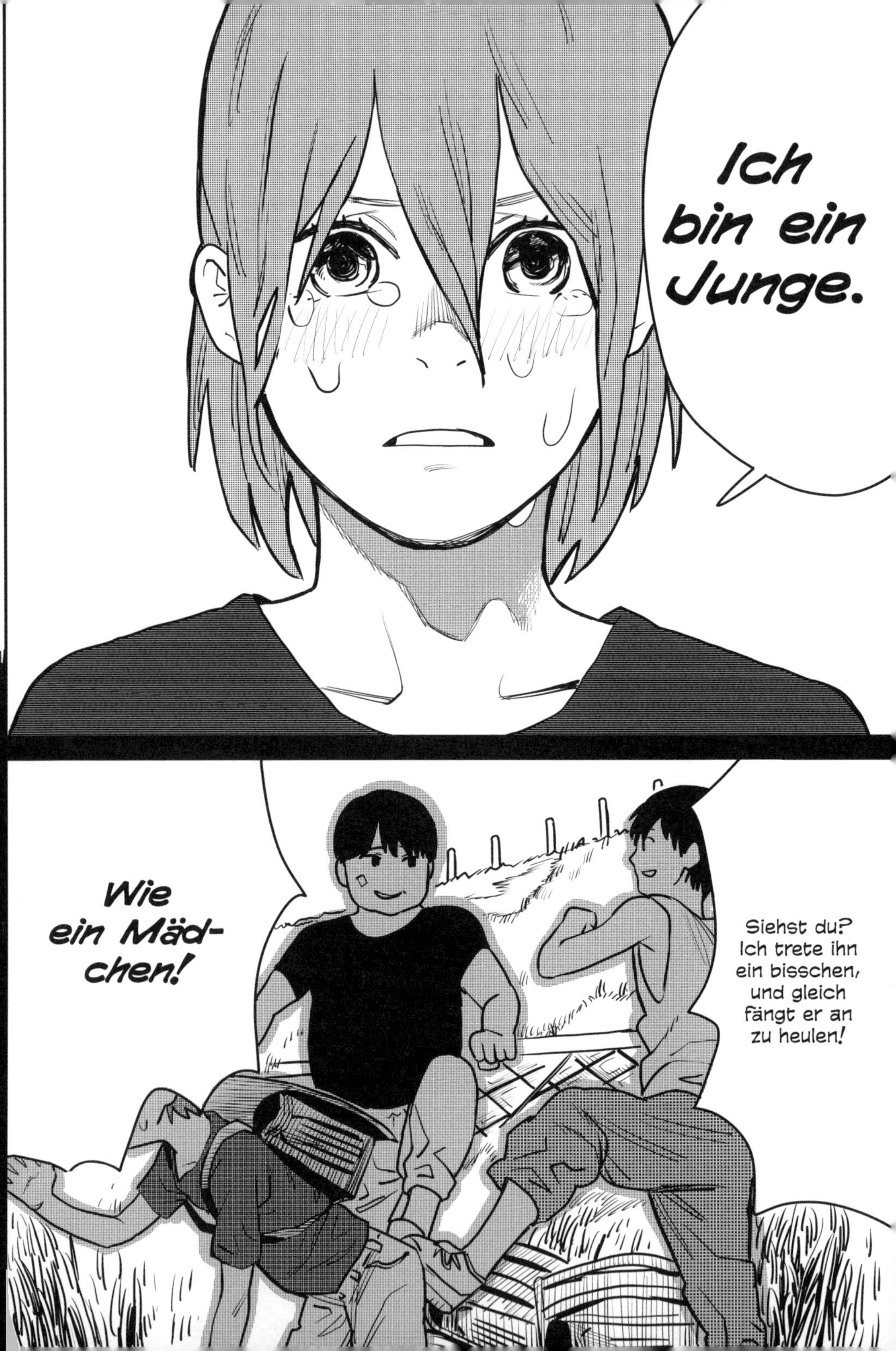
Ich bin ein Junge.
Siehst du? Ich trete ihn ein bisschen, und gleich fängt er an zu heulen!
Wie ein Mäd-chen!

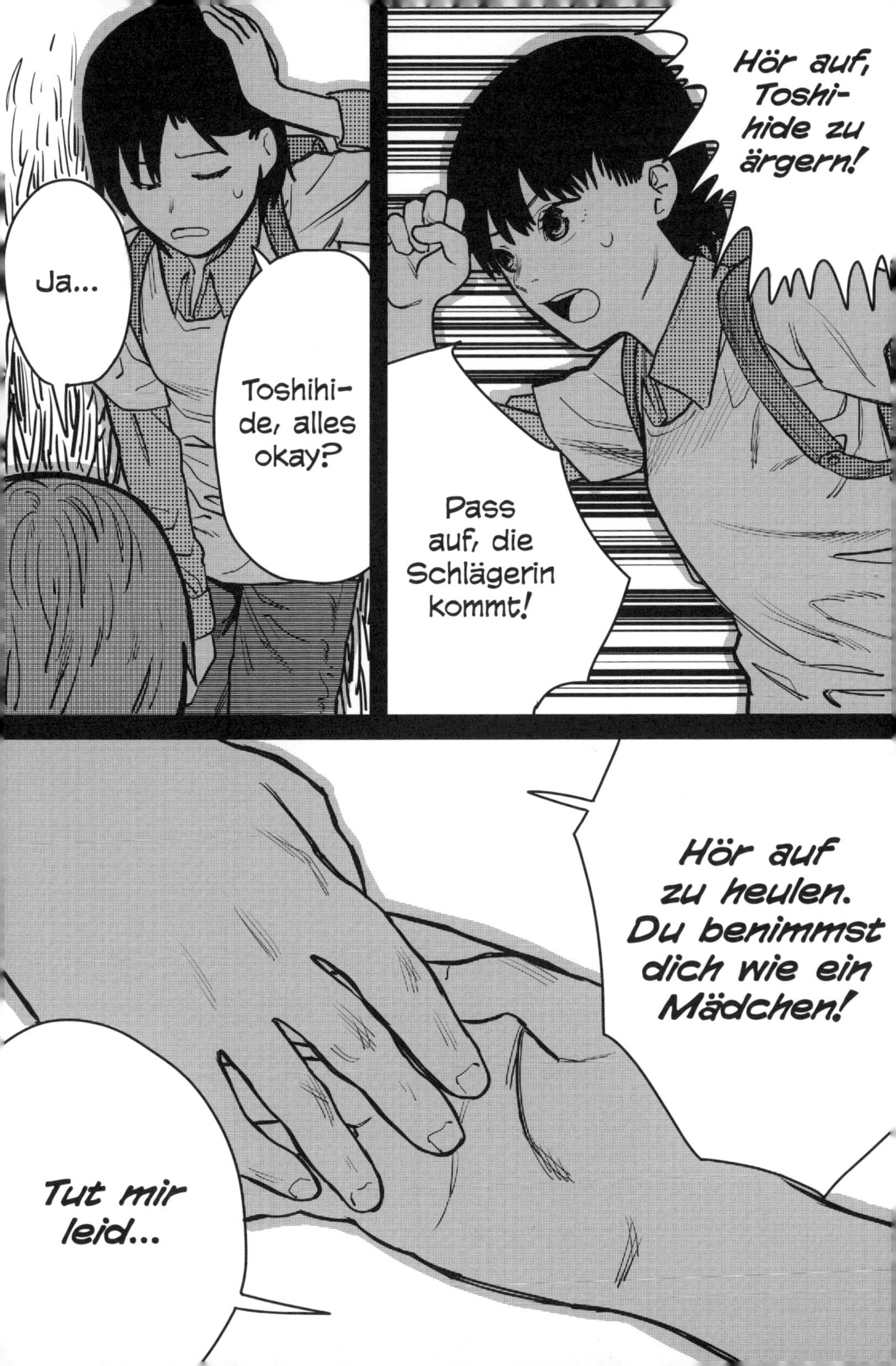
Hör auf, Toshihide zu ärgern!
Pass auf, die Schlägerin kommt!
Toshihide, alles okay?
Ja...
Hör auf zu heulen. Du benimmst dich wie ein Mädchen!
Tut mir leid...

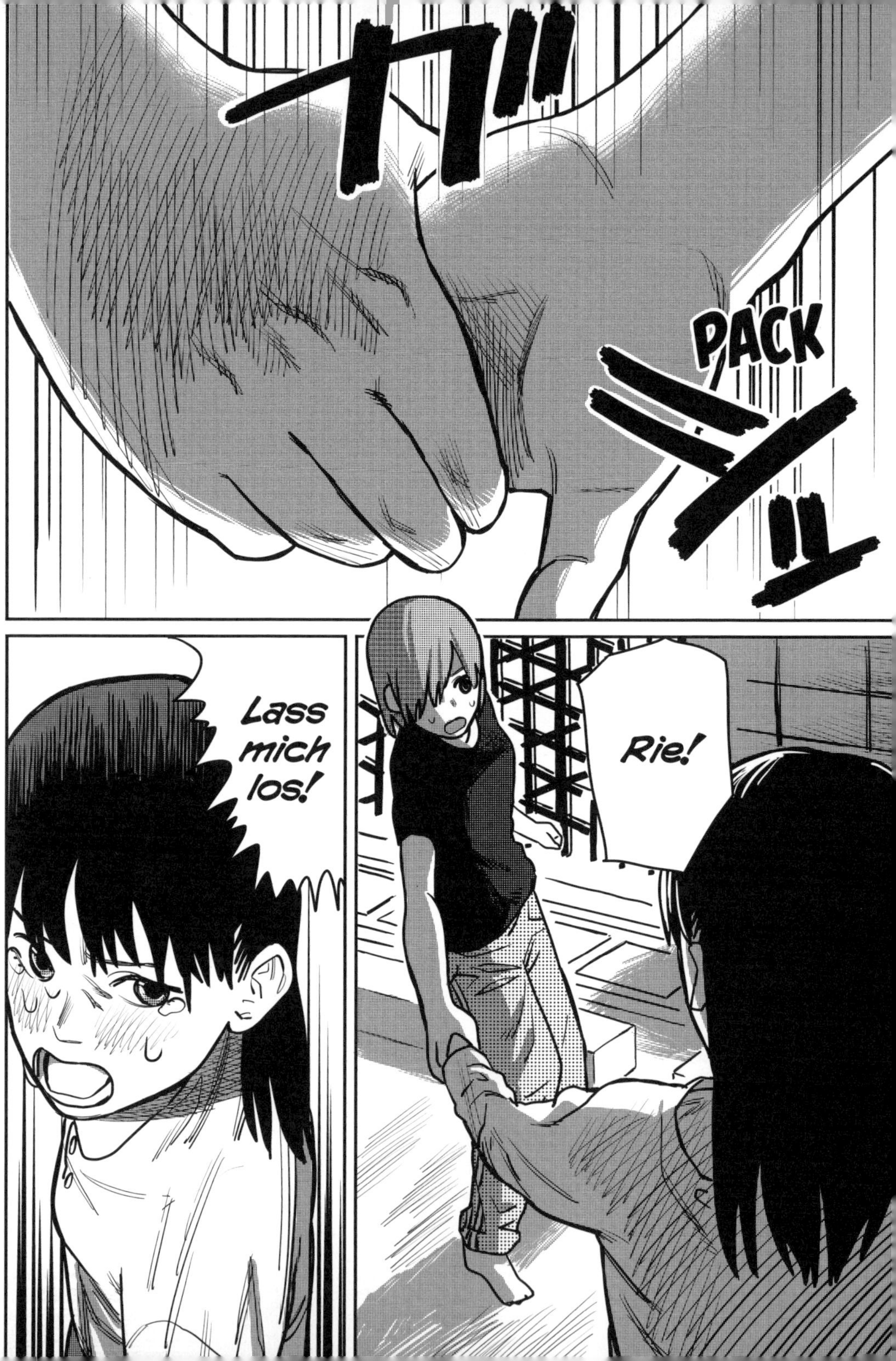
PACK
Rie!
Lass mich los!

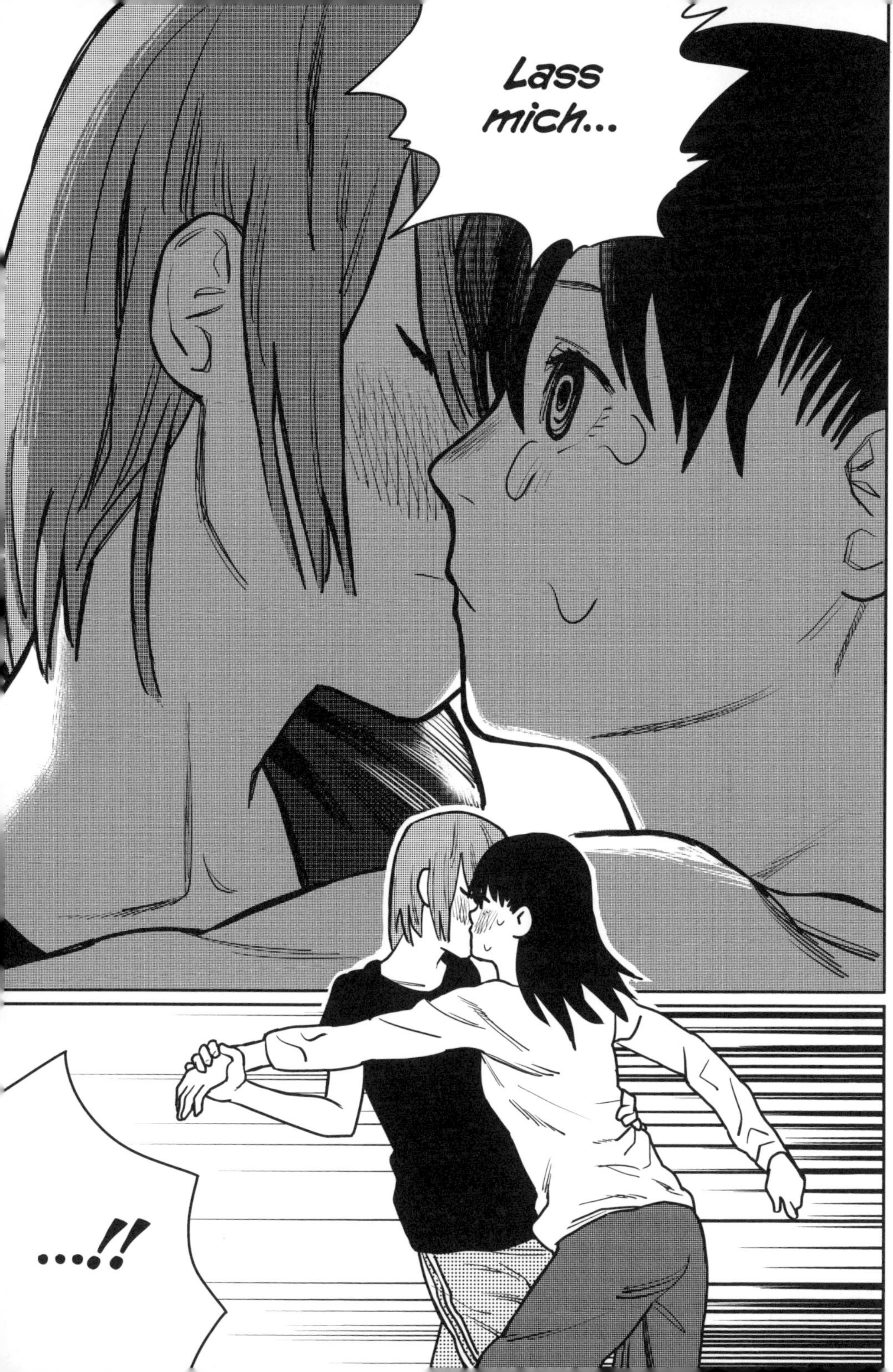
Lass mich...
...!!

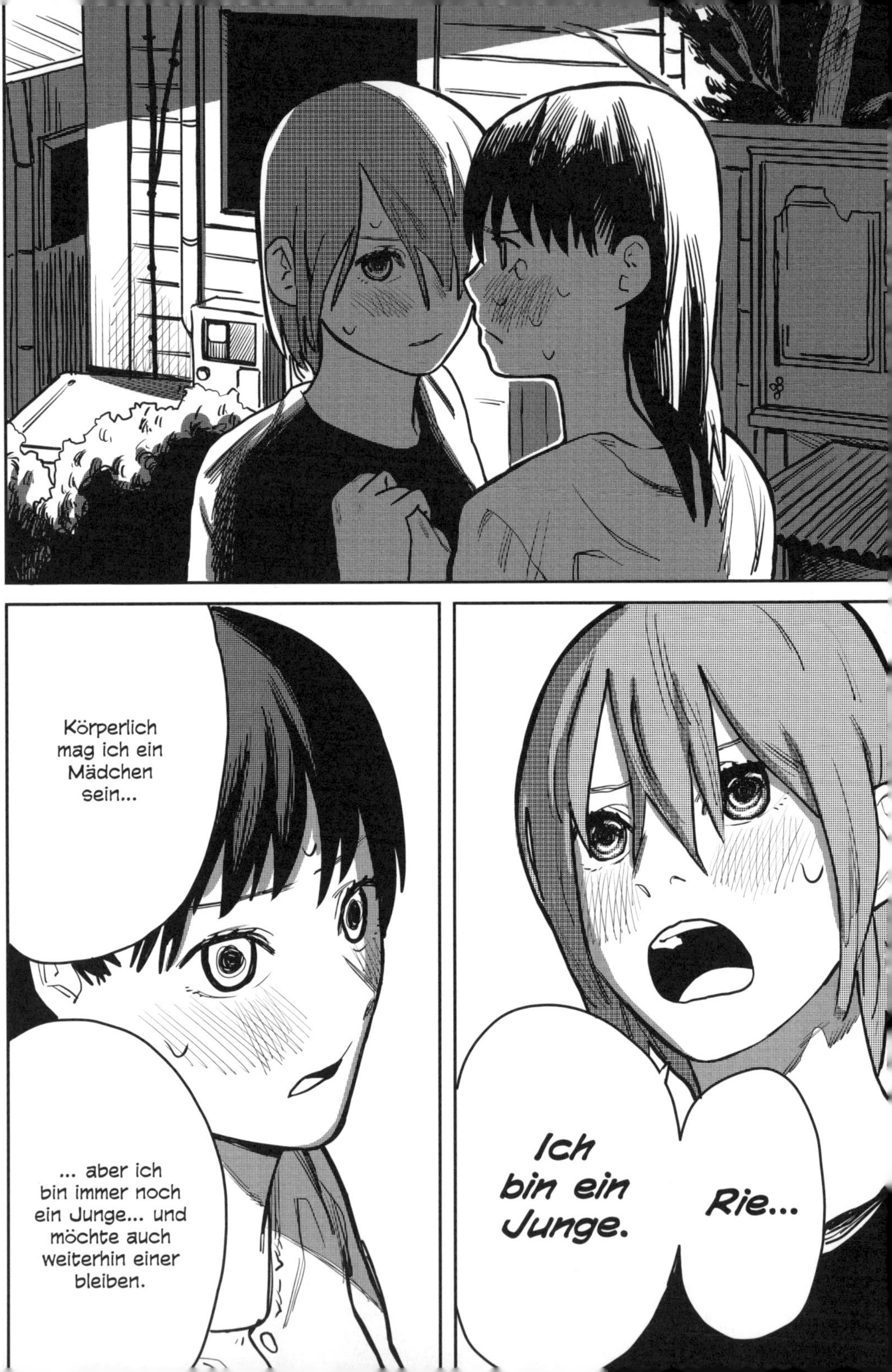
Rie...
Ich bin ein Junge.
Körperlich mag ich ein Mädchen sein...
... aber ich bin immer noch ein Junge... und möchte auch weiterhin einer bleiben.

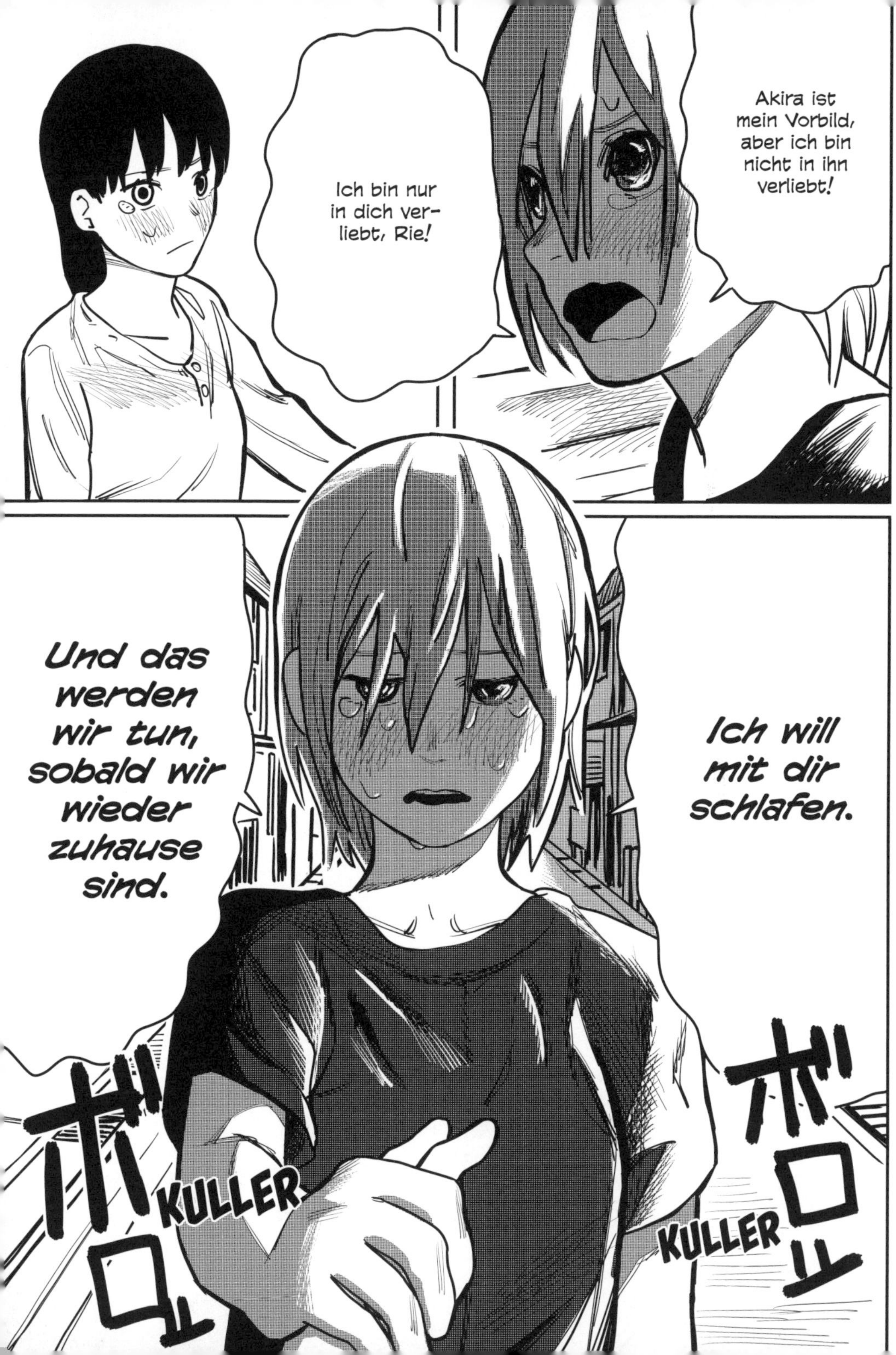
Akira ist mein Vorbild, aber ich bin nicht in ihn verliebt!
Ich bin nur in dich ver-liebt, Rie!
Ich will mit dir schlafen.
Und das werden wir tun, sobald wir wieder zuhause sind.
ボロッ
KULLER
ボロッ
KULLER

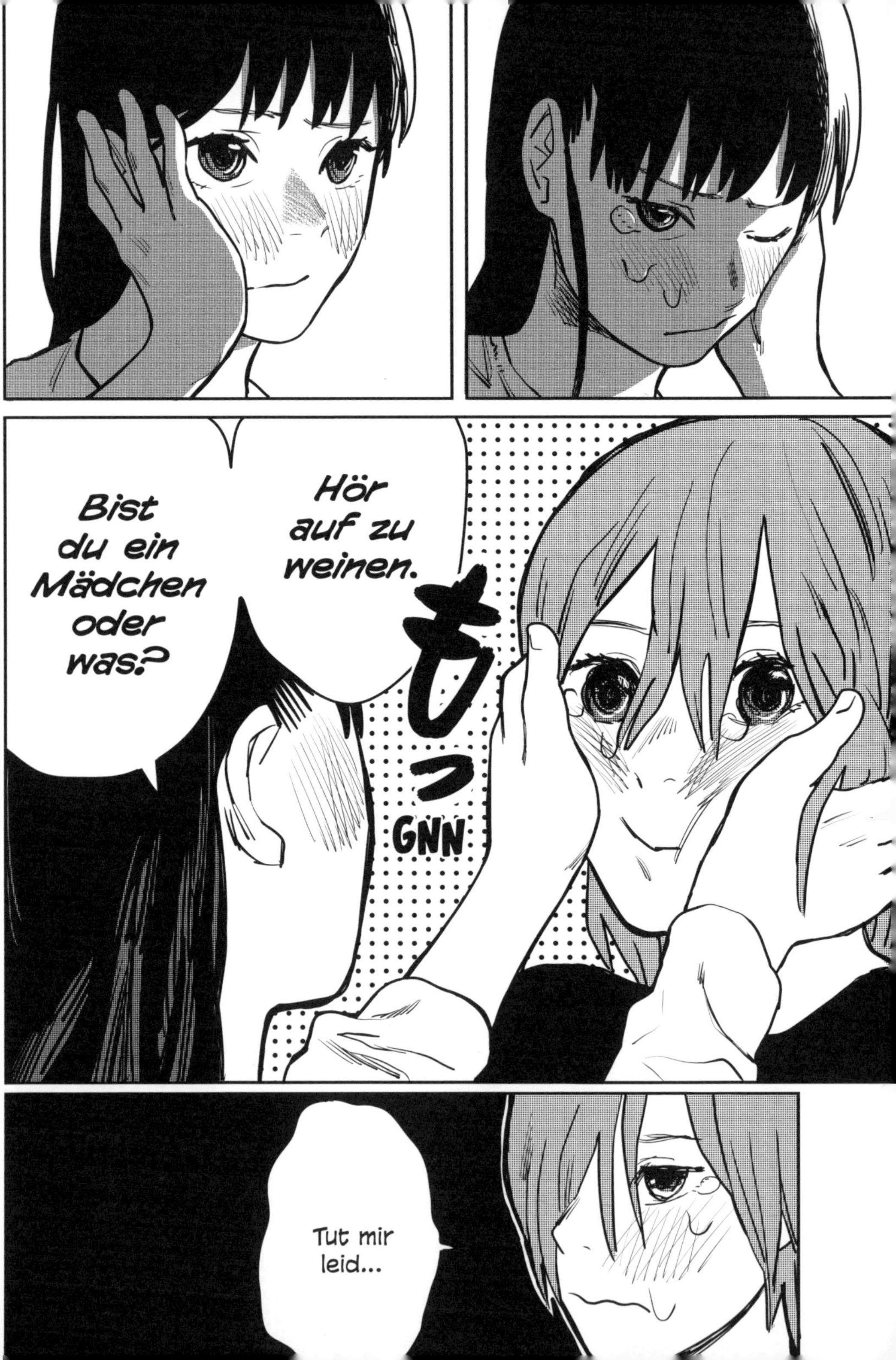
Hör auf zu weinen.
Bist du ein Mädchen oder was?
GNN
Tut mir leid...

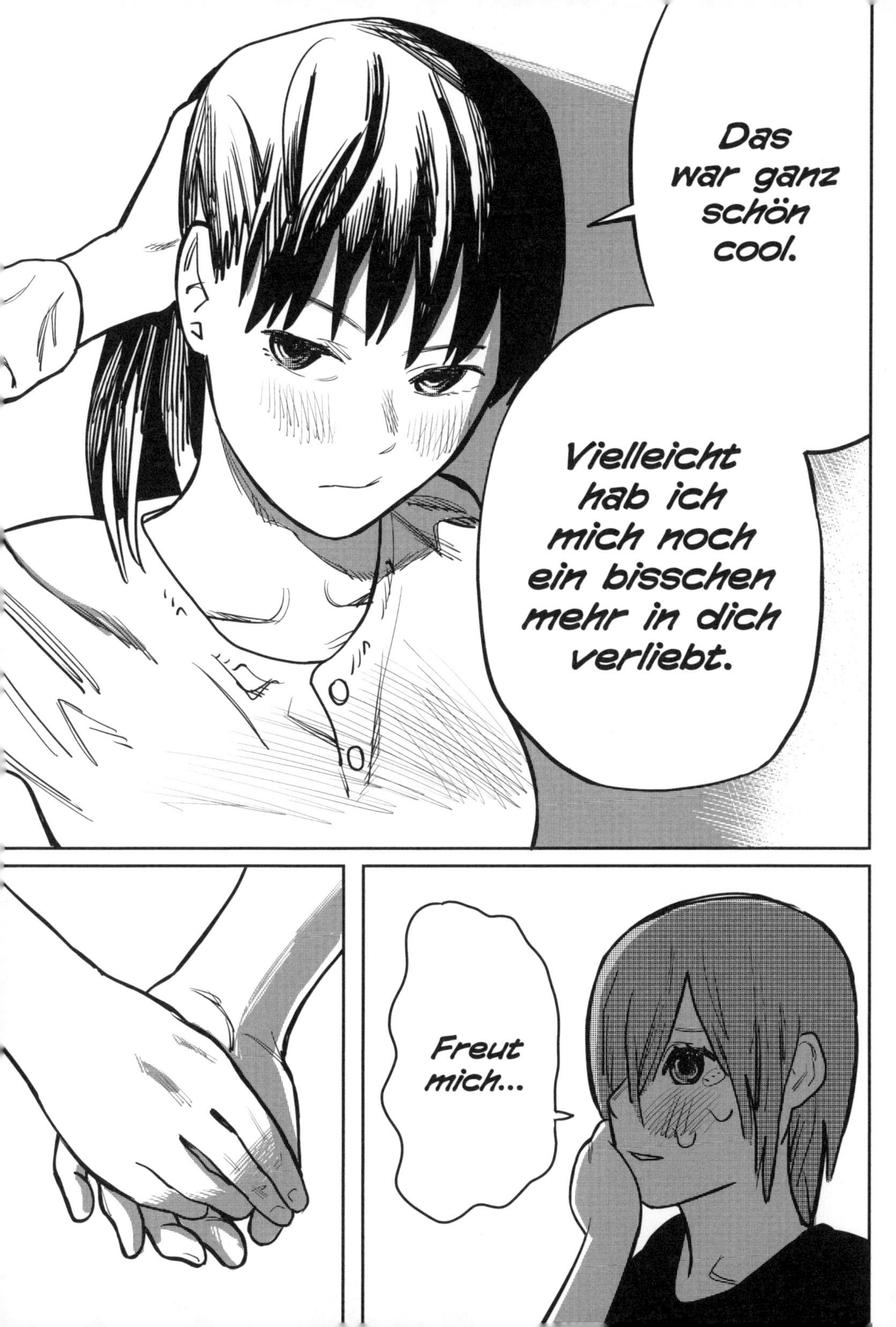
Das war ganz schön cool.
Vielleicht hab ich mich noch ein bisschen mehr in dich verliebt.
Freut mich...

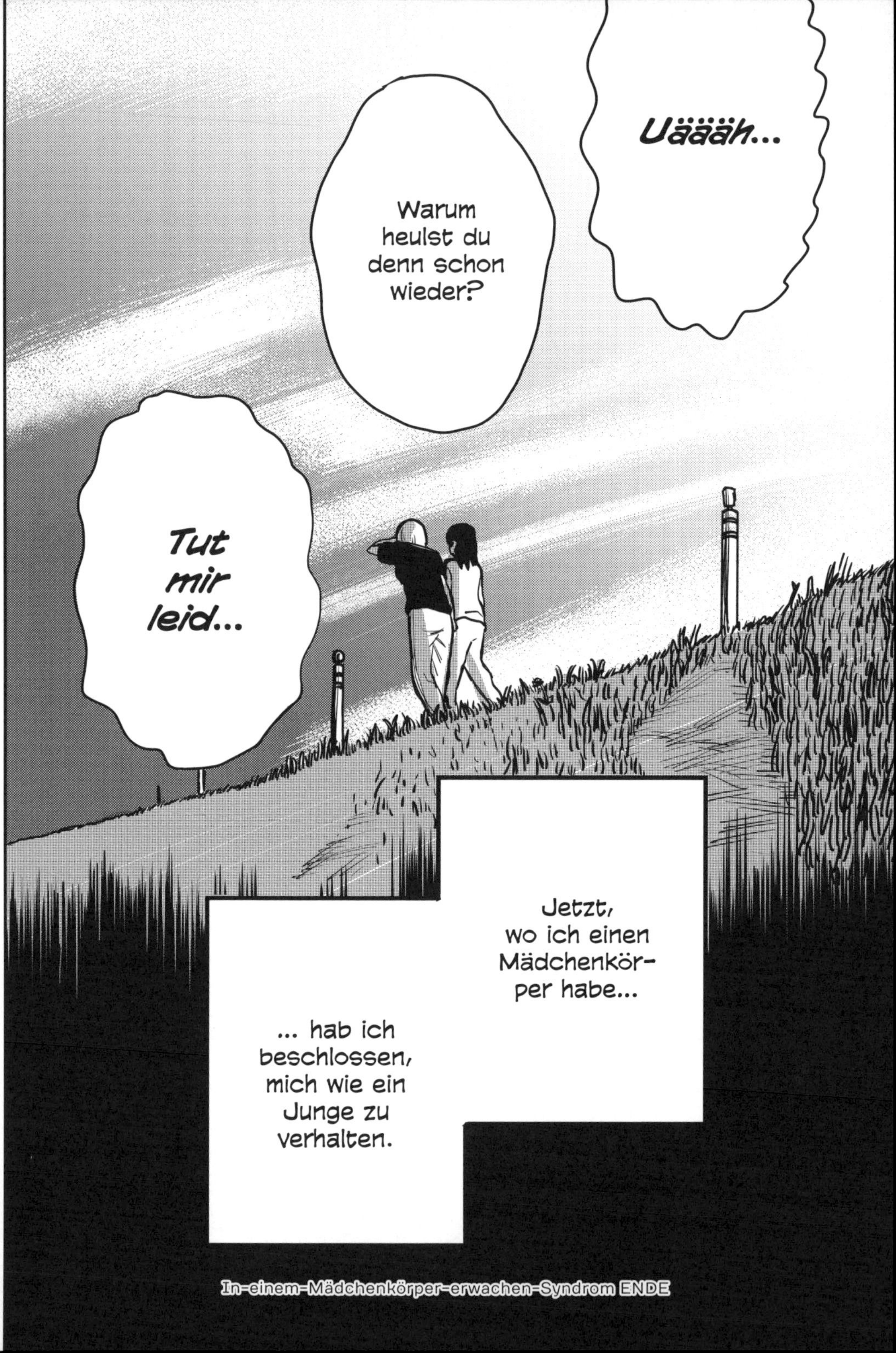
Uäääh...
Warum heulst du denn schon wieder?
Tut mir leid...
Jetzt, wo ich einen Mädchenkör- per habe...
... hab ich beschlossen, mich wie ein Junge zu verhalten.
In-einem-Mädchenkörper-erwachen-Syndrom ENDE

[In-einem-Mädchenkörper-erwachen-Syndrom]

Dieses Werk habe ich auf einer Webseite veröffentlicht. Da die Dateigröße begrenzt war, konnte ich die Geschichte nicht komplett darstellen. Die Leser*innen damals konnten sie deshalb nicht bis zum Ende lesen.

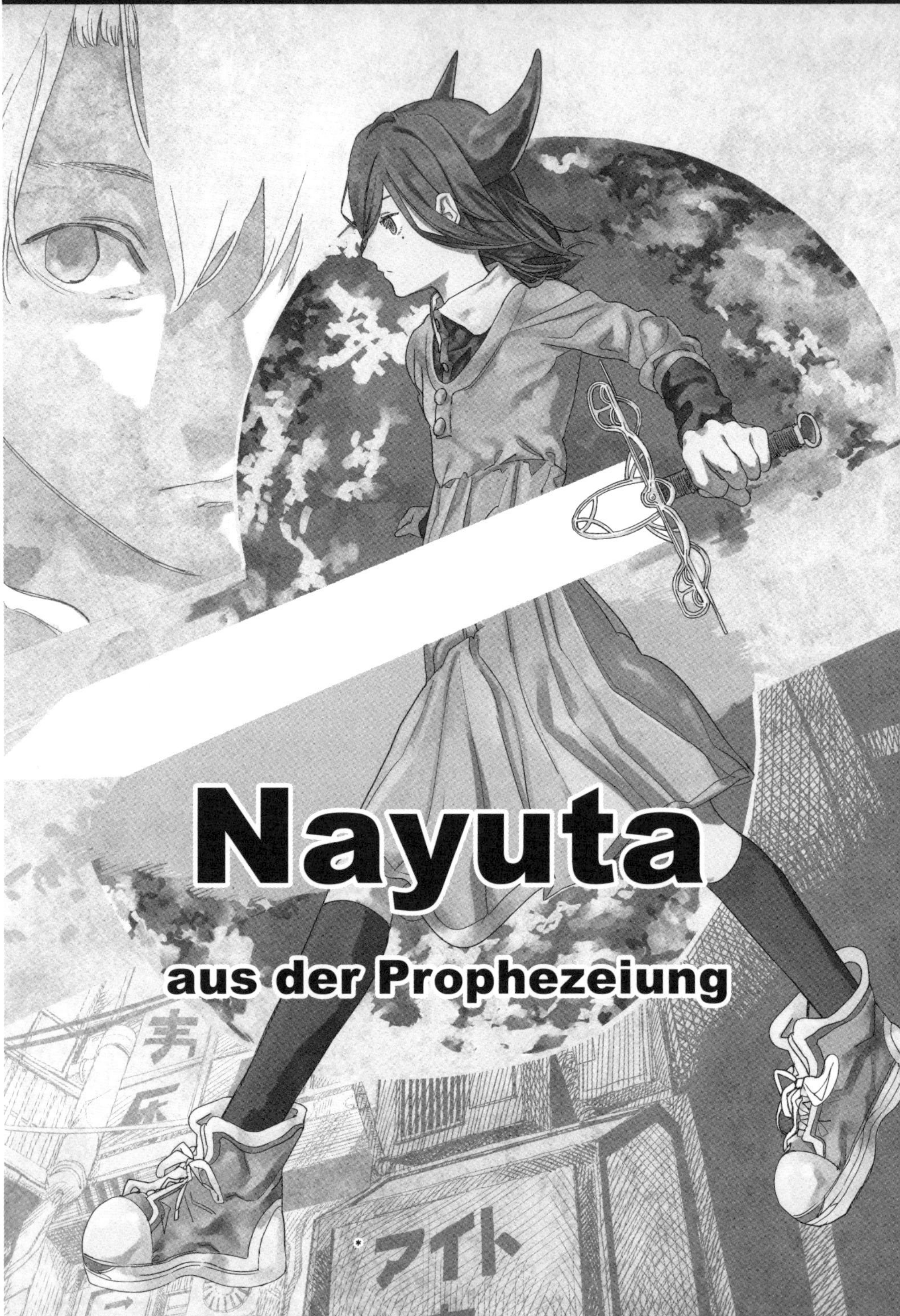
Nayuta
aus der Prophezeiung
*アイト
**
*Aito **Su

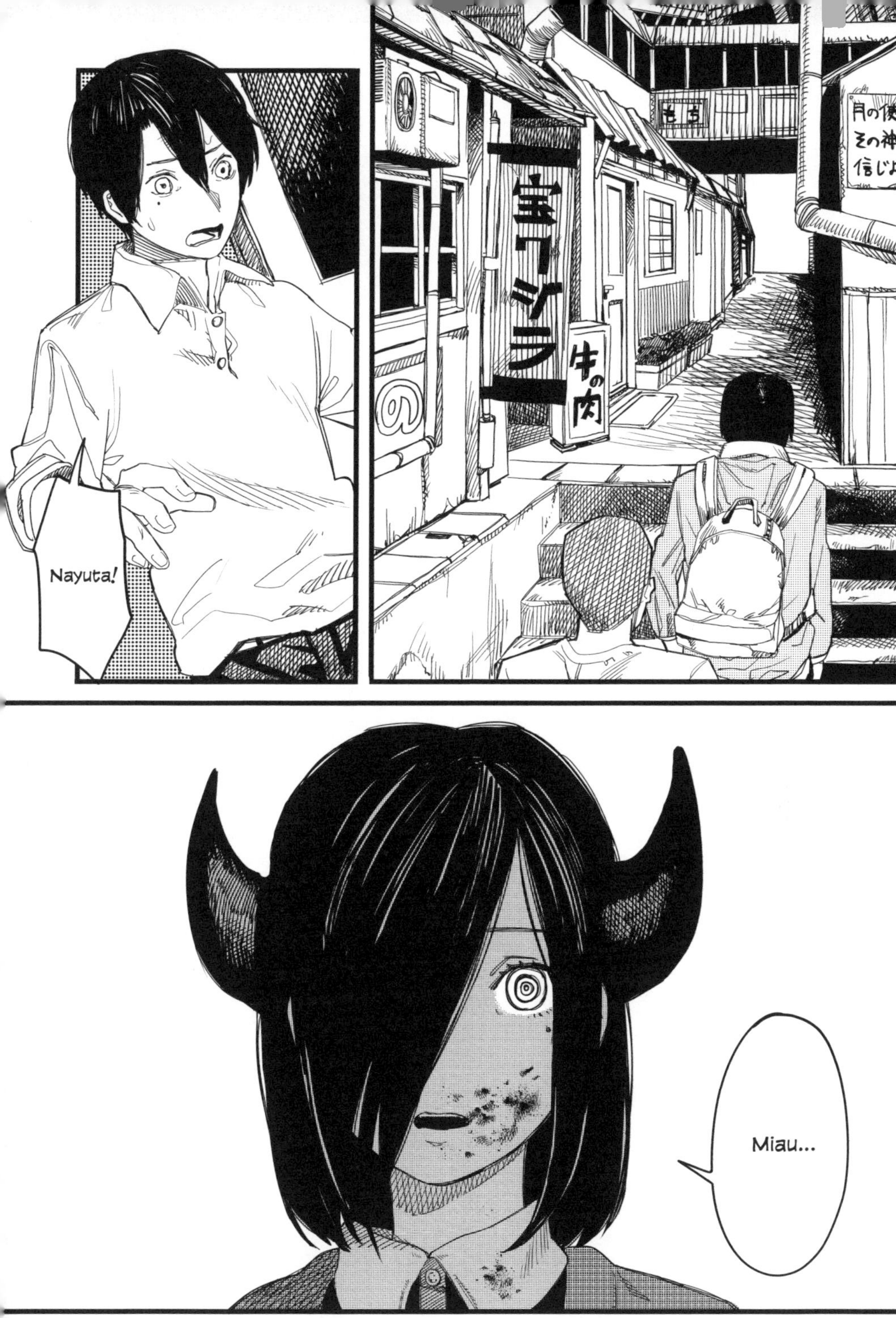
もち
宝クジラ
牛の肉
の
Nayuta!
Miau…

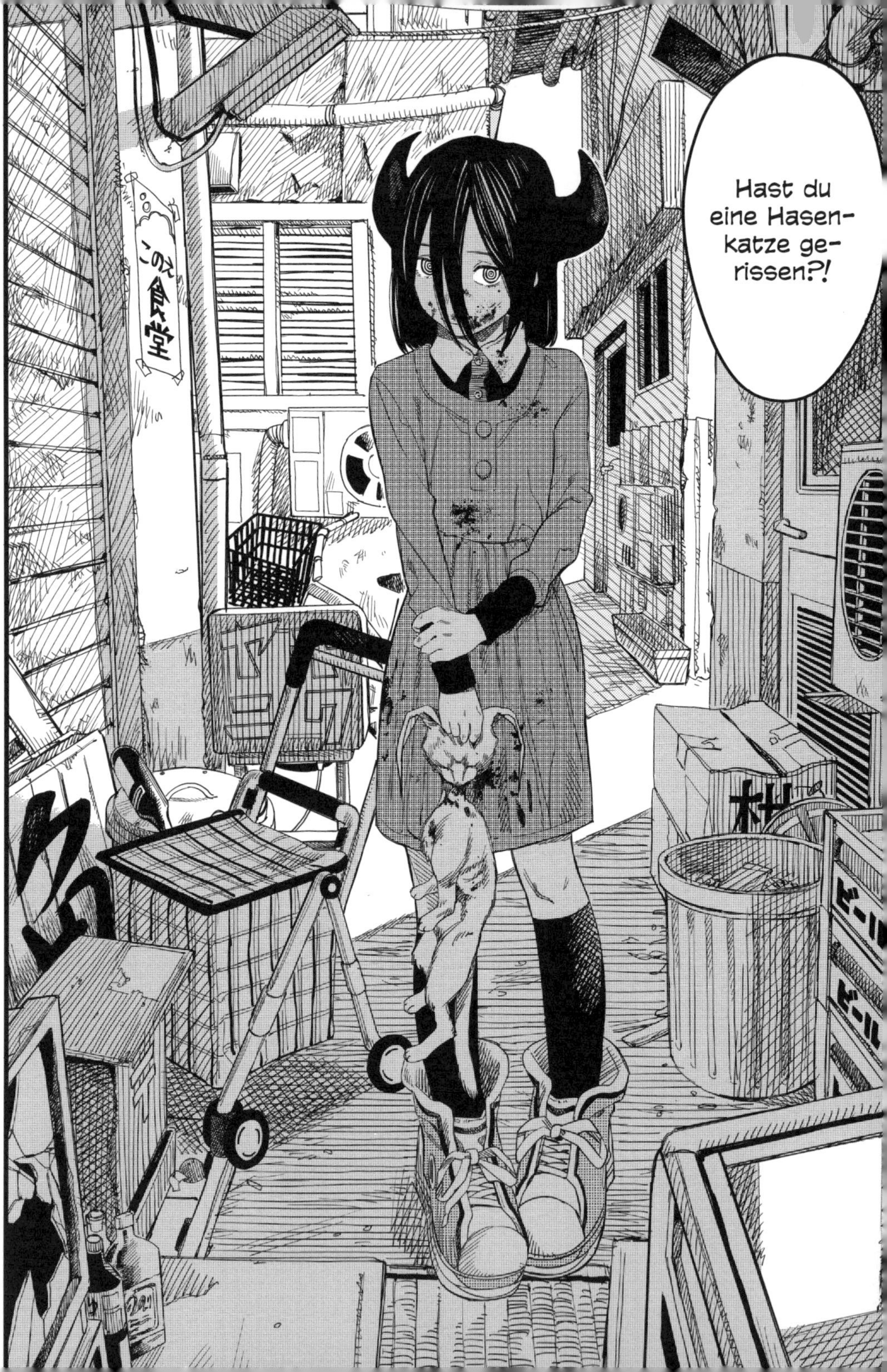
Hast du eine Hasen-katze ge-rissen?!
このえ食堂

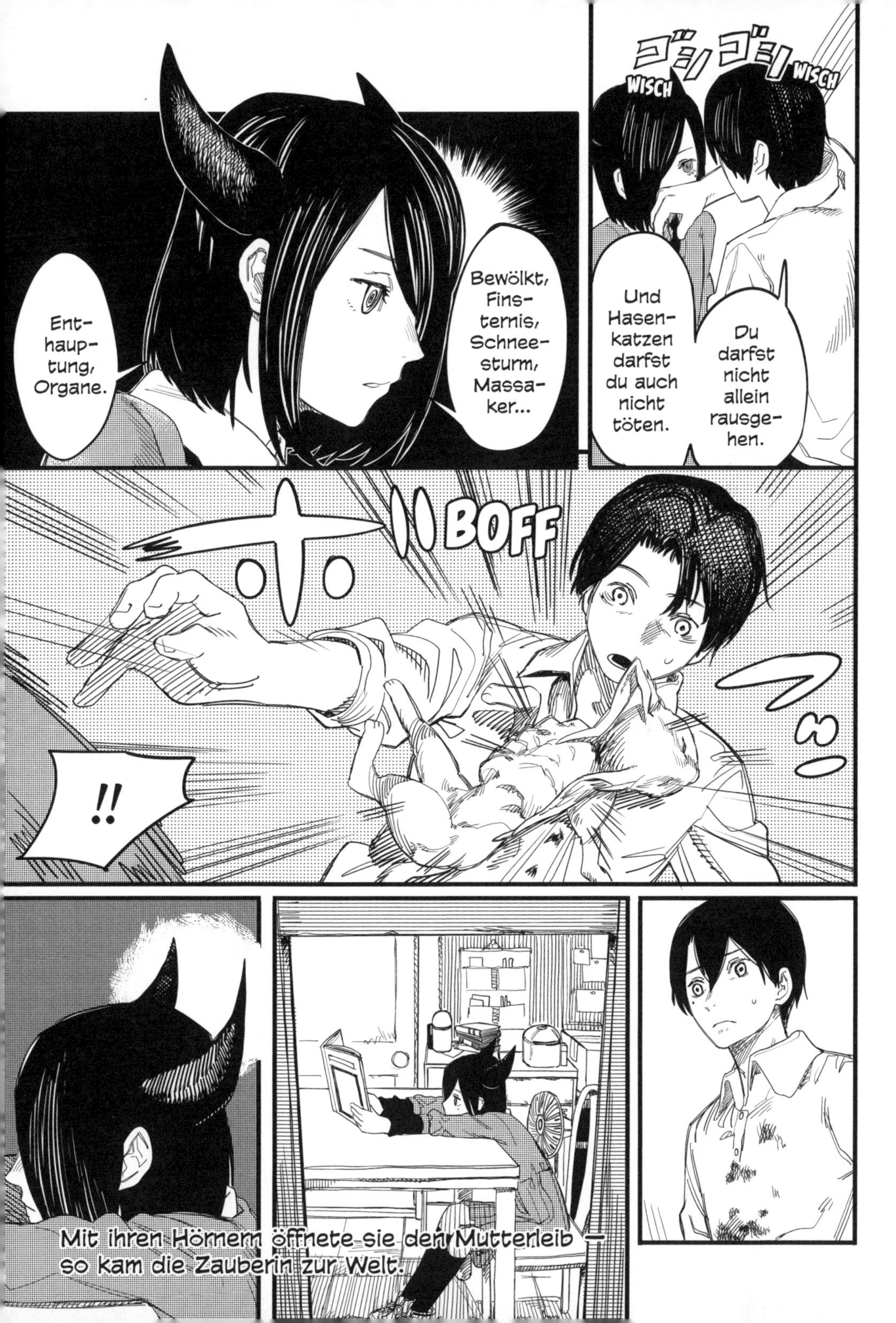
ゴシゴシ
WISCH WISCH
Du darfst nicht allein rausgehen.
Und Hasenkatzen darfst du auch nicht töten.
Bewölkt, Finsternis, Schneesturm, Massaker...
Enthauptung, Organe.
BOFF
!!
Mit ihren Hörnern öffnete sie den Mutterleib – so kam die Zauberin zur Welt.

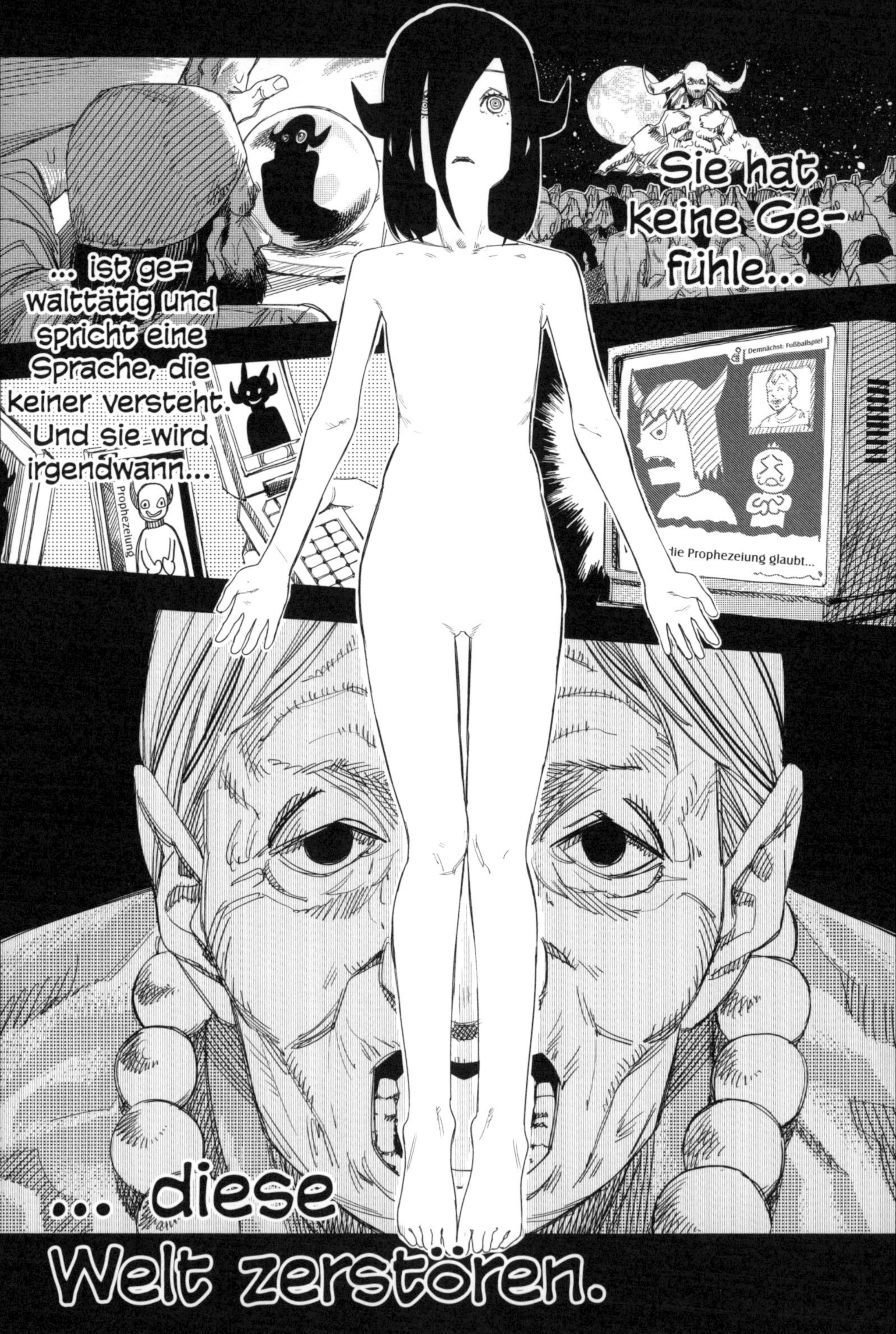
Sie hat keine Ge-fühle...
Demnächst: Fußballspiel
...die Prophezeiung glaubt...
... ist ge-walttätig und spricht eine Sprache, die keiner versteht. Und sie wird irgendwann...
Prophezeiung
... diese Welt zerstören.

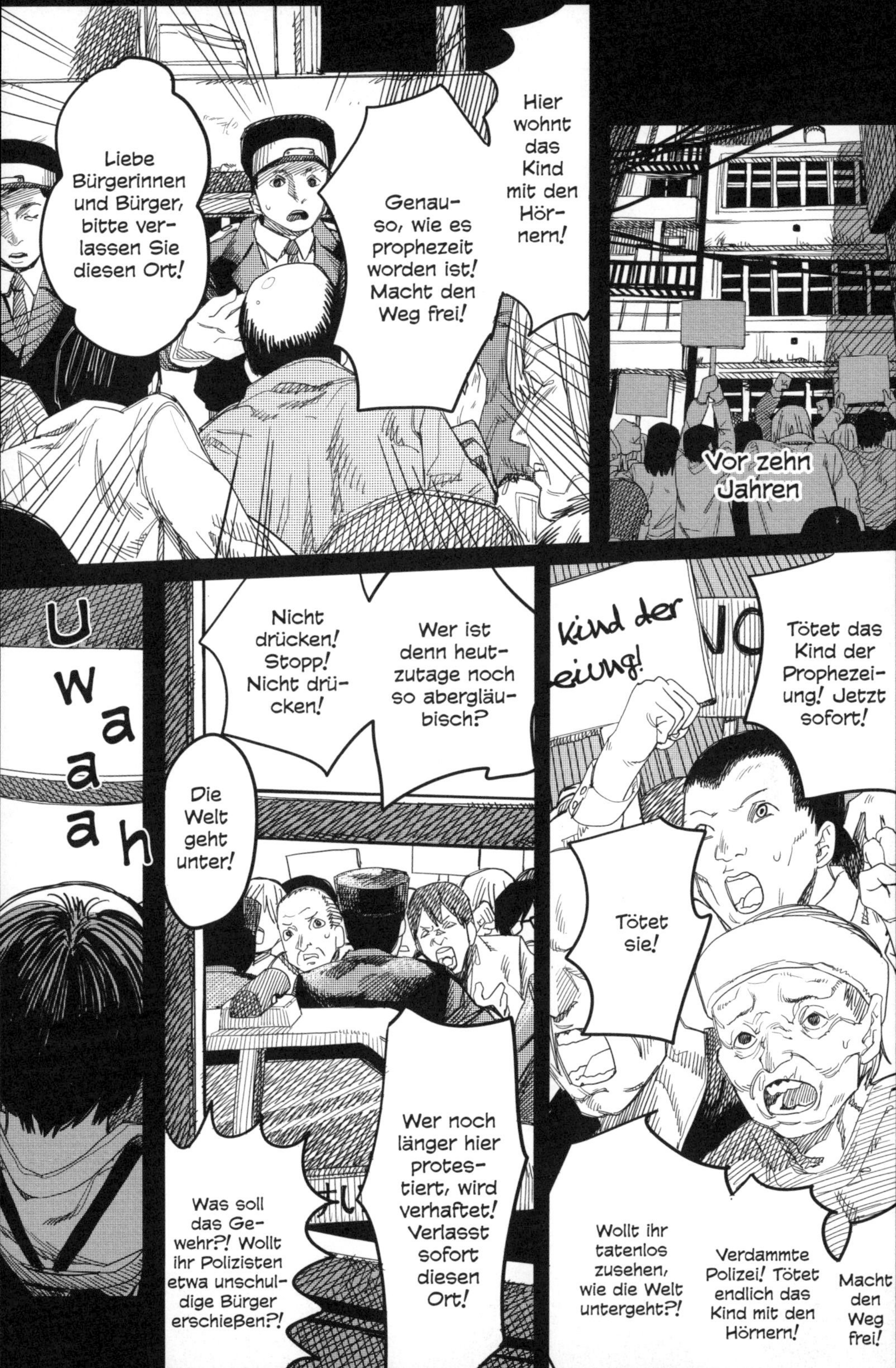

Vor zehn Jahren
Hier wohnt das Kind mit den Hörnern!
Genauso, wie es prophezeit worden ist! Macht den Weg frei!
Liebe Bürgerinnen und Bürger, bitte verlassen Sie diesen Ort!
Tötet das Kind der Prophezeiung! Jetzt sofort!
Kind der
eiung!
Tötet sie!
Macht den Weg frei!
Verdammte Polizei! Tötet endlich das Kind mit den Hörnern!
Wollt ihr tatenlos zusehen, wie die Welt untergeht?!
Wer ist denn heutzutage noch so abergläubisch?
Nicht drücken! Stopp! Nicht drücken!
Die Welt geht unter!
Wer noch länger hier protestiert, wird verhaftet! Verlasst sofort diesen Ort!
Was soll das Gewehr?! Wollt ihr Polizisten etwa unschuldige Bürger erschießen?!
Uwaaah

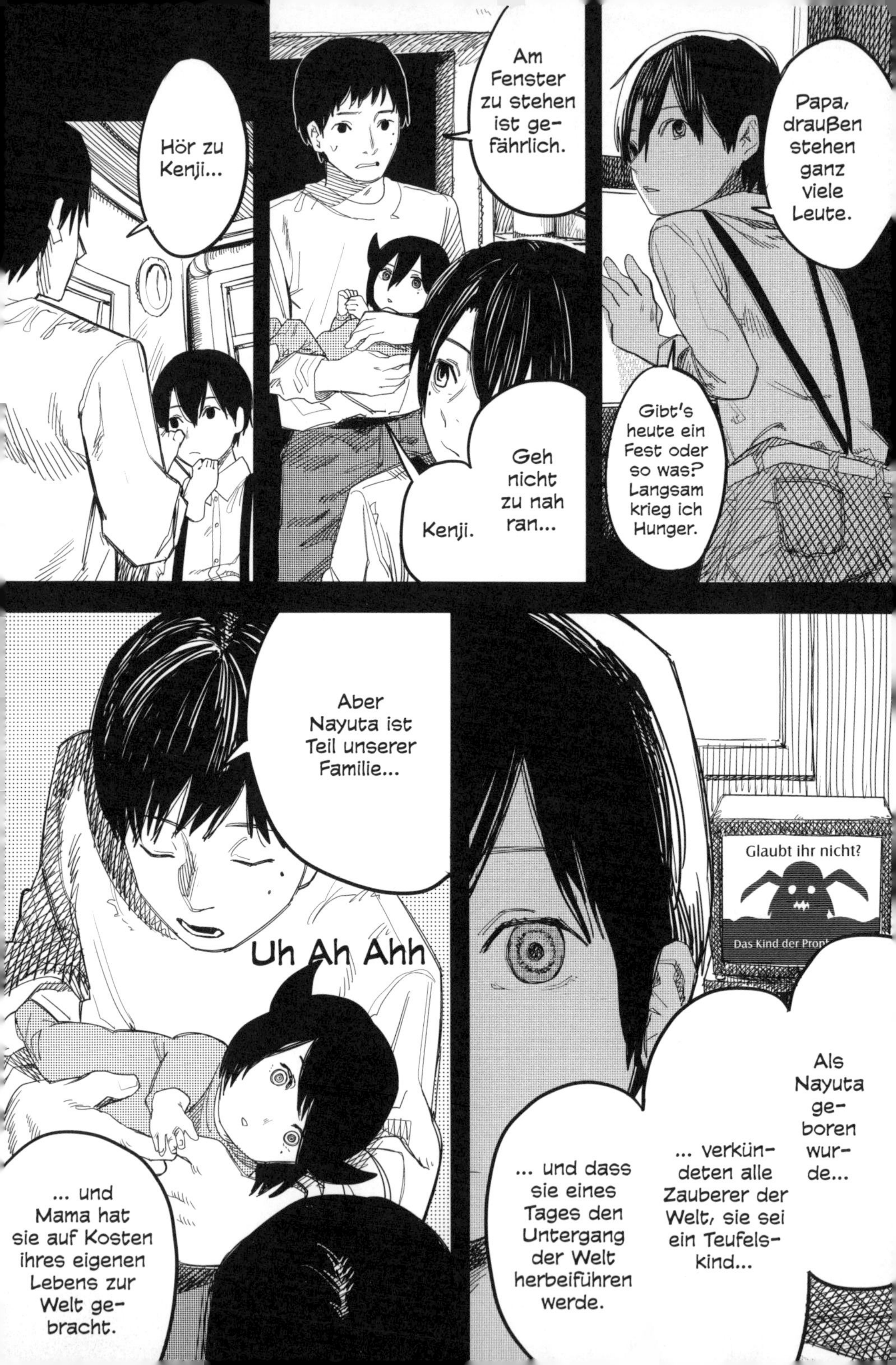
Papa, draußen stehen ganz viele Leute.
Gibt's heute ein Fest oder so was? Langsam krieg ich Hunger.
Am Fenster zu stehen ist gefährlich.
Geh nicht zu nah ran... Kenji.
Hör zu Kenji...
Als Nayuta geboren wurde...
... verkündeten alle Zauberer der Welt, sie sei ein Teufelskind...
... und dass sie eines Tages den Untergang der Welt herbeiführen werde.
Glaubt ihr nicht?
Aber Nayuta ist Teil unserer Familie...
Uh Ah Ahh
... und Mama hat sie auf Kosten ihres eigenen Lebens zur Welt gebracht.

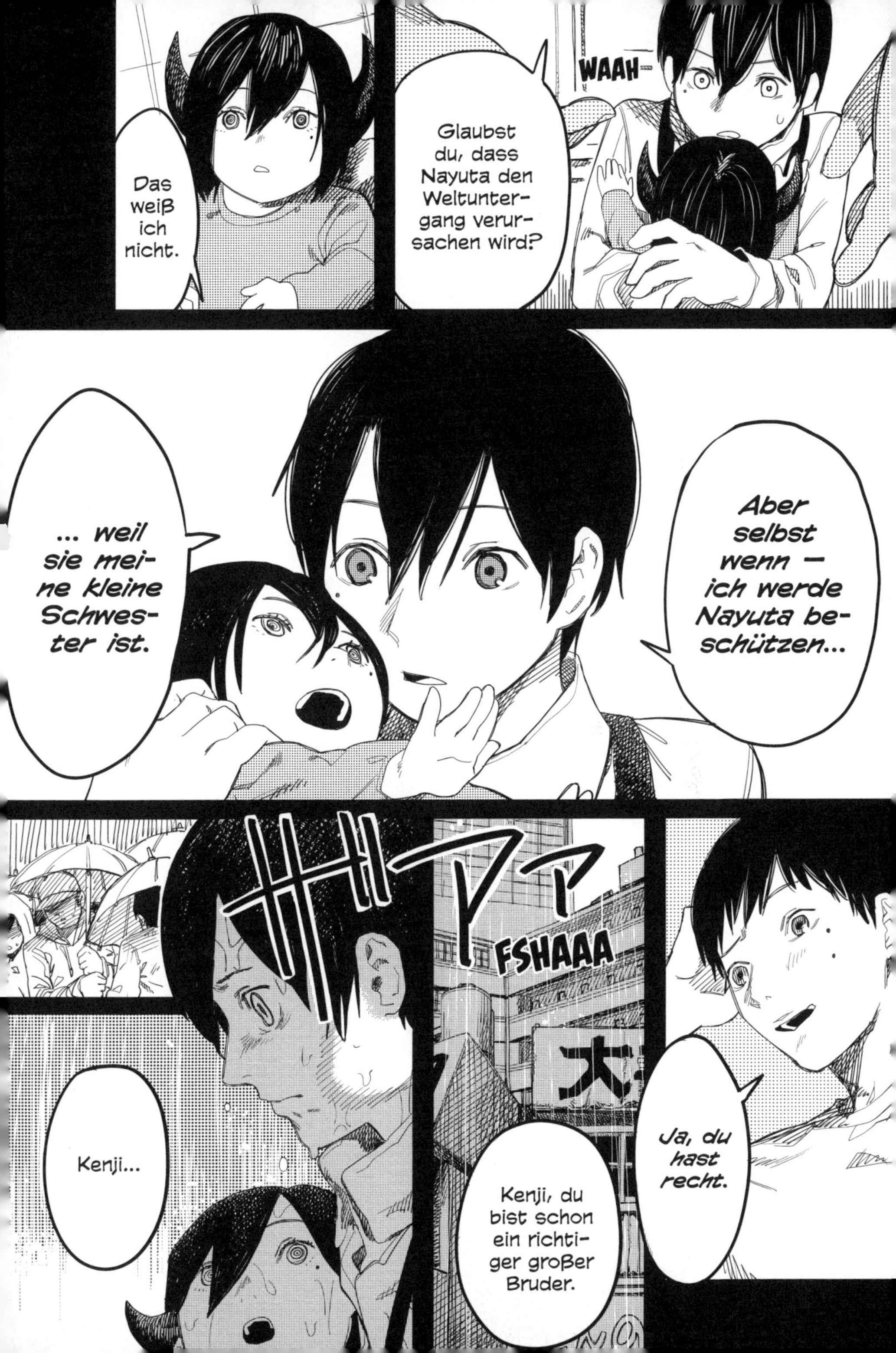
WAAH
Glaubst du, dass Nayuta den Weltuntergang verursachen wird?
Das weiß ich nicht.
Aber selbst wenn – ich werde Nayuta beschützen...
... weil sie meine kleine Schwester ist.
Ja, du hast recht.
FSHAAA
Kenji, du bist schon ein richtiger großer Bruder.
Kenji...

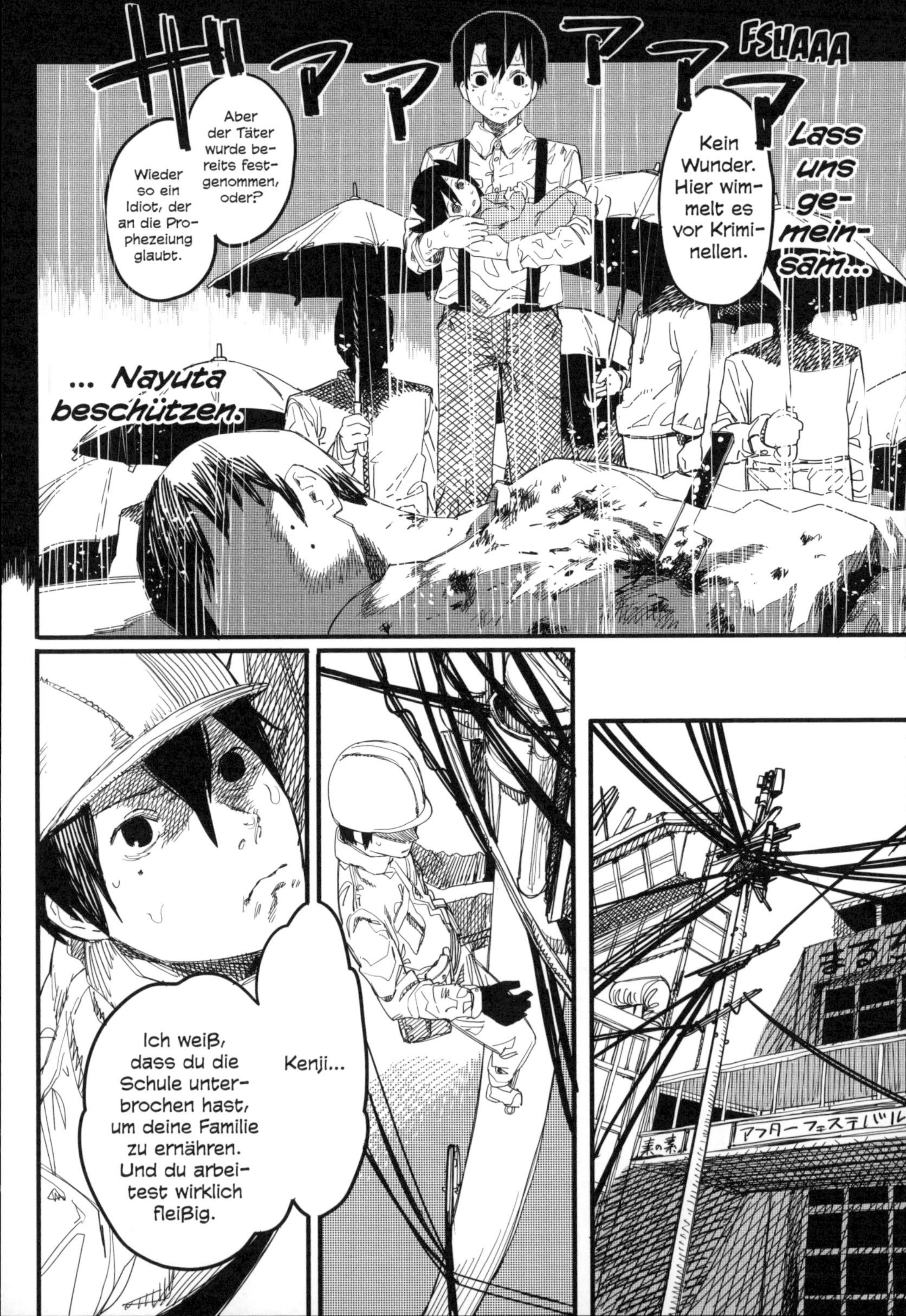
FSHAAA
Lass uns gemeinsam...
Kein Wunder. Hier wimmelt es vor Kriminellen.
Aber der Täter wurde bereits festgenommen, oder?
Wieder so ein Idiot, der an die Prophezeiung glaubt.
... Nayuta beschützen.
アフターフェステバル
Kenji...
Ich weiß, dass du die Schule unterbrochen hast, um deine Familie zu ernähren. Und du arbeitest wirklich fleißig.

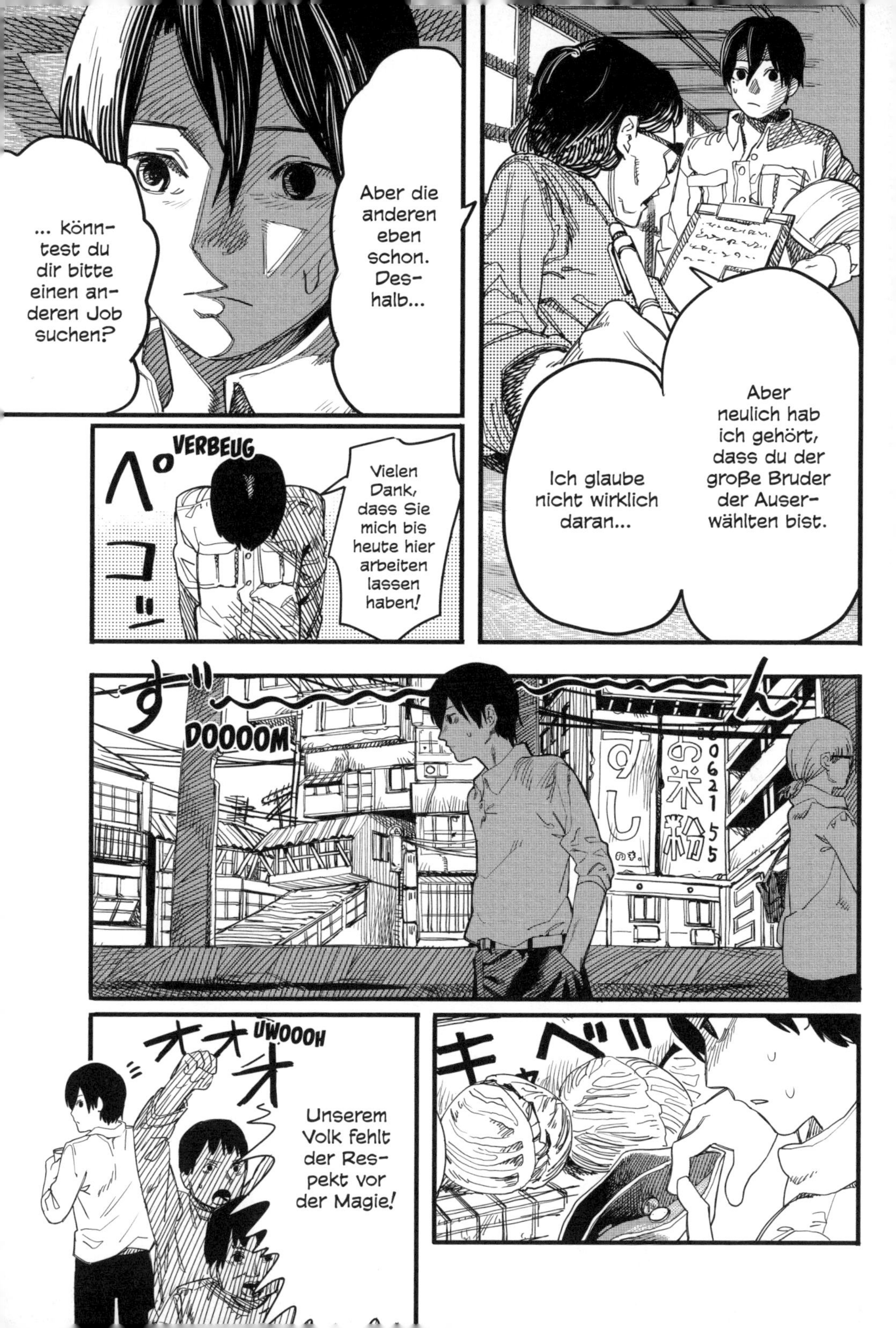
Aber neulich hab ich gehört, dass du der große Bruder der Auserwählten bist.
Ich glaube nicht wirklich daran...
Aber die anderen eben schon. Deshalb...
... könntest du dir bitte einen anderen Job suchen?
VERBEUG
Vielen Dank, dass Sie mich bis heute hier arbeiten lassen haben!
DOOOOM
UWOOOH
Unserem Volk fehlt der Respekt vor der Magie!

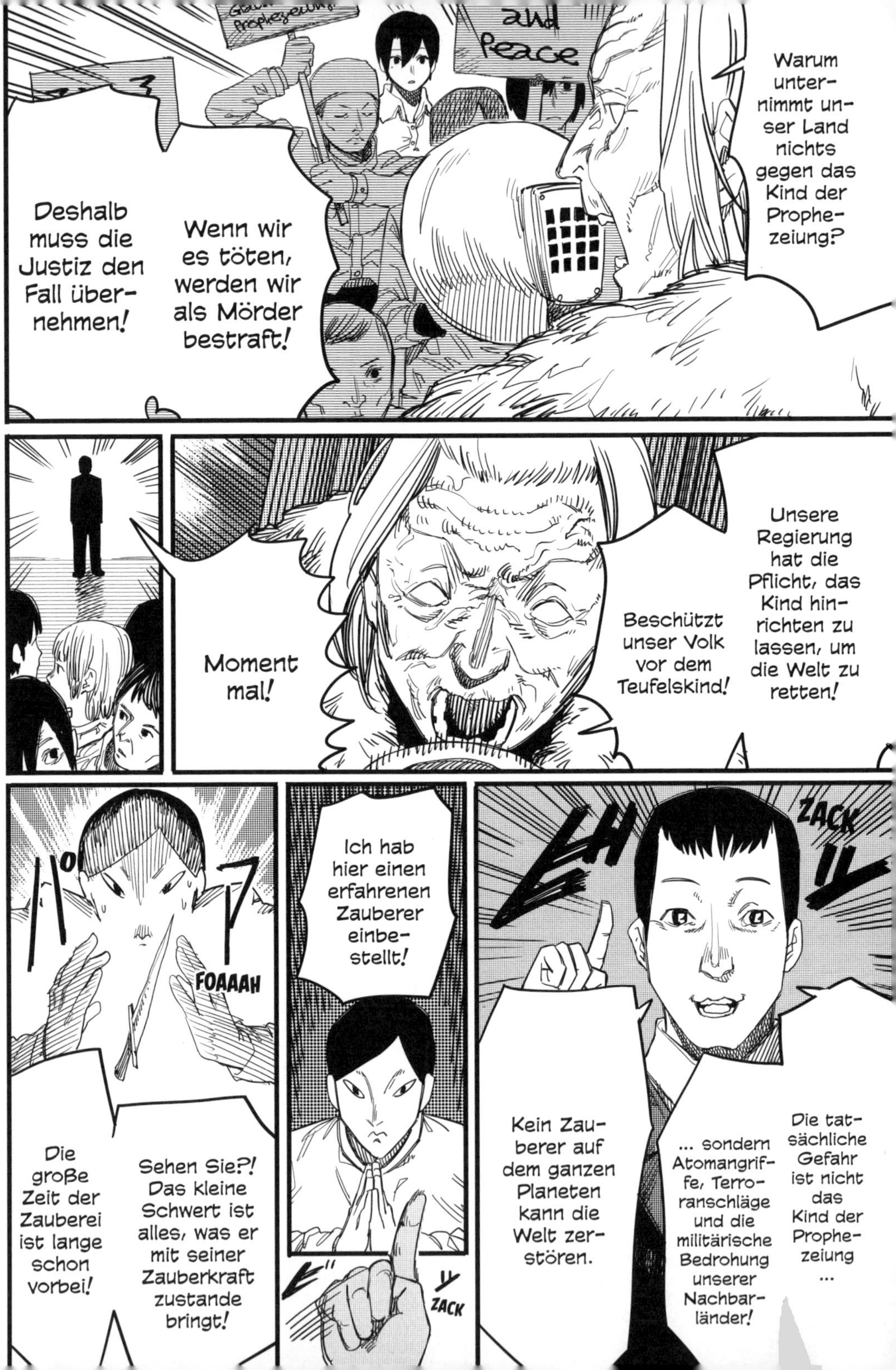
and peace
Warum unternimmt unser Land nichts gegen das Kind der Prophezeiung?
Wenn wir es töten, werden wir als Mörder bestraft!
Deshalb muss die Justiz den Fall übernehmen!
Unsere Regierung hat die Pflicht, das Kind hinrichten zu lassen, um die Welt zu retten!
Beschützt unser Volk vor dem Teufelskind!
Moment mal!
ZACK
Die tatsächliche Gefahr ist nicht das Kind der Prophezeiung ...
... sondern Atomangriffe, Terroranschläge und die militärische Bedrohung unserer Nachbarländer!
Kein Zauberer auf dem ganzen Planeten kann die Welt zerstören.
Ich hab hier einen erfahrenen Zauberer einbestellt!
ZACK
FOAAAH
Sehen Sie?! Das kleine Schwert ist alles, was er mit seiner Zauberkraft zustande bringt!
Die große Zeit der Zauberei ist lange schon vorbei!

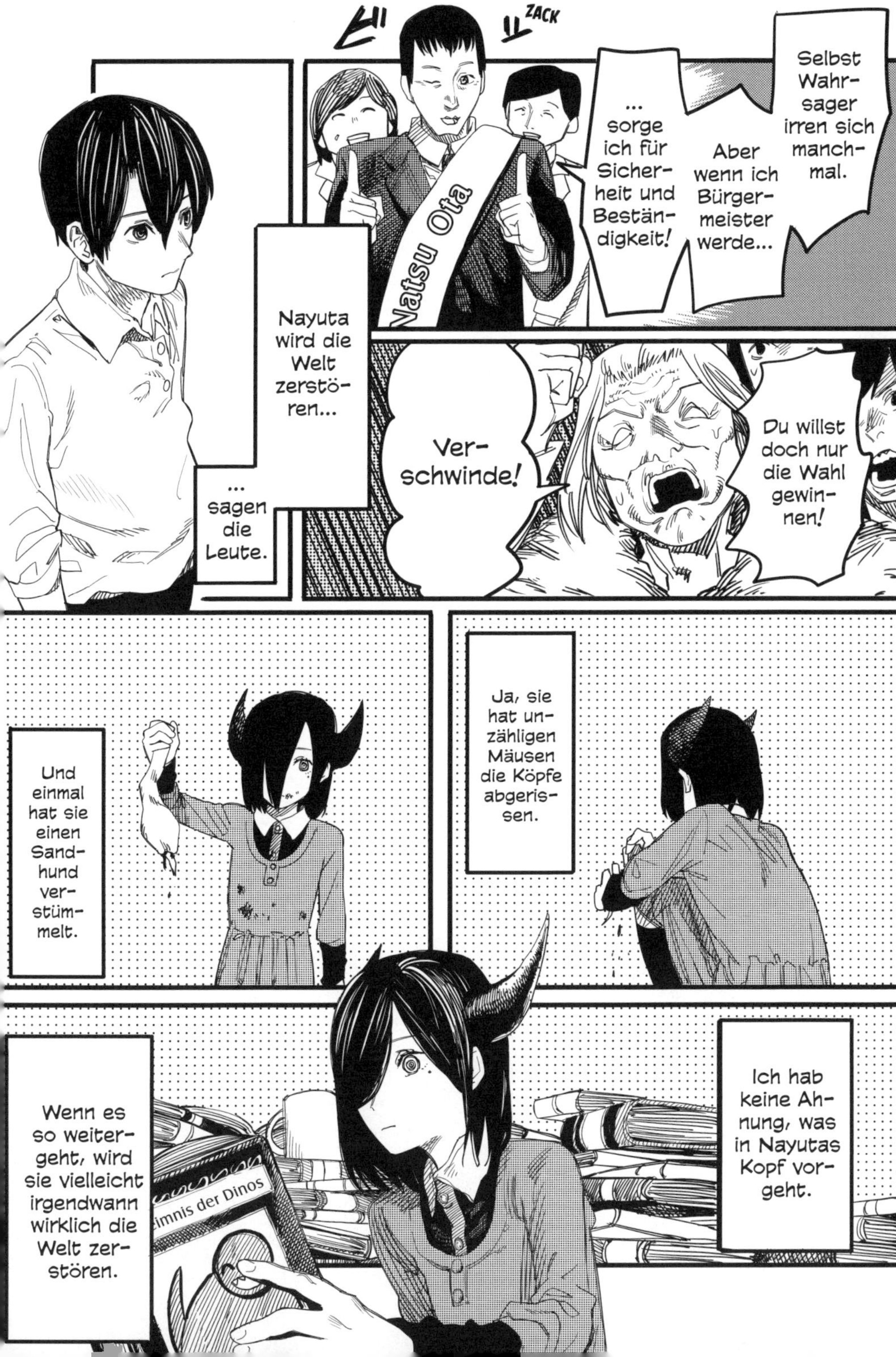

ZACK
Selbst Wahrsager irren sich manchmal.
Aber wenn ich Bürgermeister werde...
... sorge ich für Sicherheit und Beständigkeit!
Natsu Ota
Nayuta wird die Welt zerstören...
... sagen die Leute.
Du willst doch nur die Wahl gewinnen!
Verschwinde!
Ja, sie hat unzähligen Mäusen die Köpfe abgerissen.
Und einmal hat sie einen Sandhund verstümmelt.
Ich hab keine Ahnung, was in Nayutas Kopf vorgeht.
Wenn es so weitergeht, wird sie vielleicht irgendwann wirklich die Welt zerstören.
eimnis der Dinos

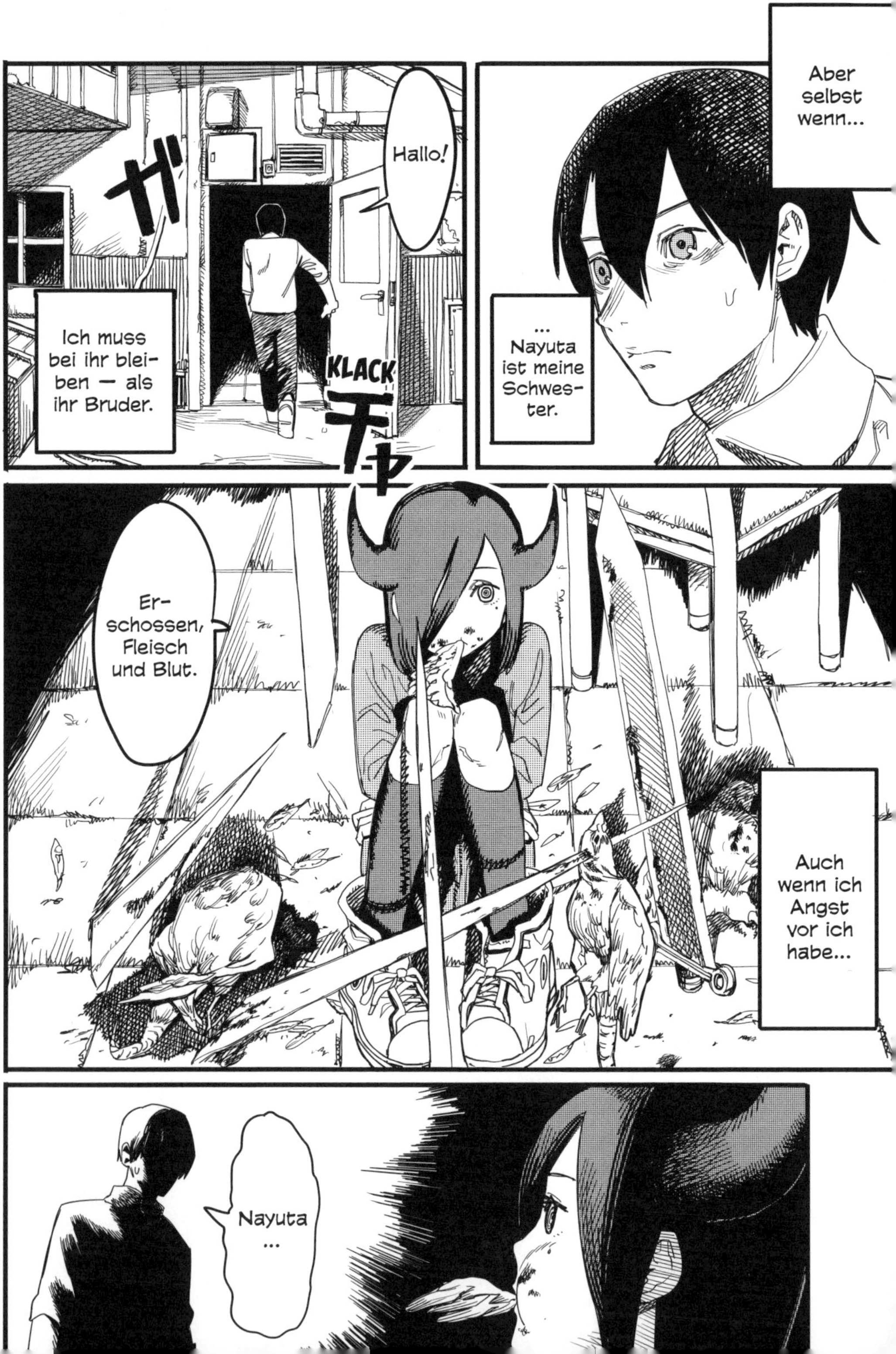
Aber selbst wenn...
... Nayuta ist meine Schwes-ter.
Hallo!
ガ
KLACK
チャ
Ich muss bei ihr blei-ben — als ihr Bruder.
Auch wenn ich Angst vor ich habe...
Er-schossen, Fleisch und Blut.
Nayuta ...

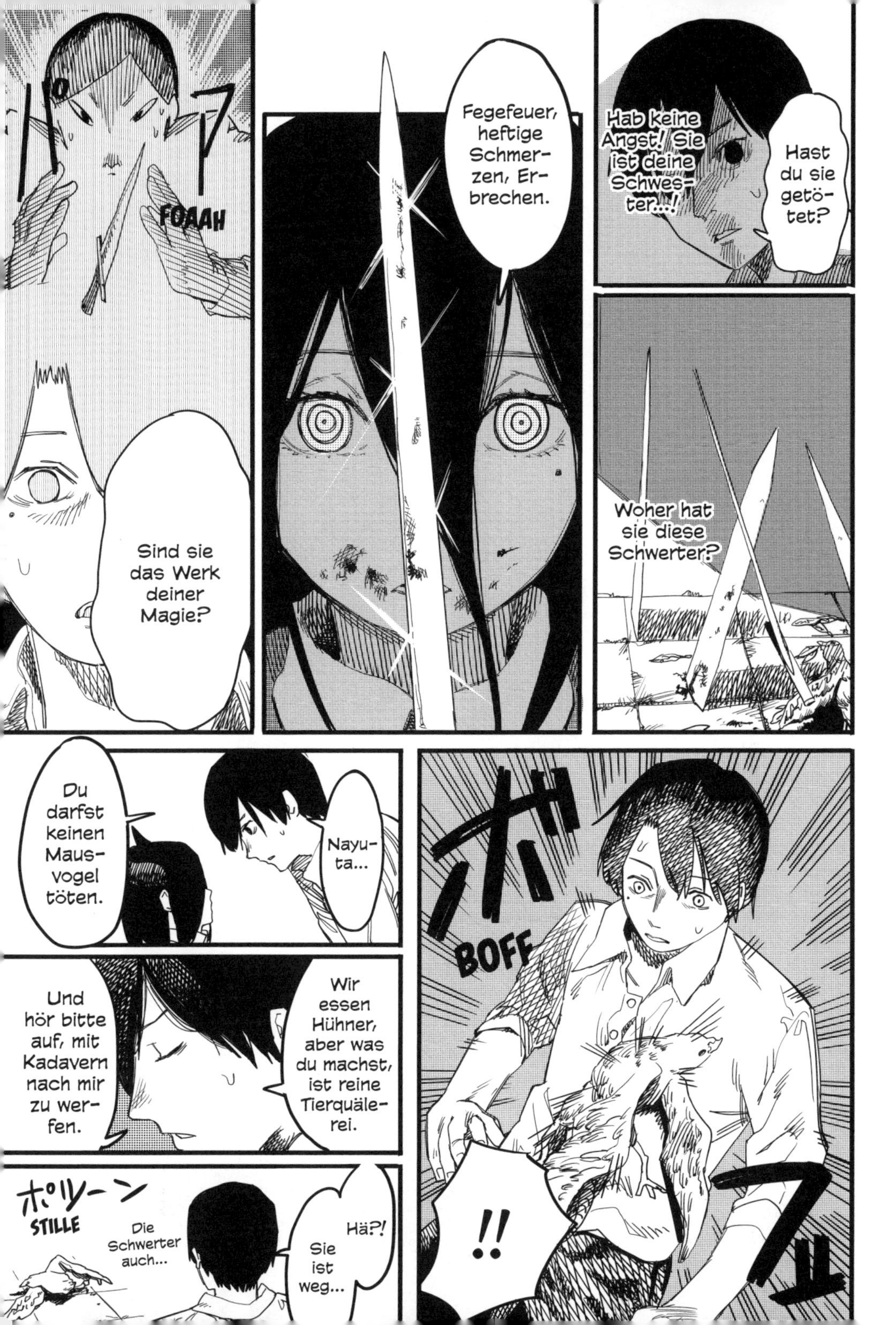

Hast du sie getö-tet?
Hab keine Angst! Sie ist deine Schwes-ter...!
Fegefeuer, heftige Schmer-zen, Er-brechen.
FOAAH
Woher hat sie diese Schwerter?
Sind sie das Werk deiner Magie?
BOFF
!!
Nayu-ta...
Du darfst keinen Maus-vogel töten.
Wir essen Hühner, aber was du machst, ist reine Tierquäle-rei.
Und hör bitte auf, mit Kadavern nach mir zu wer-fen.
Hä?!
Sie ist weg...
Die Schwerter auch...
ポツーン
STILLE

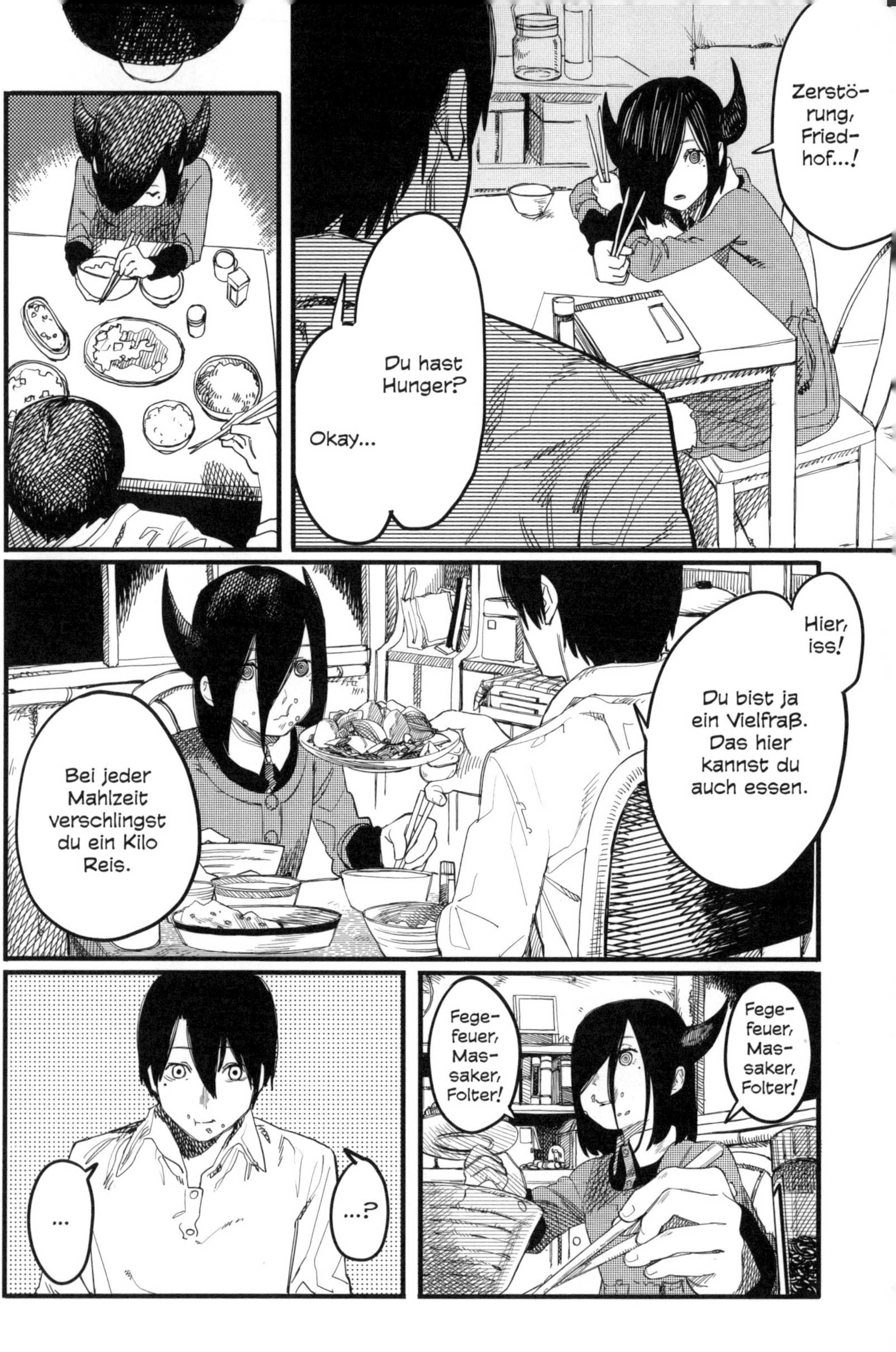

Zerstörung, Friedhof...!
Du hast Hunger? Okay...
Hier, iss!
Du bist ja ein Vielfraß. Das hier kannst du auch essen.
Bei jeder Mahlzeit verschlingst du ein Kilo Reis.
Fegefeuer, Massaker, Folter!
Fegefeuer, Massaker, Folter!
...?
...

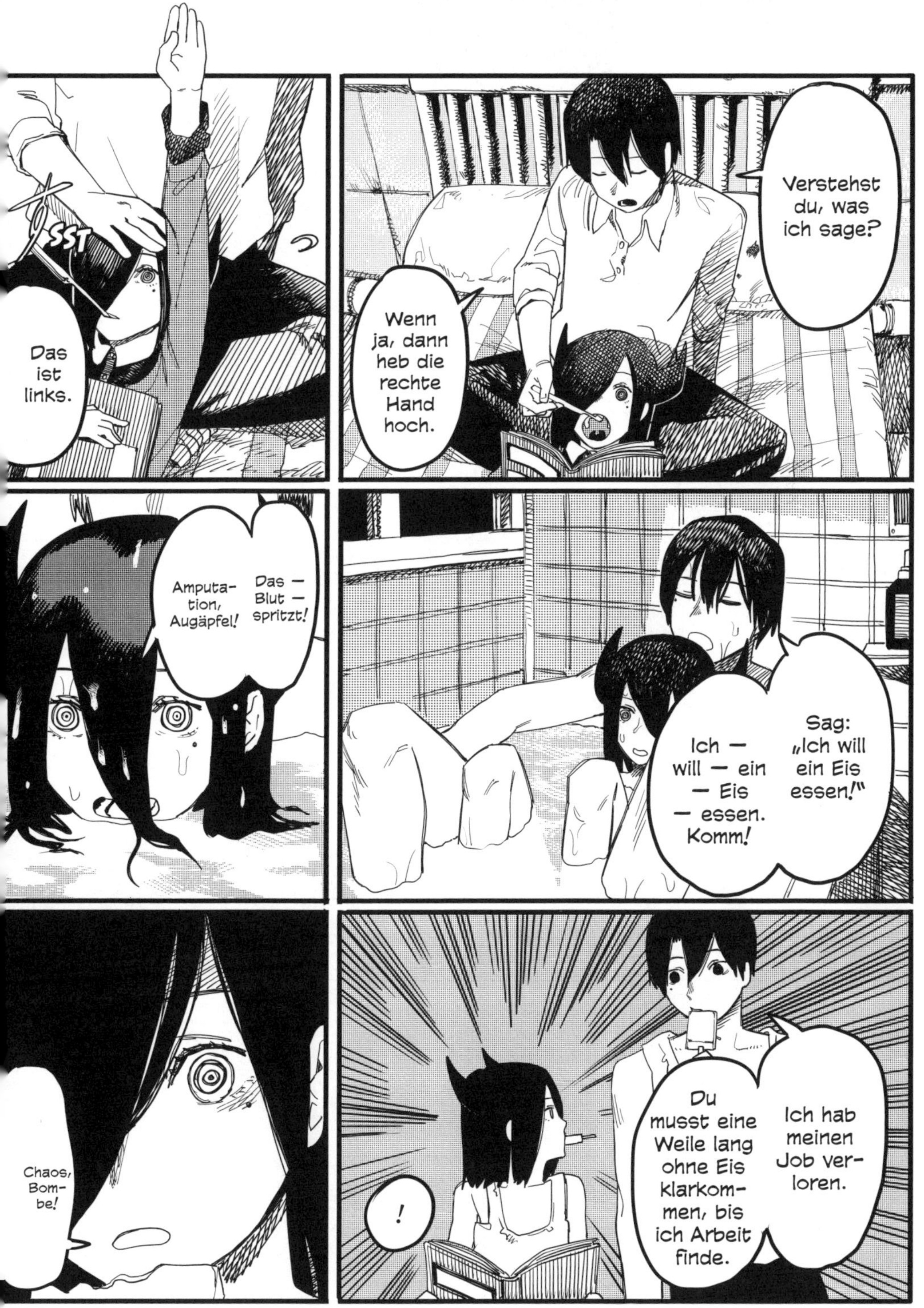
Verstehst du, was ich sage?
Wenn ja, dann heb die rechte Hand hoch.
SSST
Das ist links.
Sag: „Ich will ein Eis essen!“
Ich — will — ein — Eis — essen. Komm!
Das — Blut — spritzt!
Amputation, Augäpfel!
Ich hab meinen Job verloren.
Du musst eine Weile lang ohne Eis klarkommen, bis ich Arbeit finde.
!
Chaos, Bombe!

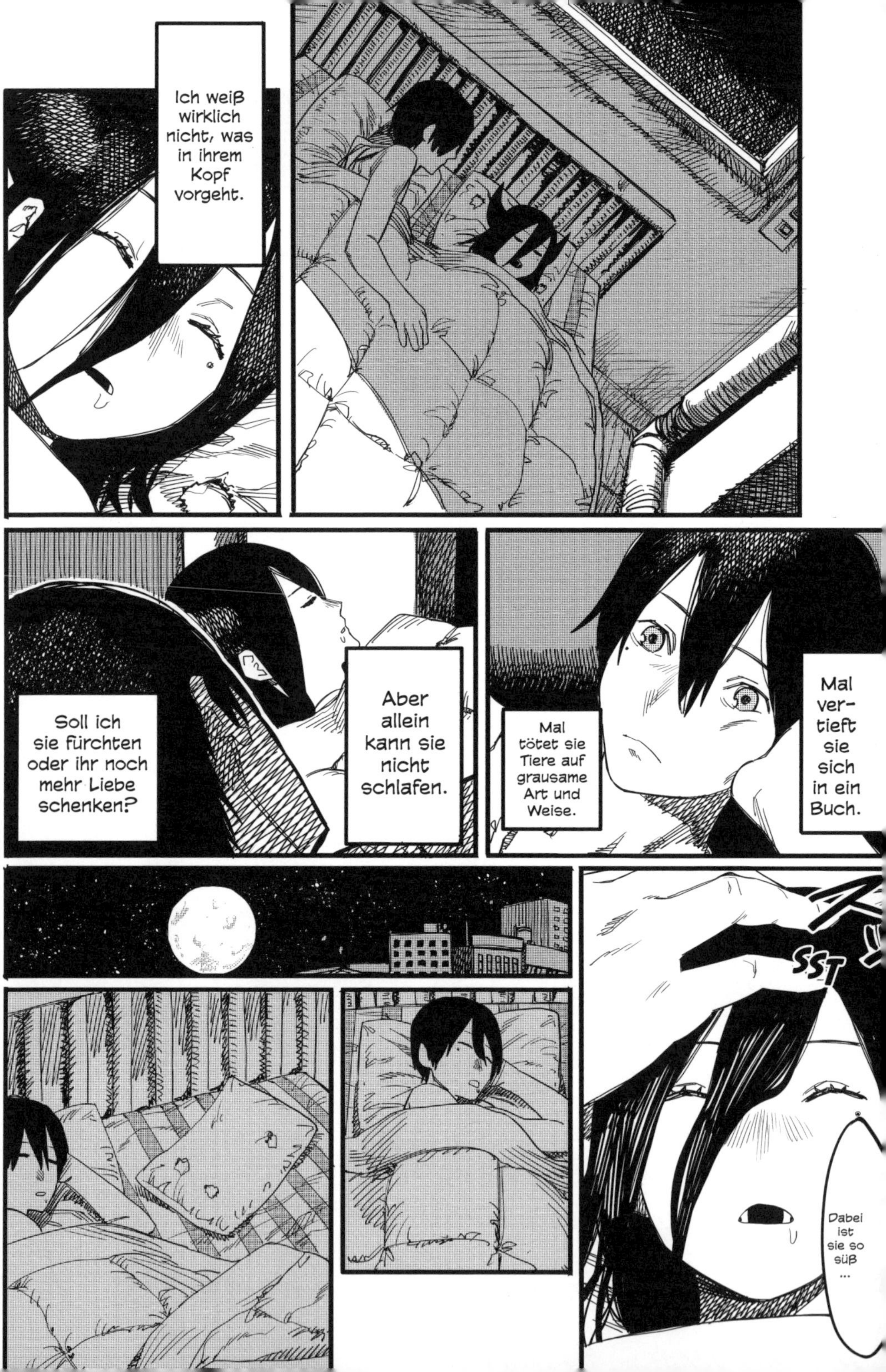
Ich weiß wirklich nicht, was in ihrem Kopf vorgeht.
Mal vertieft sie sich in ein Buch.
Mal tötet sie Tiere auf grausame Art und Weise.
Aber allein kann sie nicht schlafen.
Soll ich sie fürchten oder ihr noch mehr Liebe schenken?
SST
Dabei ist sie so süß ...

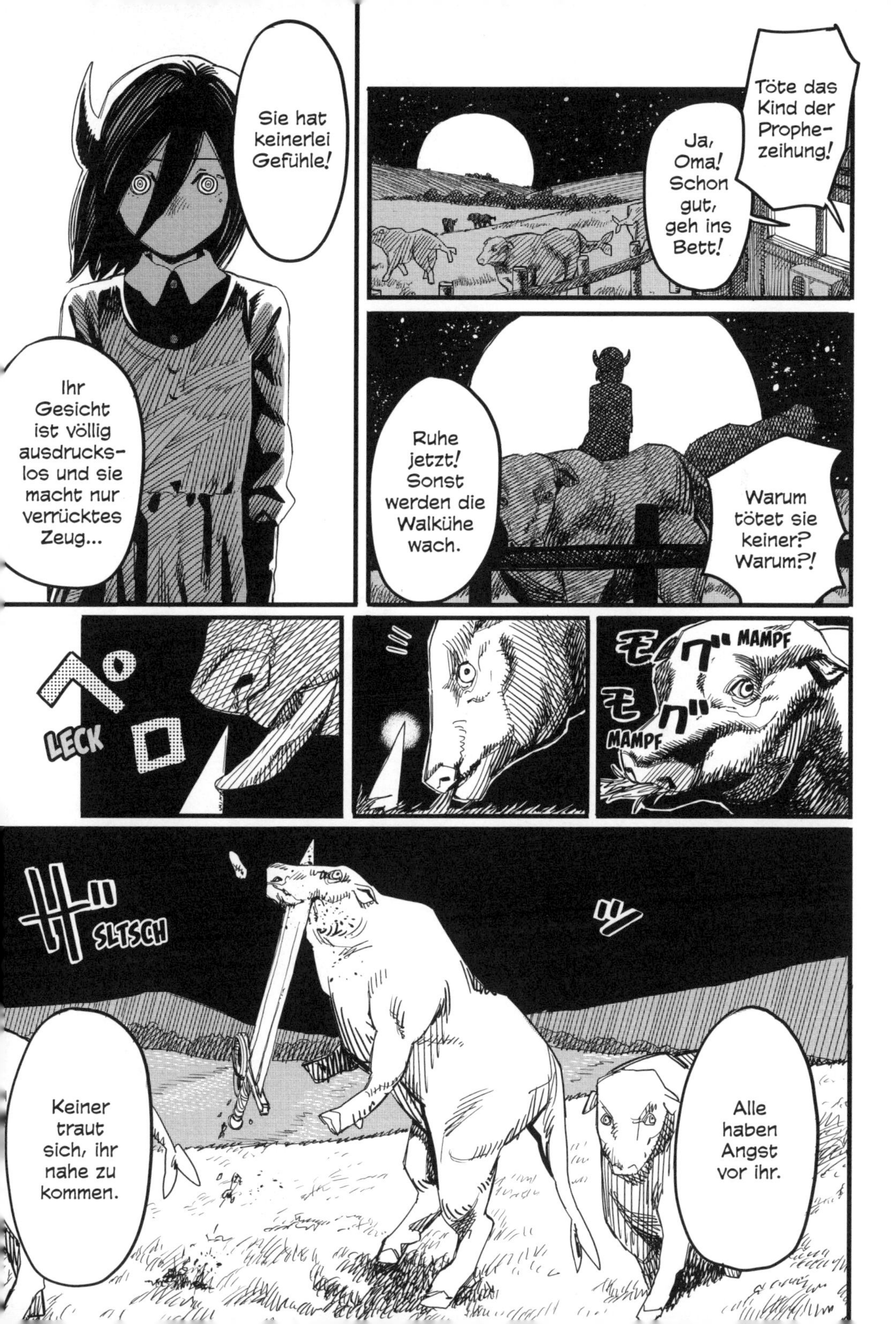

Töte das Kind der Prophe-zeihung!
Ja, Oma! Schon gut, geh ins Bett!
Sie hat keinerlei Gefühle!
Ihr Gesicht ist völlig ausdrucks-los und sie macht nur verrücktes Zeug...
Warum tötet sie keiner? Warum?!
Ruhe jetzt! Sonst werden die Walkühe wach.
モグモグ MAMPF MAMPF
ペロ LECK
ザッ SLTSCH
Alle haben Angst vor ihr.
Keiner traut sich, ihr nahe zu kommen.

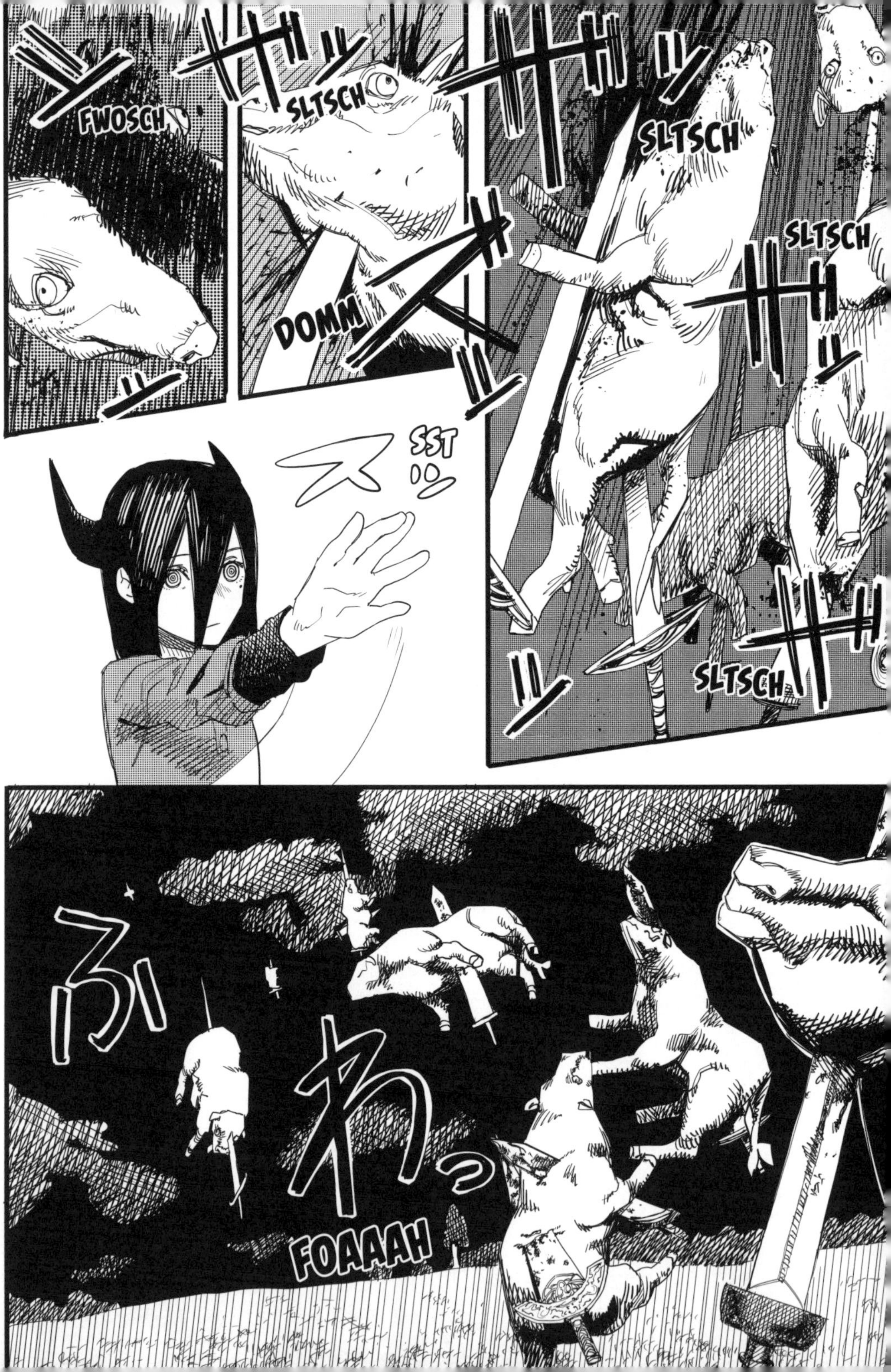
FWOSCH
SLTSCH
DOMM
SLTSCH
SLTSCH
SLTSCH
SST
ふわっ
FOAAAH

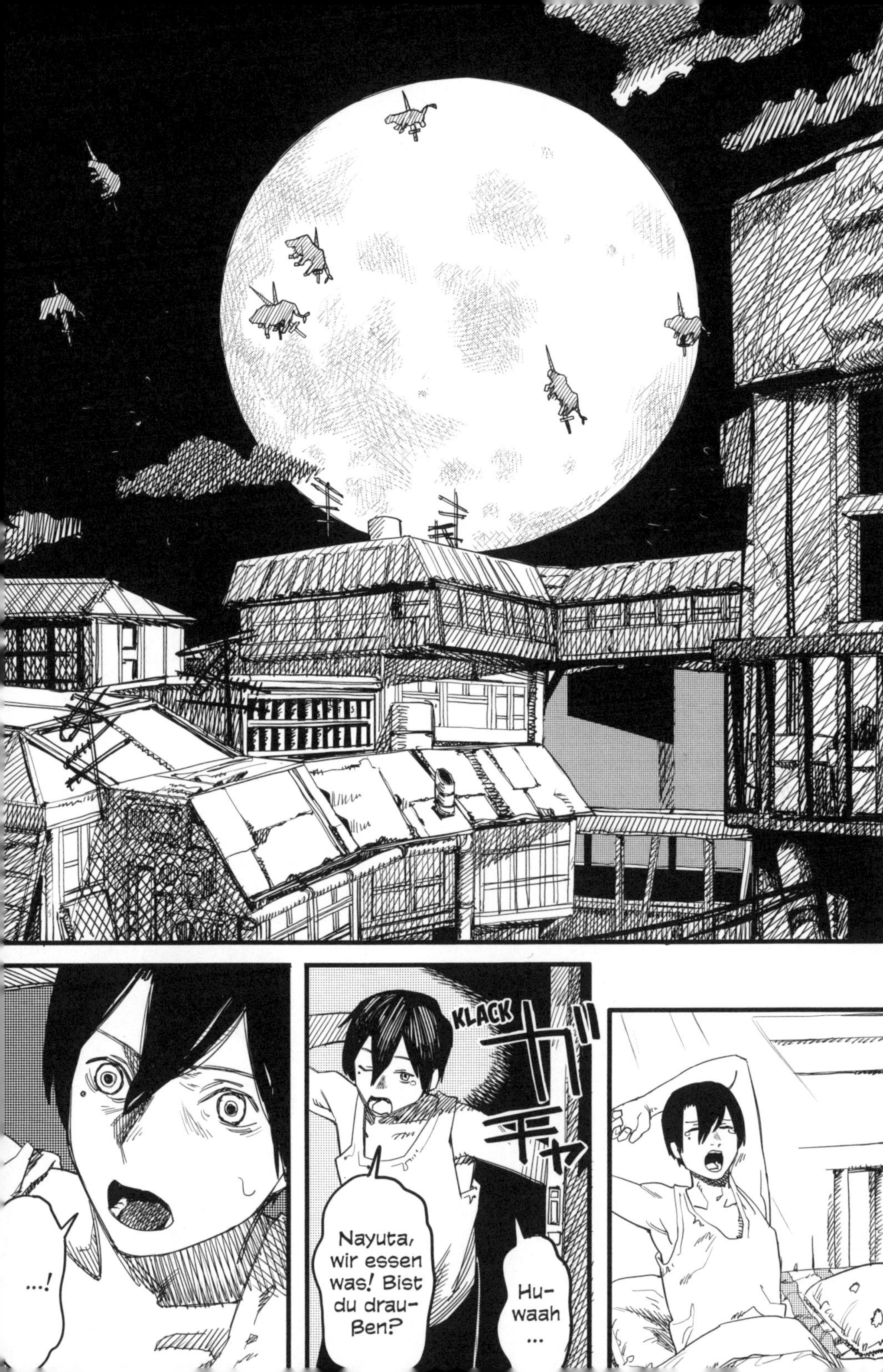
Hu-waah ...
KLACK
ガチャ
Nayuta, wir essen was! Bist du drau-ßen?
...!

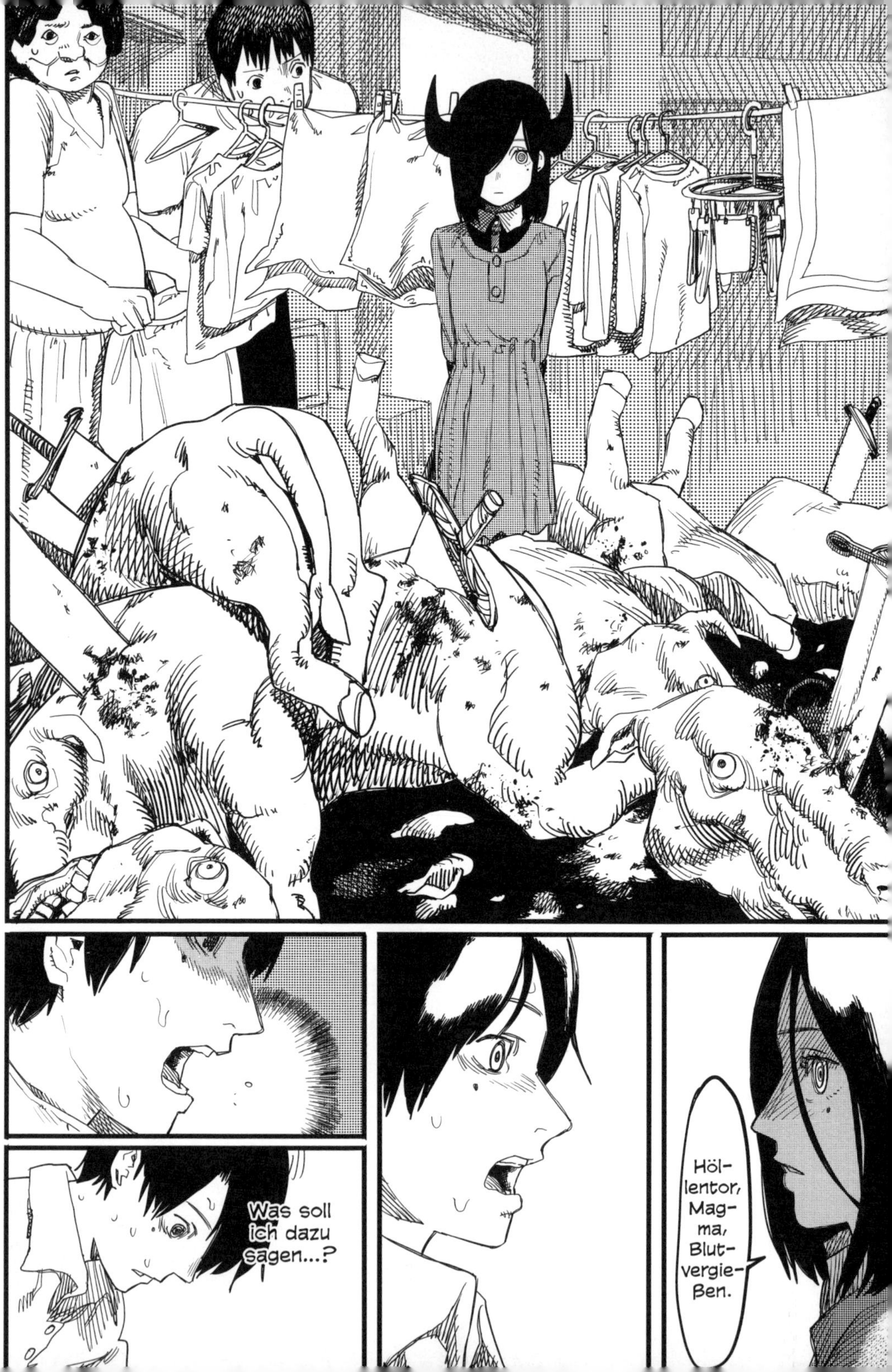
Höl-
lentor,
Mag-
ma,
Blut-
vergie-
ßen.
Was soll
ich dazu
sagen...?

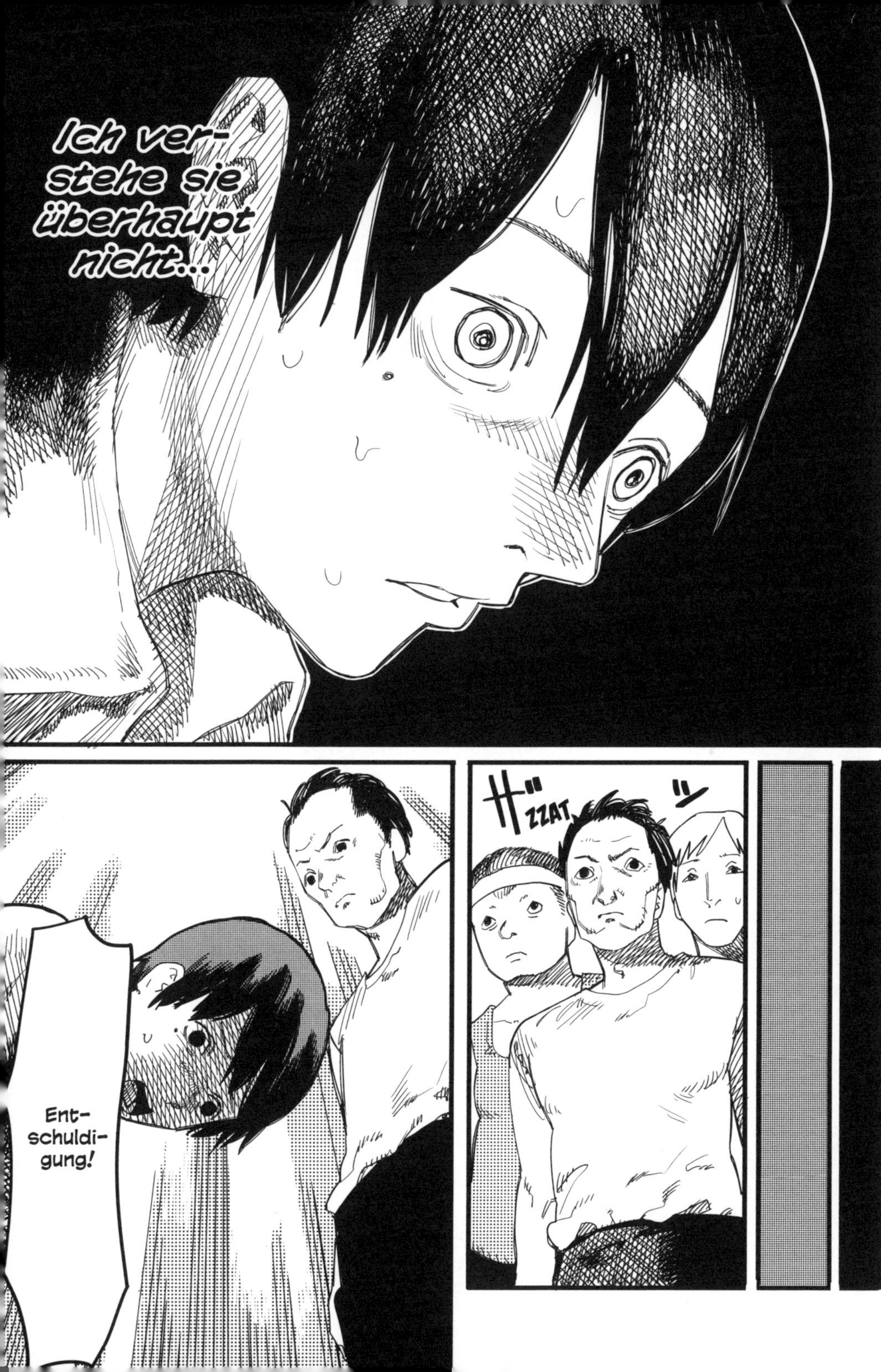
Ich verstehe sie überhaupt nicht...
ZZAT
Entschuldigung!

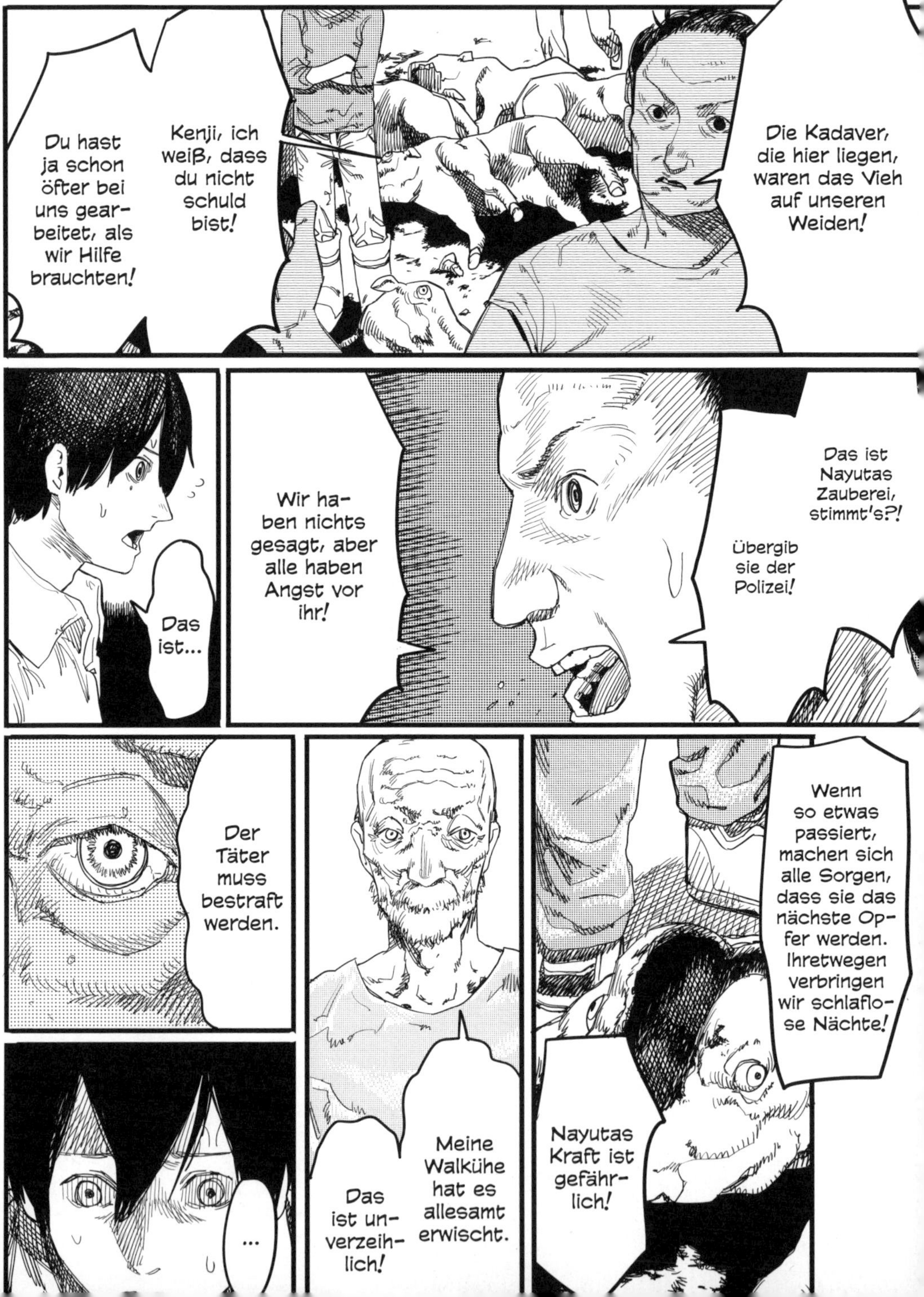
Die Kadaver, die hier liegen, waren das Vieh auf unseren Weiden!
Kenji, ich weiß, dass du nicht schuld bist!
Du hast ja schon öfter bei uns gearbeitet, als wir Hilfe brauchten!
Das ist Nayutas Zauberei, stimmt's?!
Übergib sie der Polizei!
Wir haben nichts gesagt, aber alle haben Angst vor ihr!
Das ist...
Wenn so etwas passiert, machen sich alle Sorgen, dass sie das nächste Opfer werden. Ihretwegen verbringen wir schlaflose Nächte!
Nayutas Kraft ist gefährlich!
Meine Walkühe hat es allesamt erwischt.
Das ist unverzeihlich!
Der Täter muss bestraft werden.
...

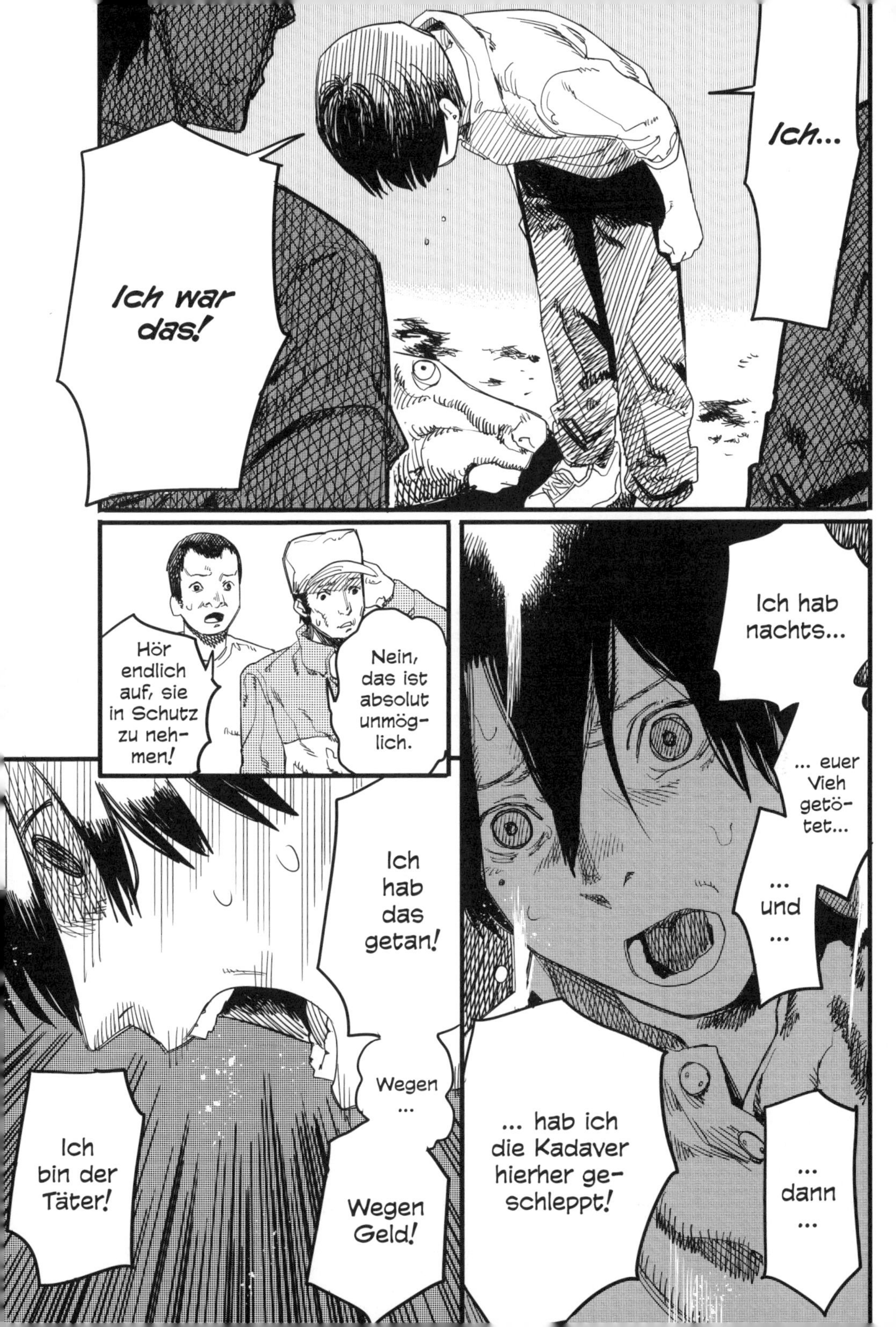

Ich...
Ich war das!
Ich hab nachts...
... euer Vieh getö-tet...
... und ...
Nein, das ist absolut unmög-lich.
Hör endlich auf, sie in Schutz zu neh-men!
... dann ...
... hab ich die Kadaver hierher ge-schleppt!
Ich hab das getan!
Wegen ...
Wegen Geld!
Ich bin der Täter!

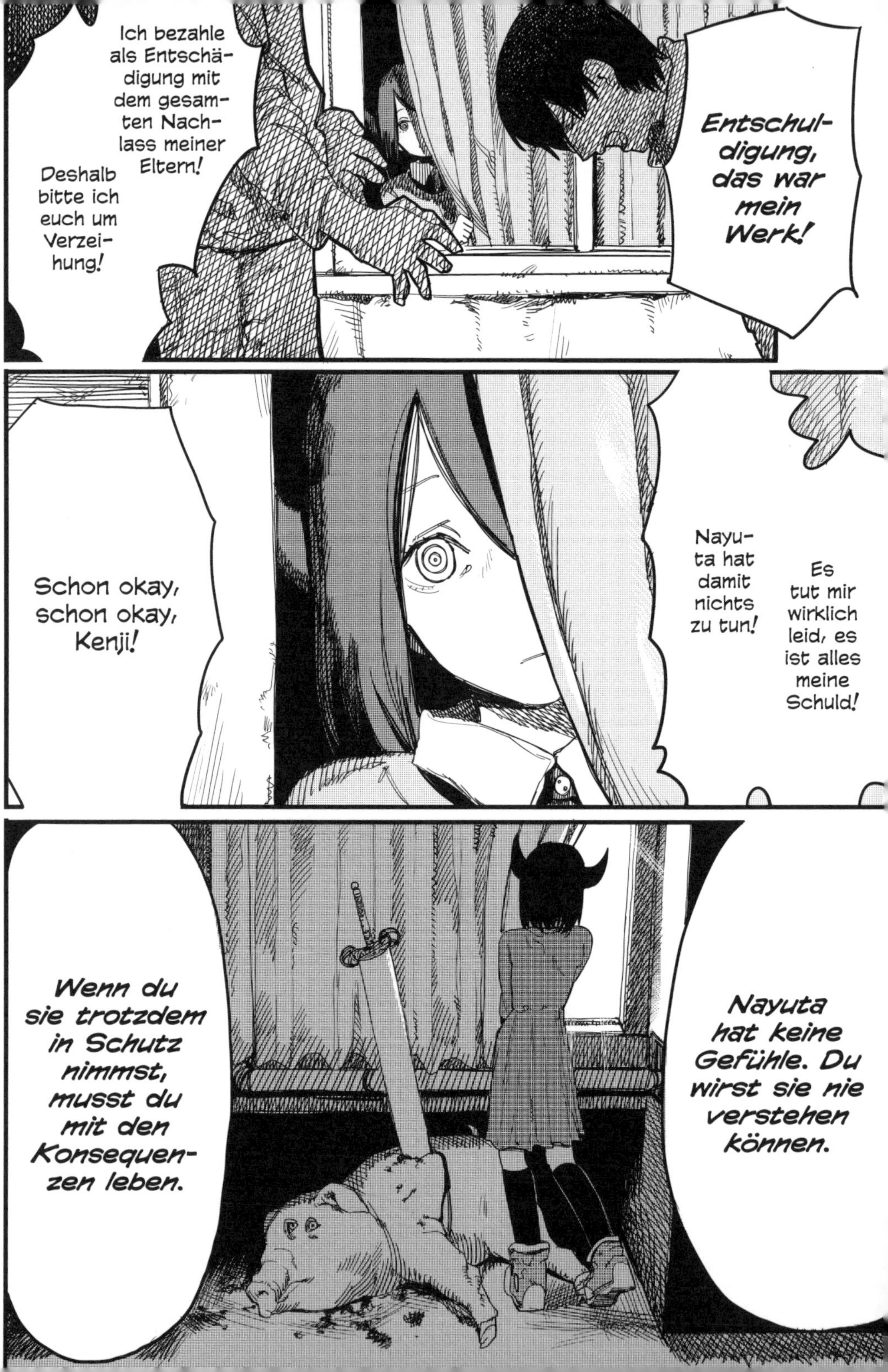
Entschuldigung, das war mein Werk!
Ich bezahle als Entschädigung mit dem gesamten Nachlass meiner Eltern!
Deshalb bitte ich euch um Verzeihung!
Es tut mir wirklich leid, es ist alles meine Schuld!
Nayuta hat damit nichts zu tun!
Schon okay, schon okay, Kenji!
Nayuta hat keine Gefühle. Du wirst sie nie verstehen können.
Wenn du sie trotzdem in Schutz nimmst, musst du mit den Konsequenzen leben.

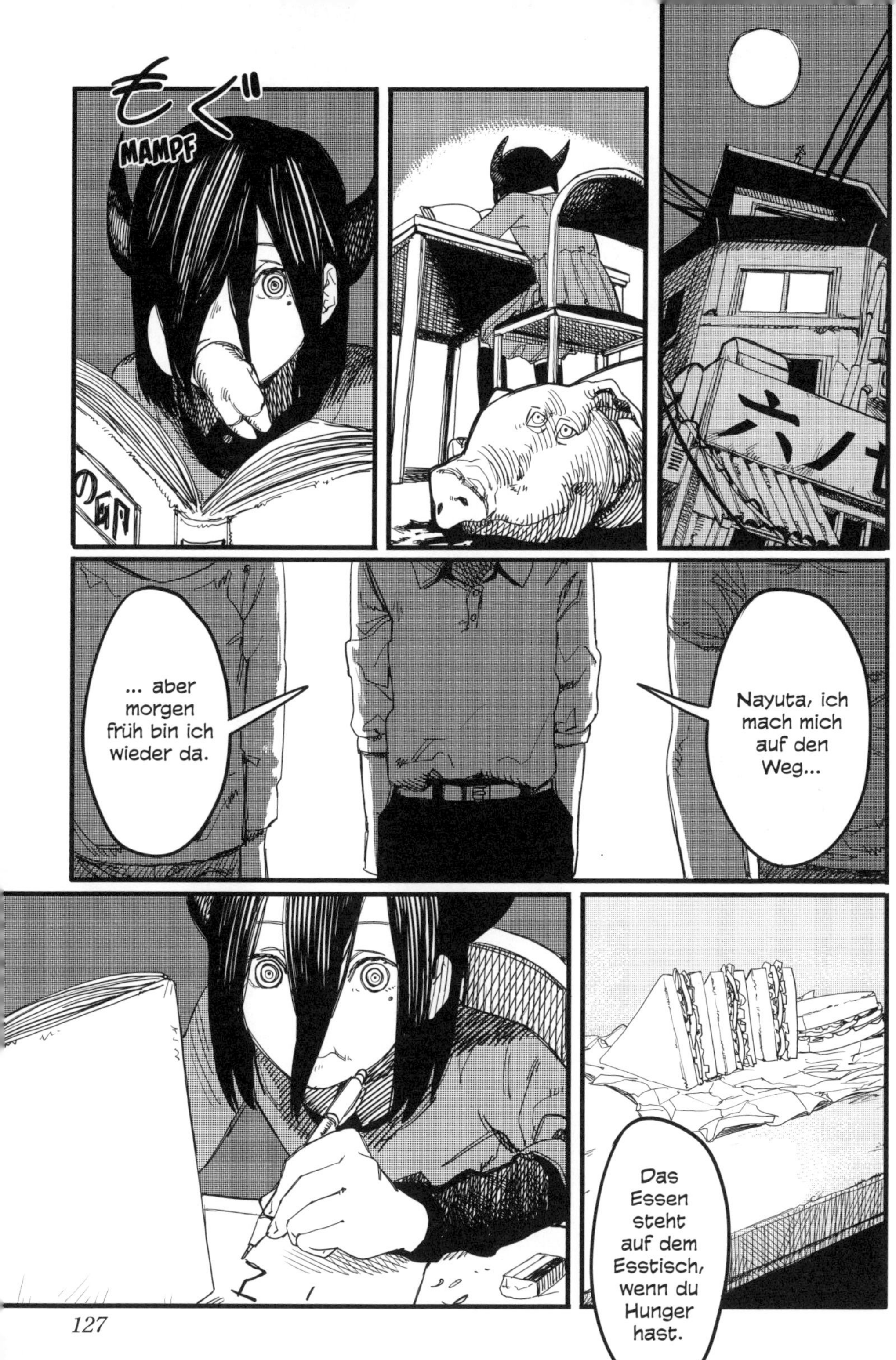
もぐ
MAMPF
Nayuta, ich mach mich auf den Weg...
... aber morgen früh bin ich wieder da.
Das Essen steht auf dem Esstisch, wenn du Hunger hast.

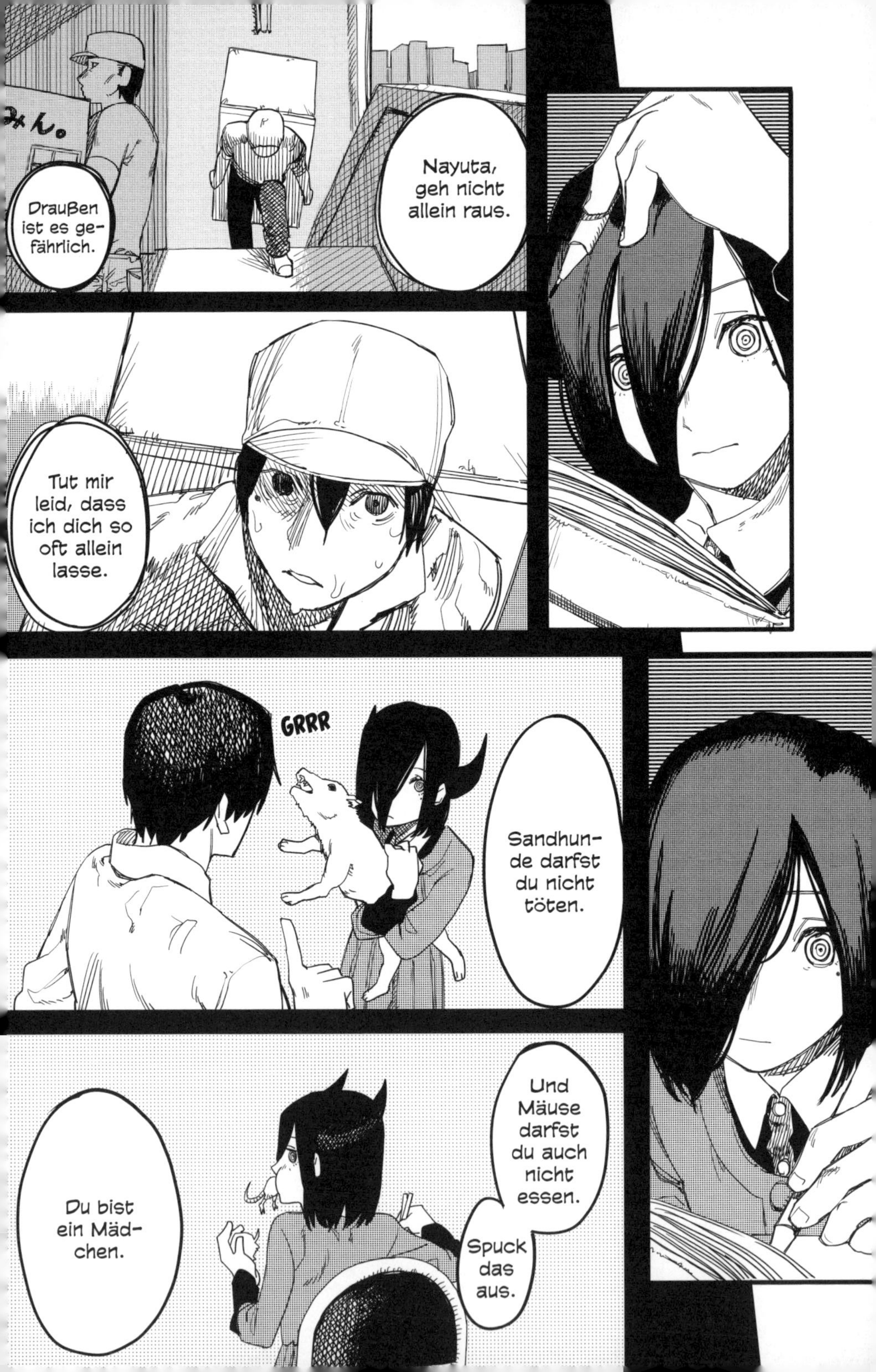
Nayuta, geh nicht allein raus.
Draußen ist es gefährlich.
Tut mir leid, dass ich dich so oft allein lasse.
GRRR
Sandhunde darfst du nicht töten.
Und Mäuse darfst du auch nicht essen.
Spuck das aus.
Du bist ein Mädchen.

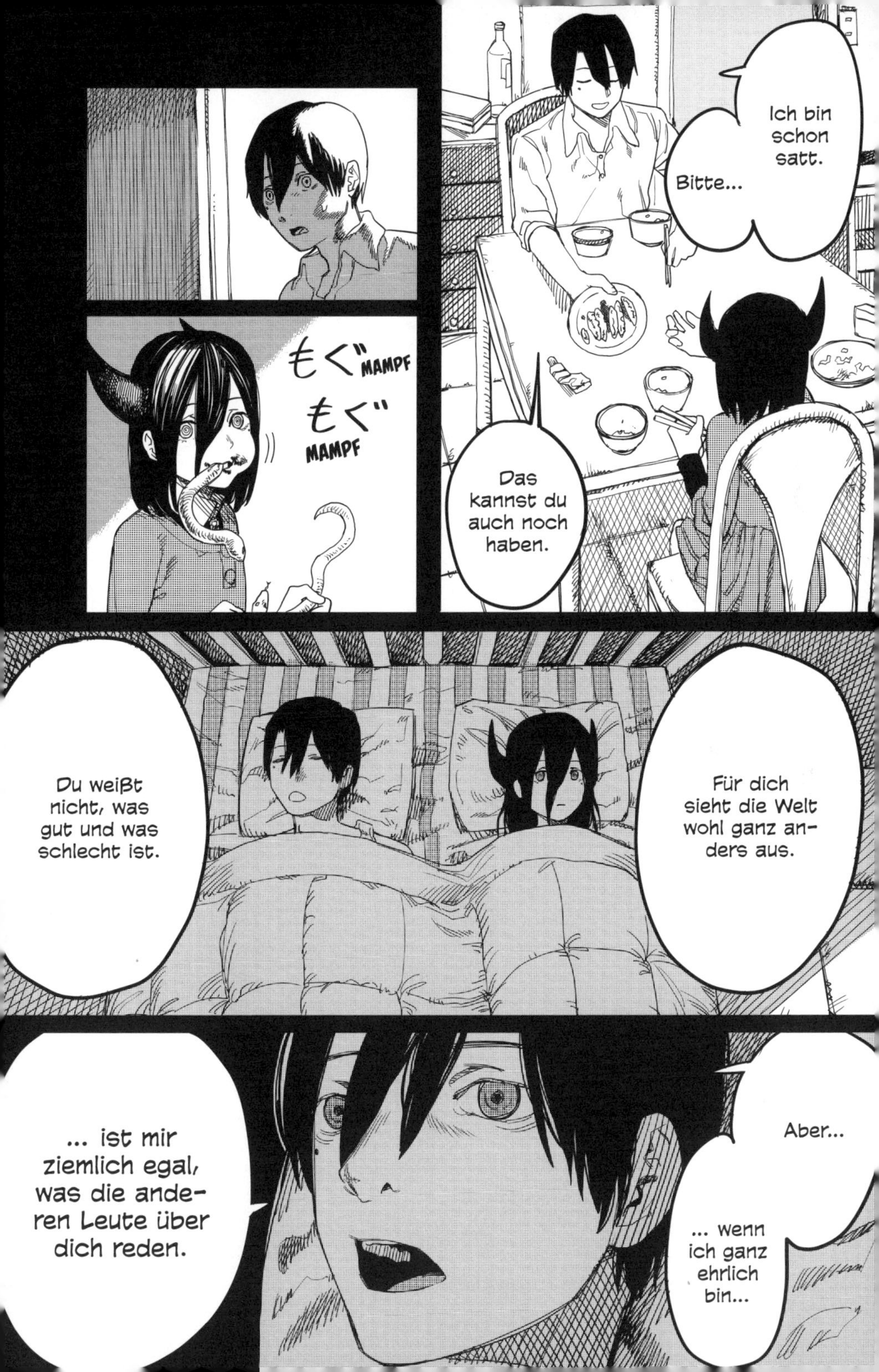
Ich bin schon satt.
Bitte...
Das kannst du auch noch haben.
もぐ MAMPF
もぐ MAMPF
Für dich sieht die Welt wohl ganz anders aus.
Du weißt nicht, was gut und was schlecht ist.
Aber...
... wenn ich ganz ehrlich bin...
... ist mir ziemlich egal, was die anderen Leute über dich reden.

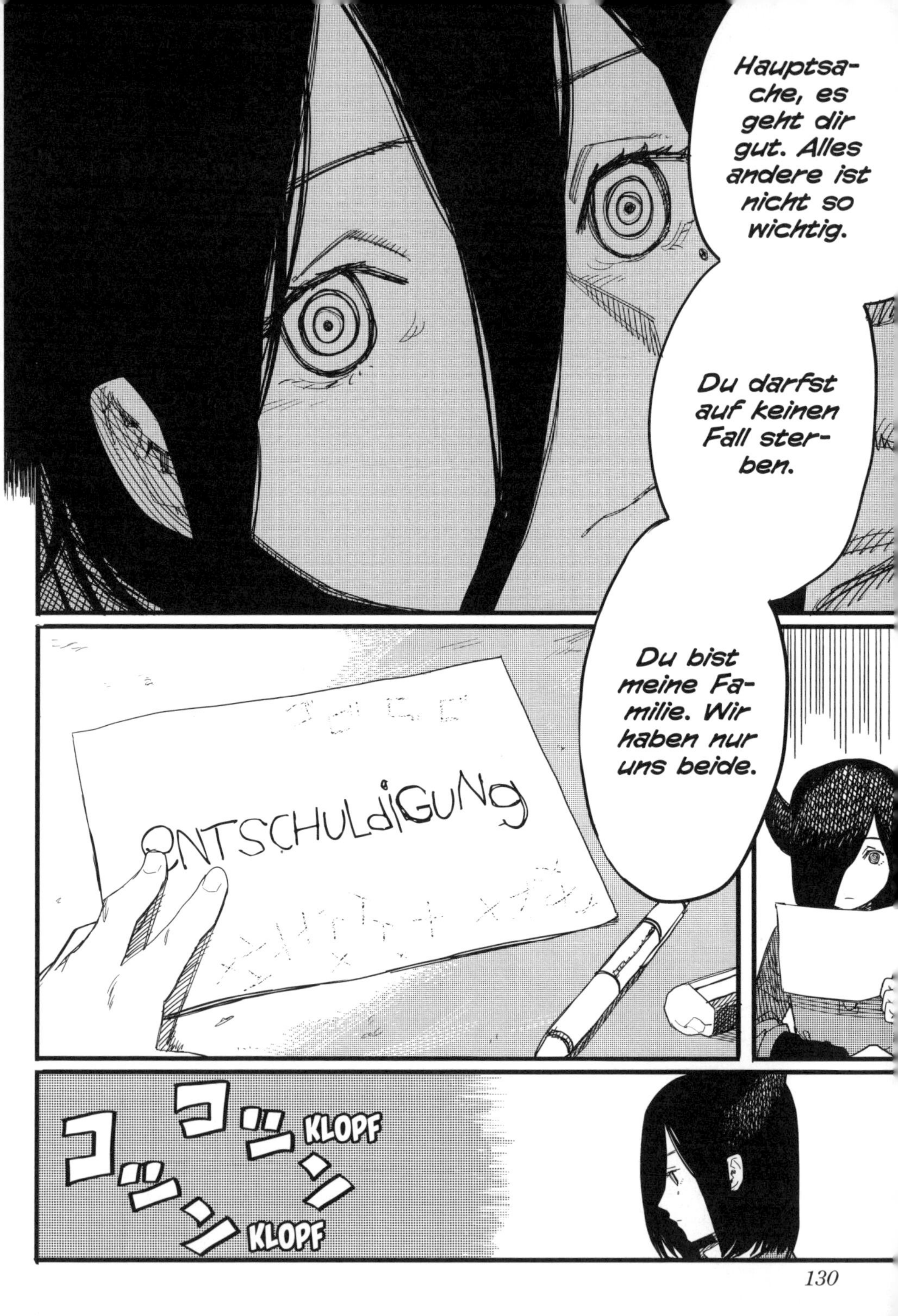
Hauptsache, es geht dir gut. Alles andere ist nicht so wichtig.
Du darfst auf keinen Fall sterben.
Du bist meine Familie. Wir haben nur uns beide.
ENTSCHULDIGUNG
KLOPF
KLOPF

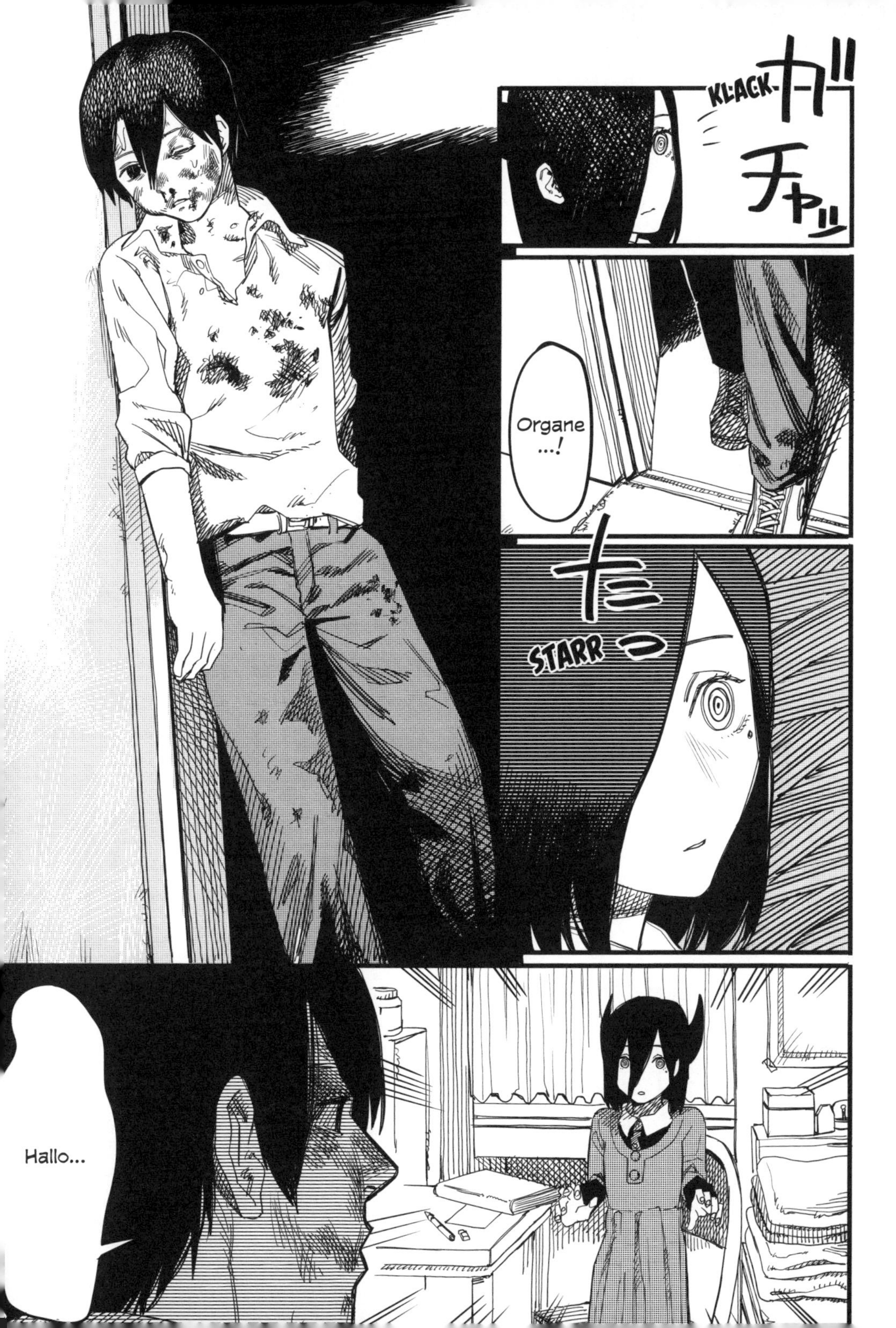
KLACK
ガチャッ
Organe ...!
STARR
ギョッ
Hallo...

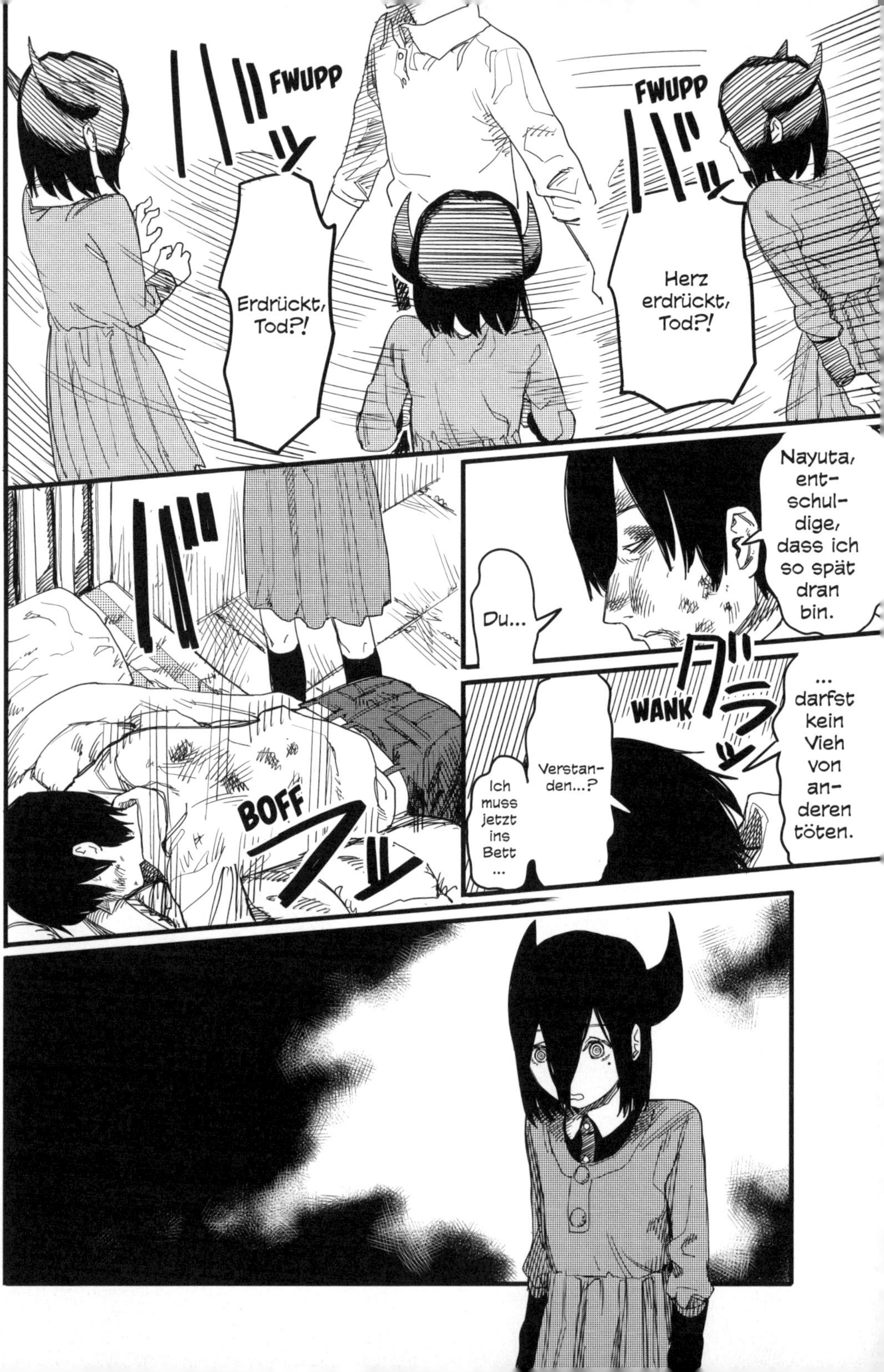
FWUPP
Herz erdrückt, Tod?!
FWUPP
Erdrückt, Tod?!
Nayuta, entschuldige, dass ich so spät dran bin.
Du...
... darfst kein Vieh von anderen töten.
WANK
Verstanden...?
Ich muss jetzt ins Bett ...
BOFF

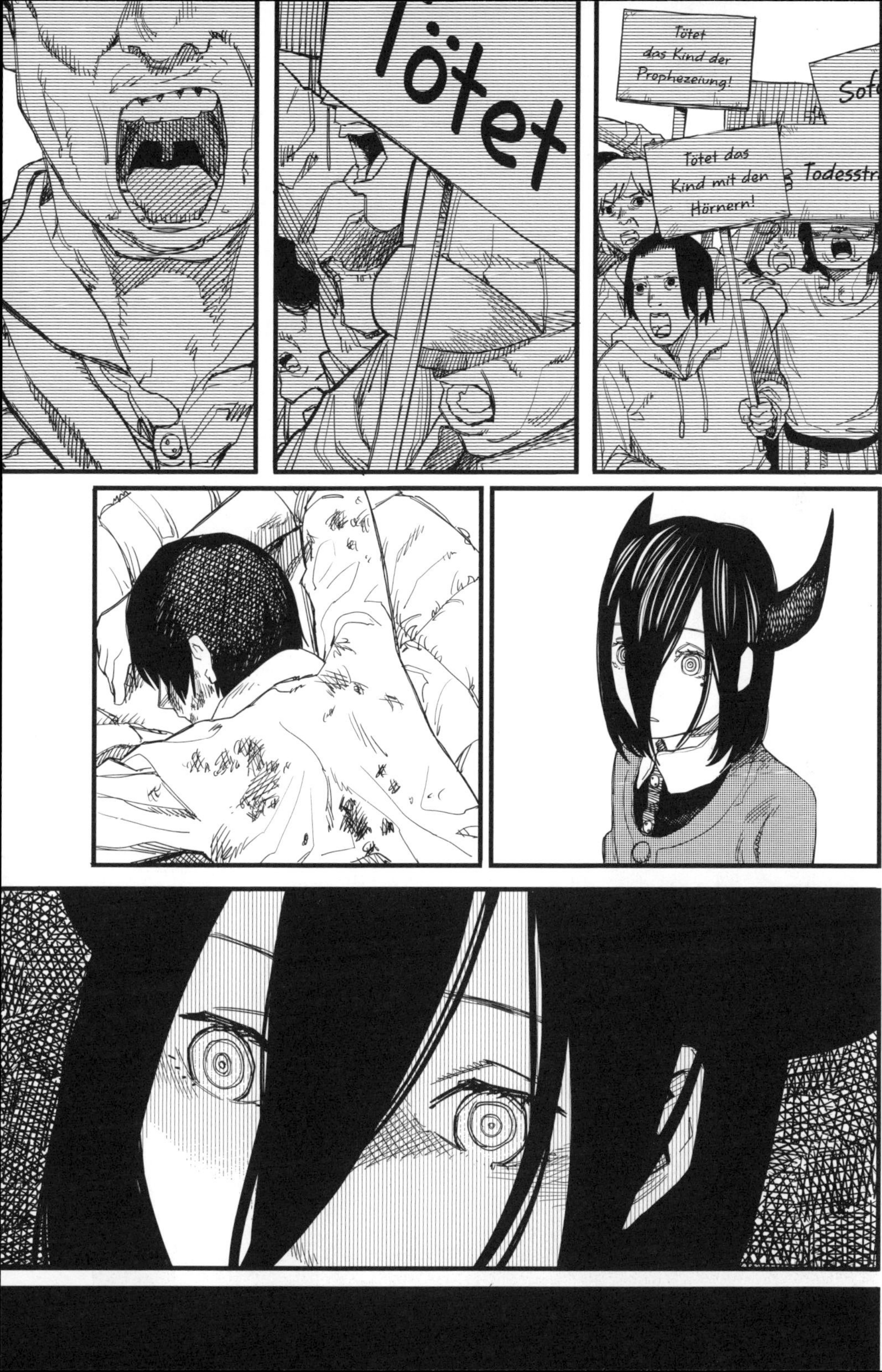
Tötet
Tötet das Kind der Prophezeiung!
Tötet das Kind mit den Hörnern!

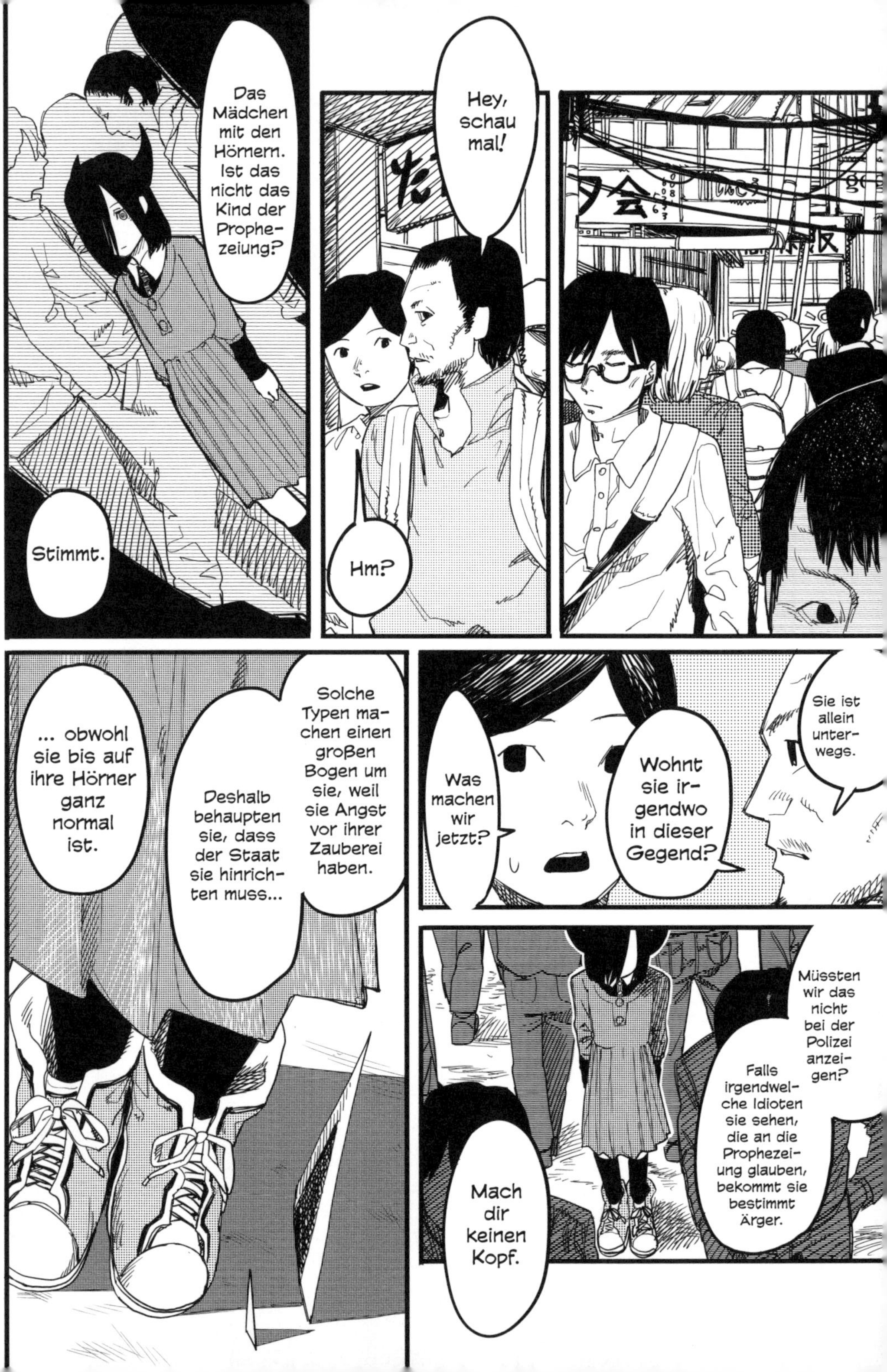
Hey, schau mal!
Hm?
Das Mädchen mit den Hörnern. Ist das nicht das Kind der Prophezeiung?
Stimmt.
Sie ist allein unterwegs.
Wohnt sie irgendwo in dieser Gegend?
Was machen wir jetzt?
Müssten wir das nicht bei der Polizei anzeigen?
Falls irgendwelche Idioten sie sehen, die an die Prophezeiung glauben, bekommt sie bestimmt Ärger.
Mach dir keinen Kopf.
Solche Typen machen einen großen Bogen um sie, weil sie Angst vor ihrer Zauberei haben.
Deshalb behaupten sie, dass der Staat sie hinrichten muss...
... obwohl sie bis auf ihre Hörner ganz normal ist.

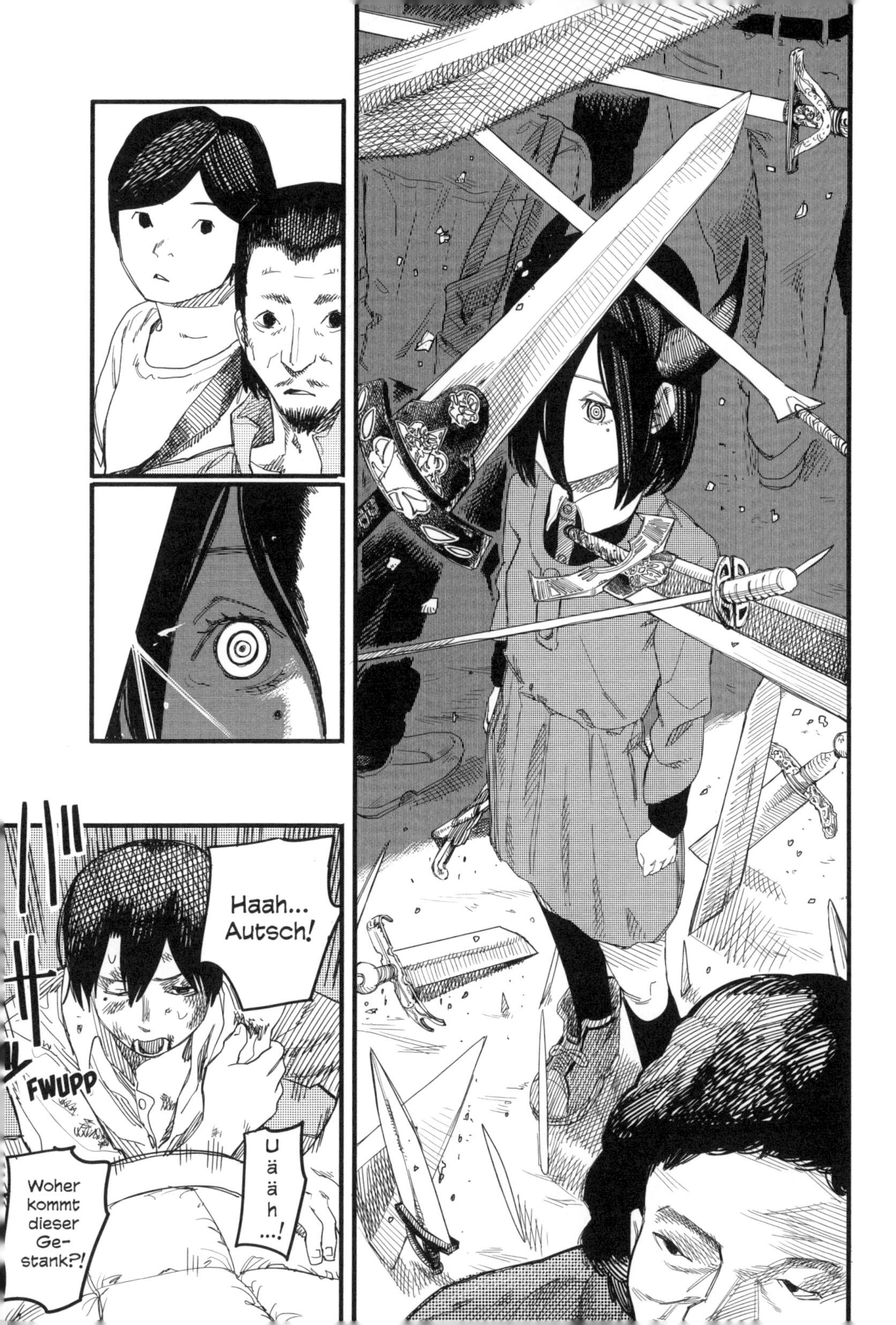
Haah... Autsch!
FWUPP
Uäääh...!
Woher kommt dieser Ge-stank?!

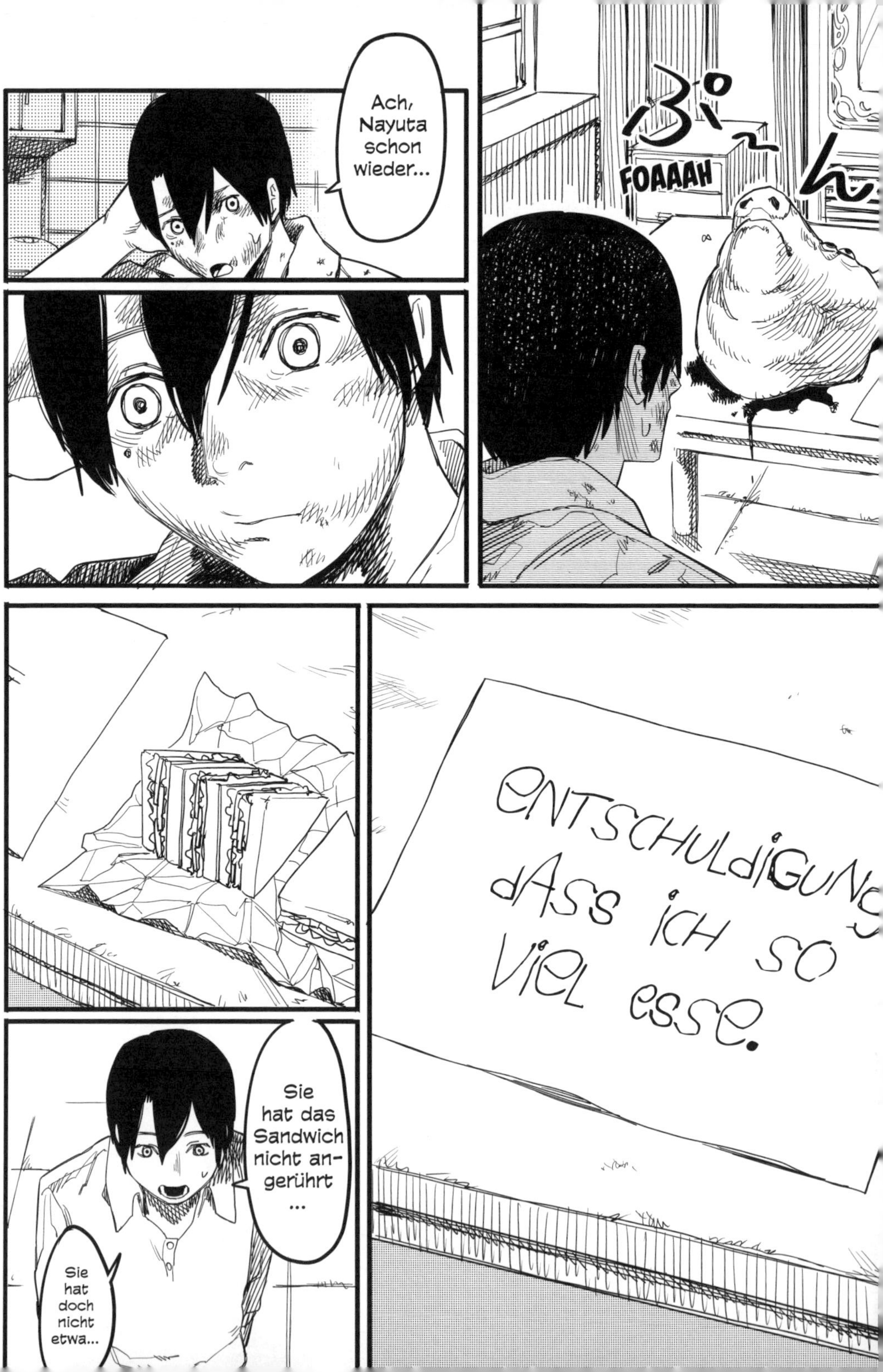

FOAAAH
Ach, Nayuta schon wieder...
ENTSCHULDIGUNG DASS ICH SO VIEL ESSE.
Sie hat das Sandwich nicht angerührt ...
Sie hat doch nicht etwa...

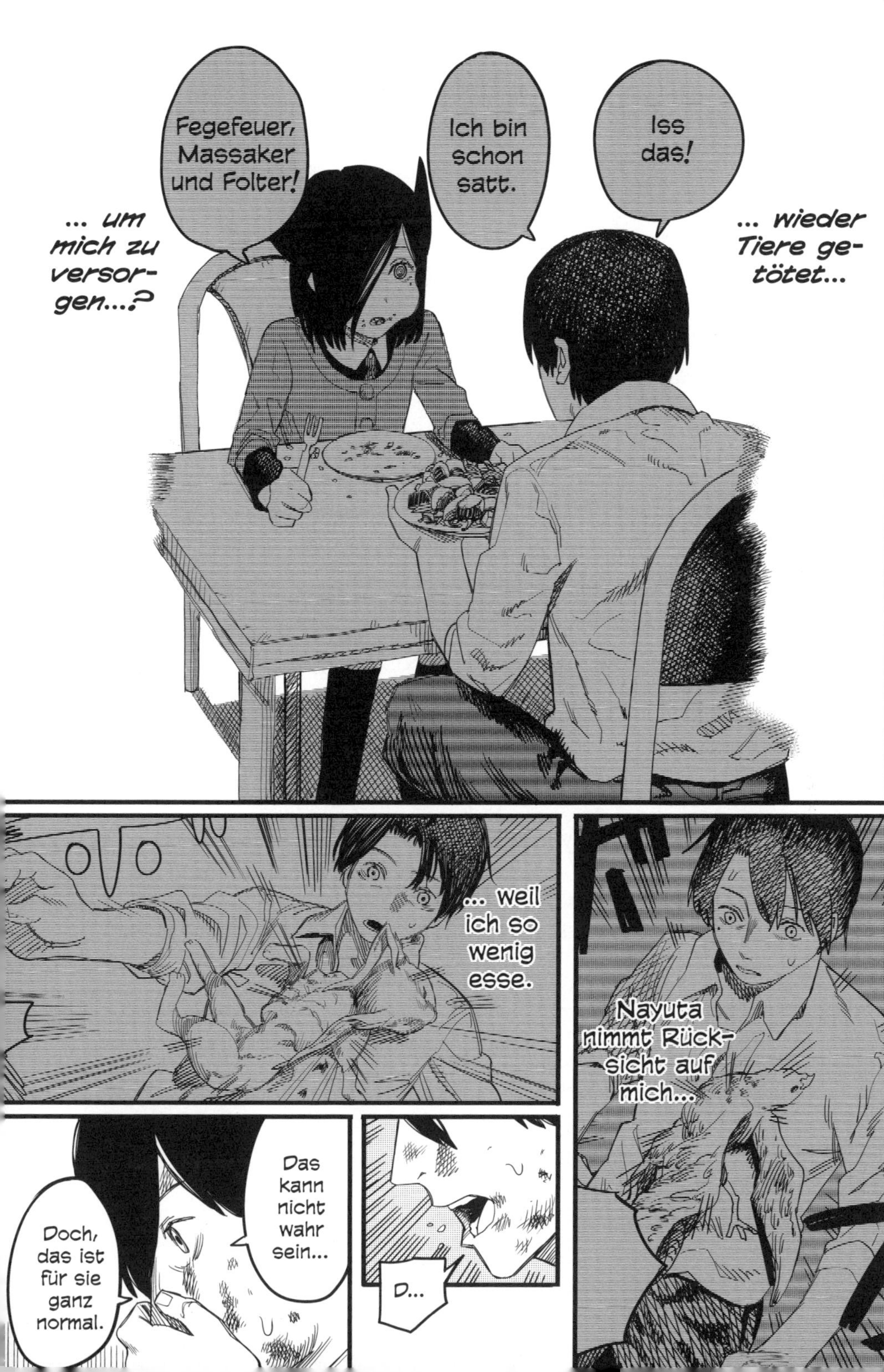

... wieder Tiere getötet...
Iss das!
Ich bin schon satt.
Fegefeuer, Massaker und Folter!
... um mich zu versorgen...?
Nayuta nimmt Rücksicht auf mich...
... weil ich so wenig esse.
D...
Das kann nicht wahr sein...
Doch, das ist für sie ganz normal.

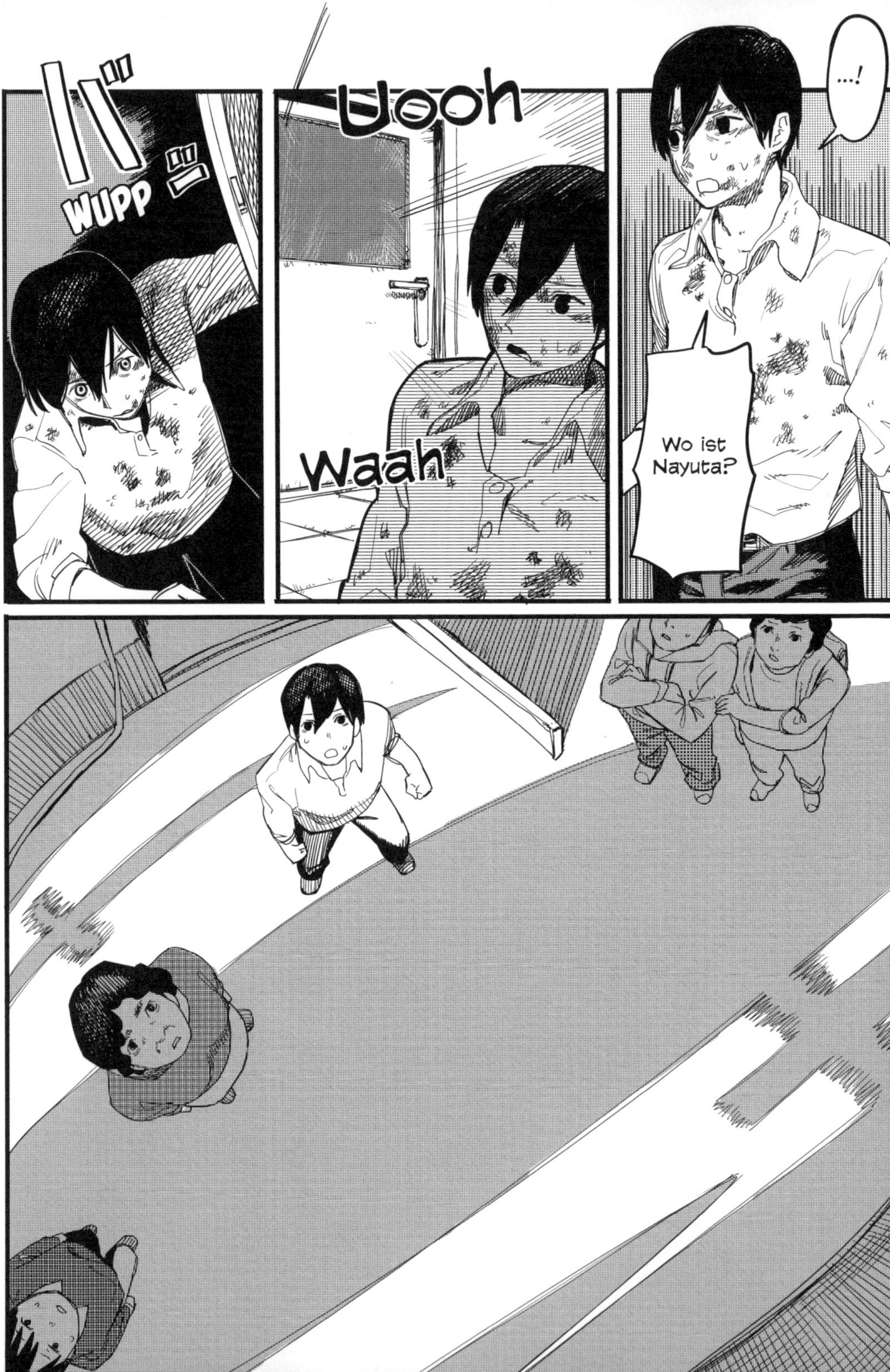
...!
Uooh
バッ
WUPP
Waah
Wo ist Nayuta?

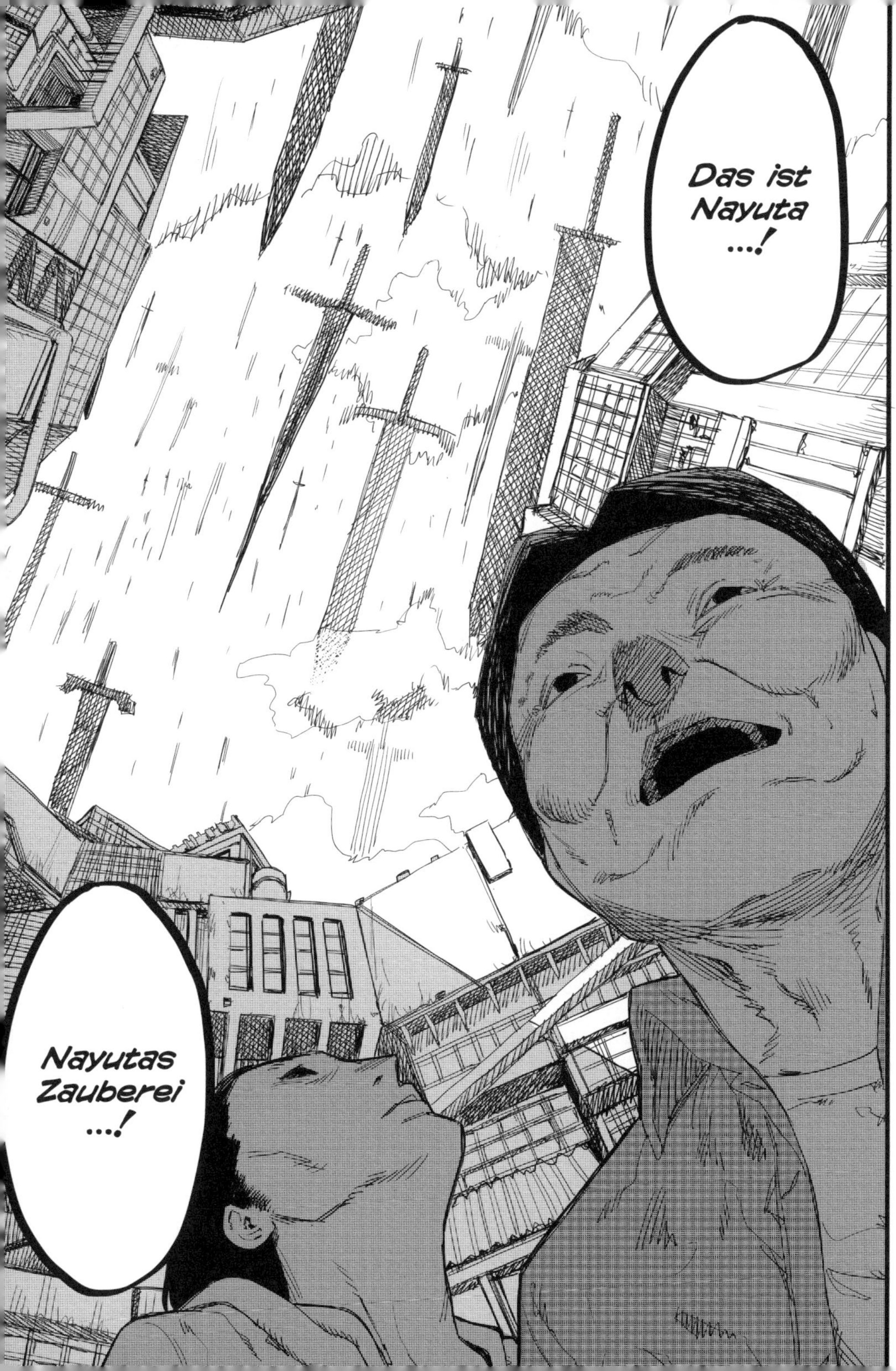
Das ist Nayuta ...!
Nayutas Zauberei ...!

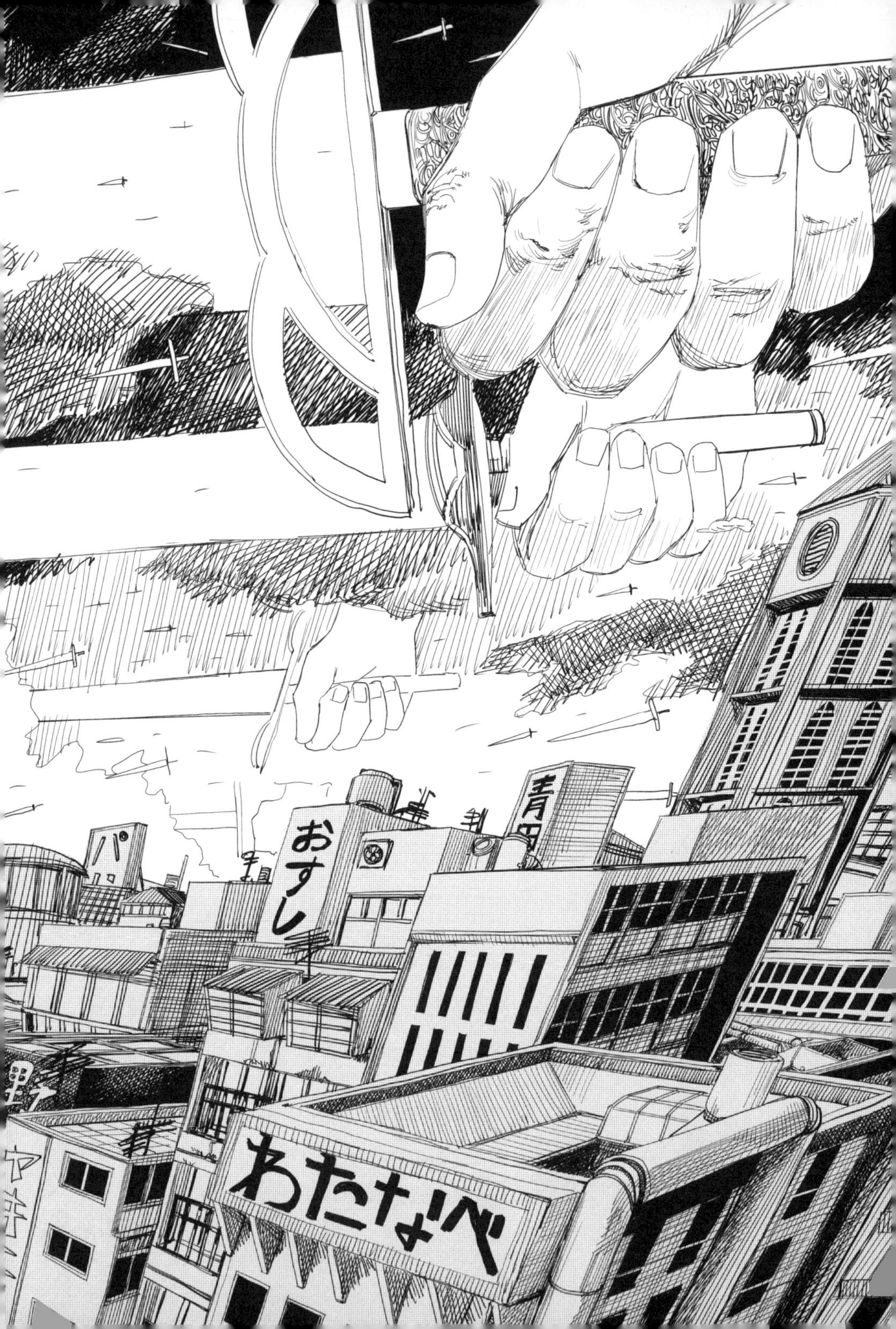
おすし
わたなべ

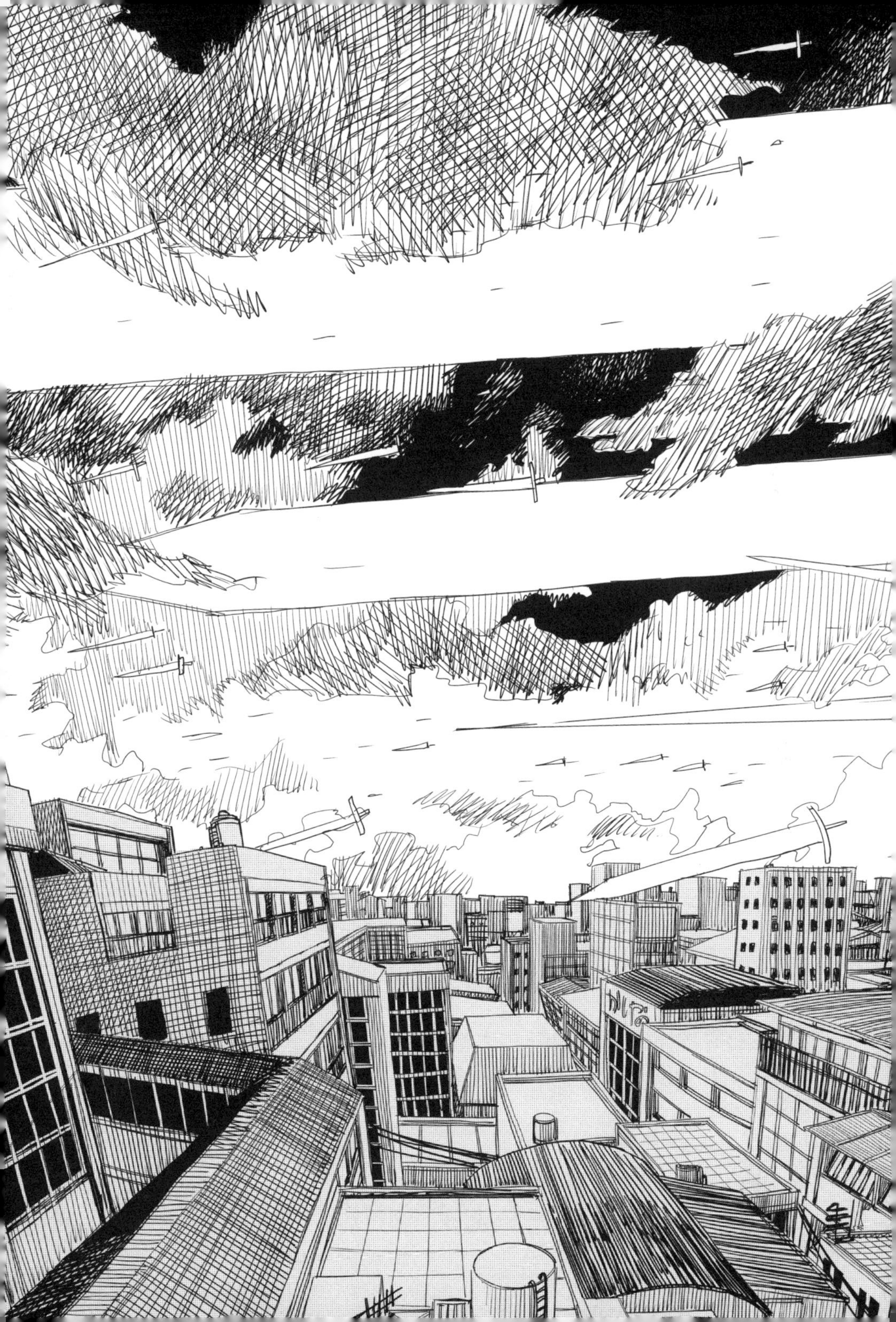

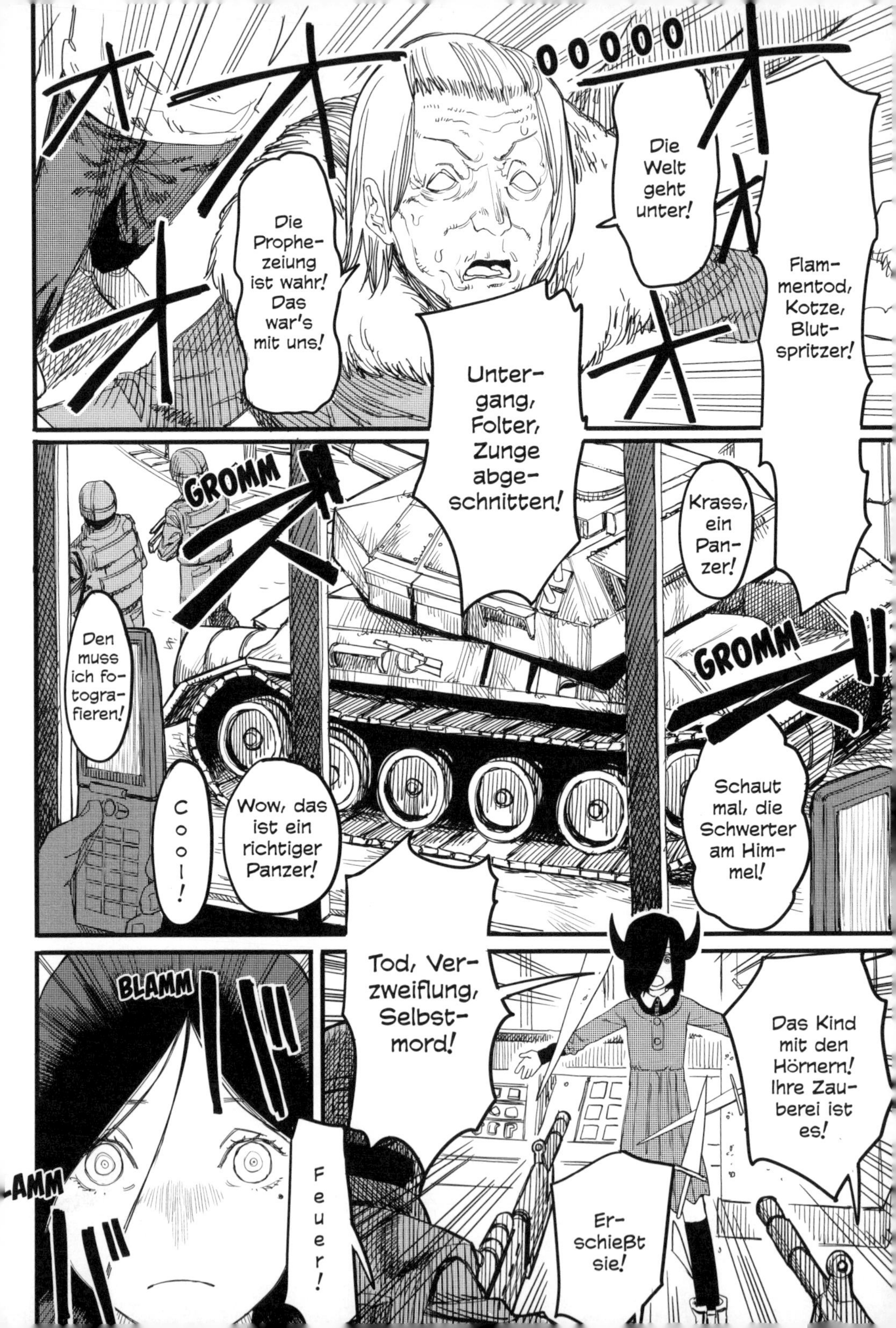
OOOOO
Flammentod, Kotze, Blutspritzer!
Die Welt geht unter!
Untergang, Folter, Zunge abgeschnitten!
Die Prophezeiung ist wahr! Das war's mit uns!
Krass, ein Panzer!
GROMM
Schaut mal, die Schwerter am Himmel!
GROMM
Wow, das ist ein richtiger Panzer!
Cool!
Den muss ich fotografieren!
Das Kind mit den Hörnern! Ihre Zauberei ist es!
Tod, Verzweiflung, Selbstmord!
Erschießt sie!
Feuer!
BLAMM
-AMM

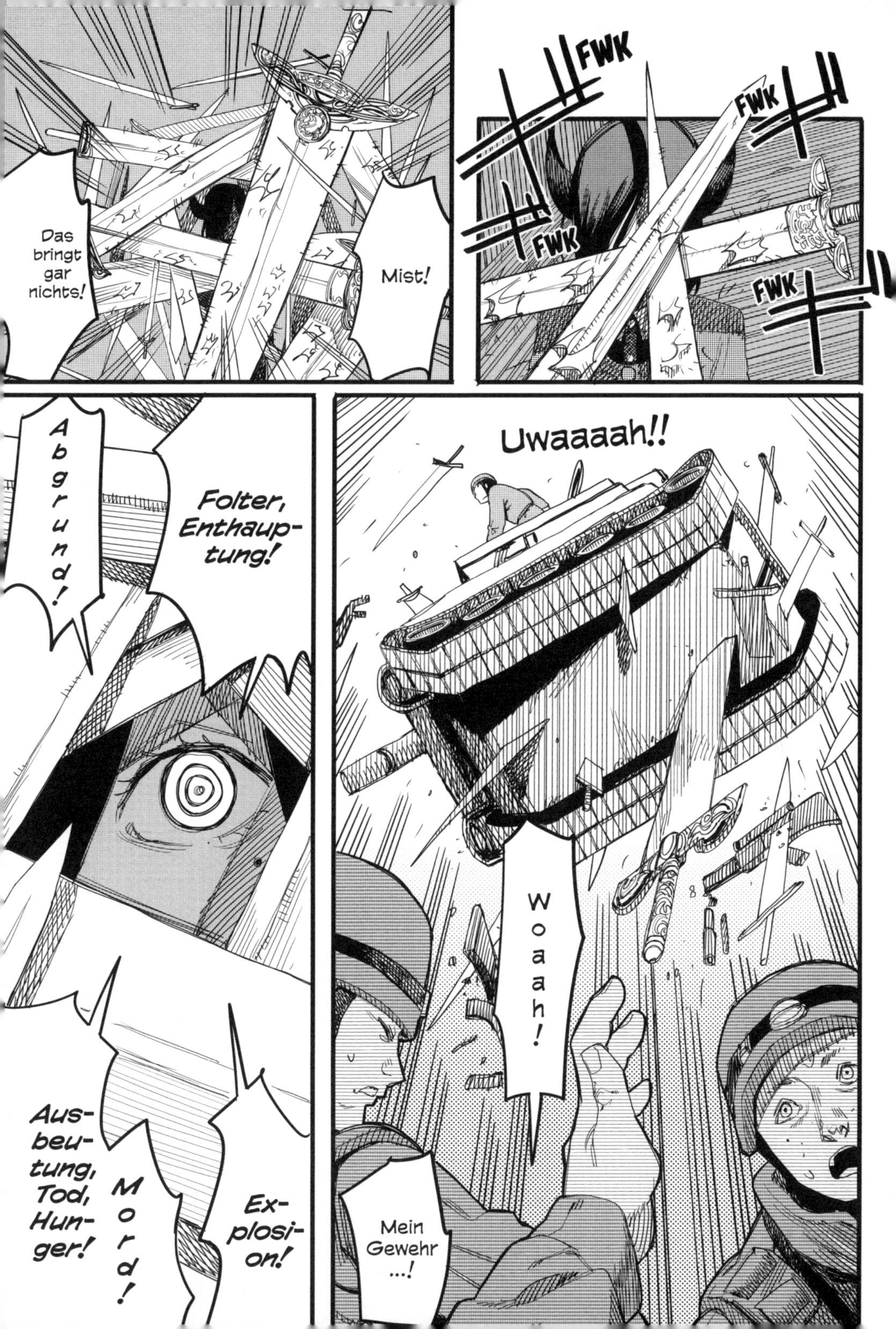
FWK
FWK
FWK
FWK
Mist!
Das bringt gar nichts!
Uwaaaah!!
Woaah!
Mein Gewehr ...!
Abgrund!
Folter, Enthauptung!
Explosion!
Mord!
Ausbeutung, Tod, Hunger!

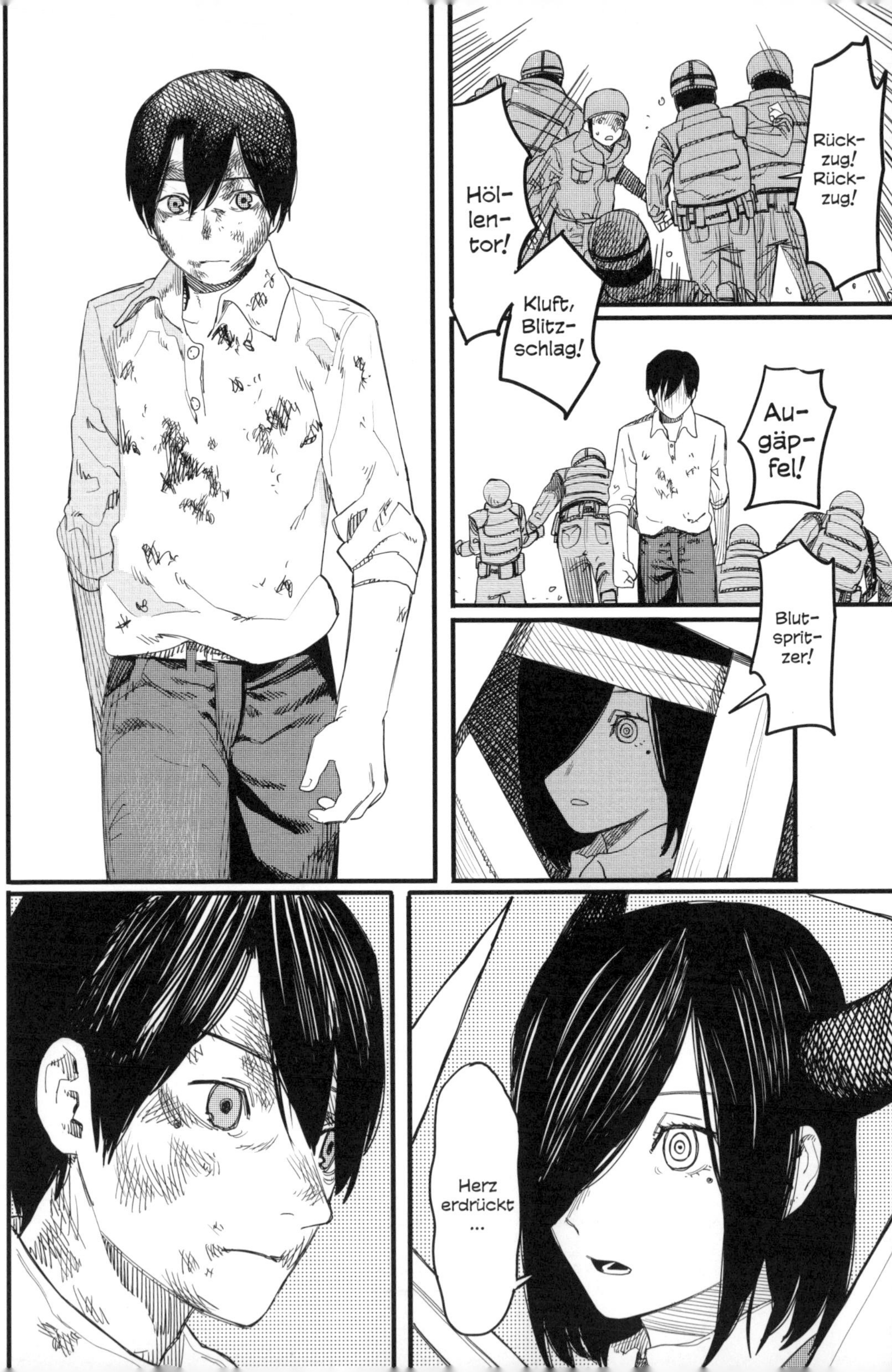

Rück-
zug!
Rück-
zug!
Höl-
len-
tor!
Kluft,
Blitz-
schlag!
Au-
gäp-
fel!
Blut-
sprit-
zer!
Herz
erdrückt
...

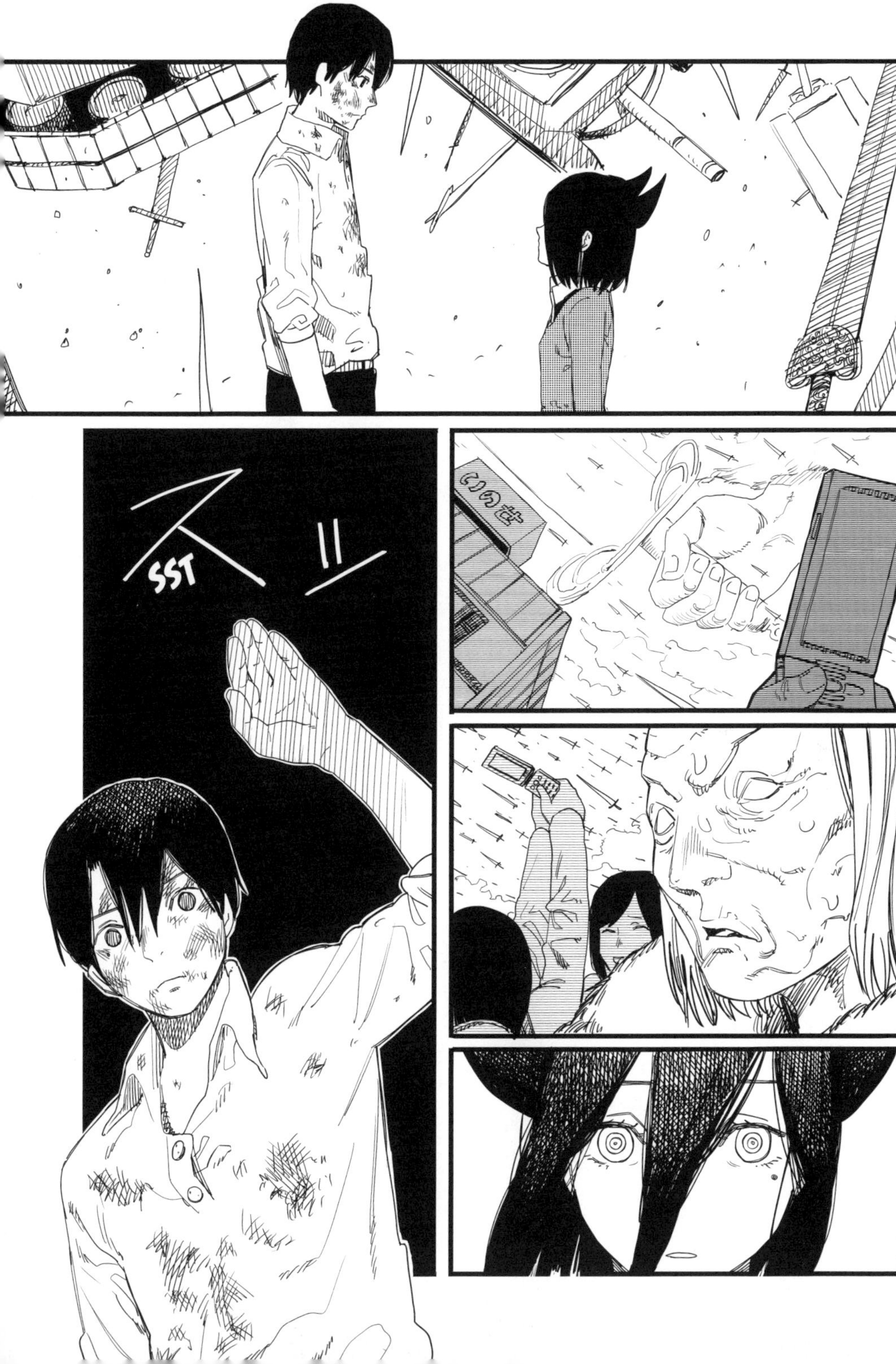
ス
SST

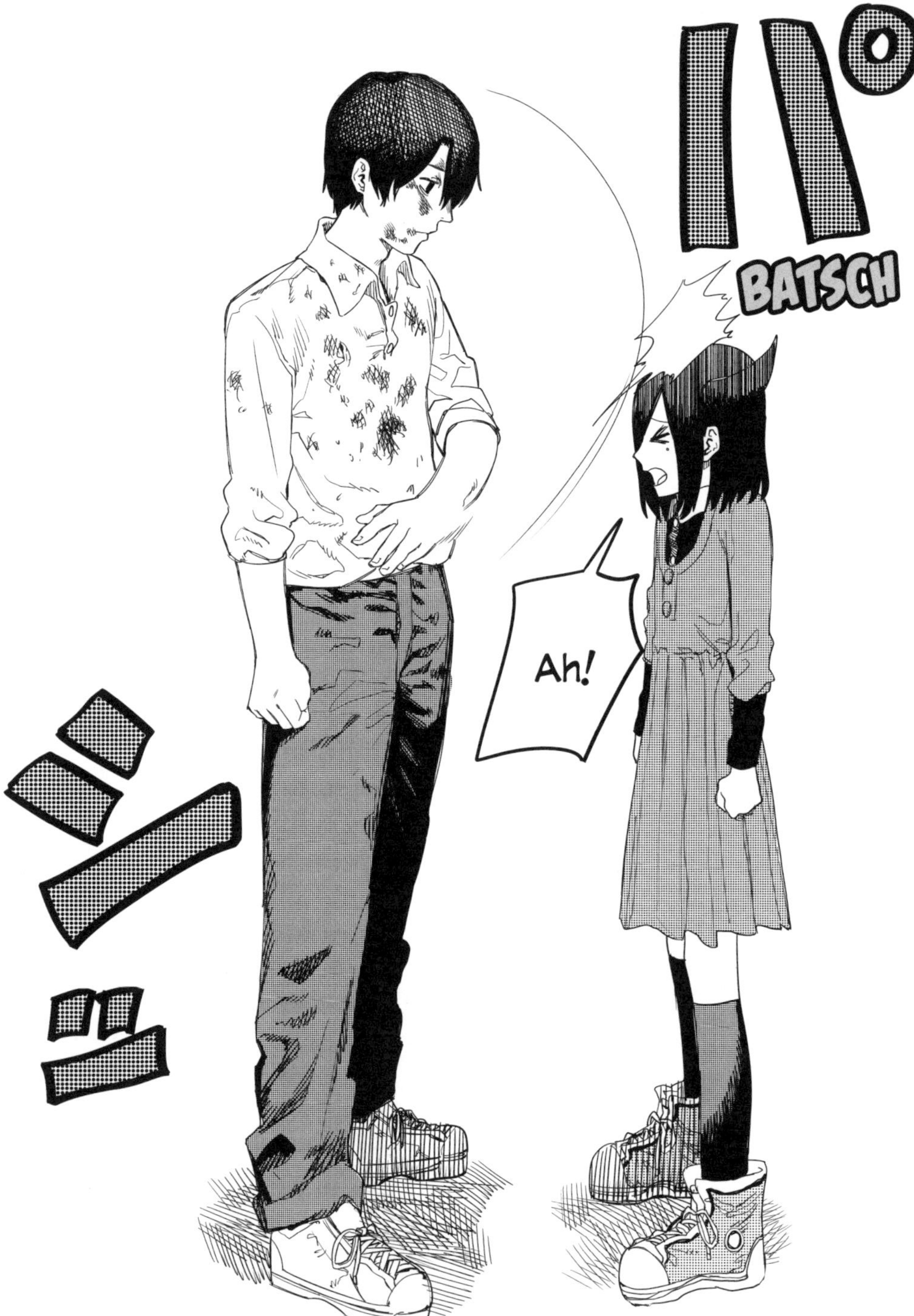
BATSCH
Ah!

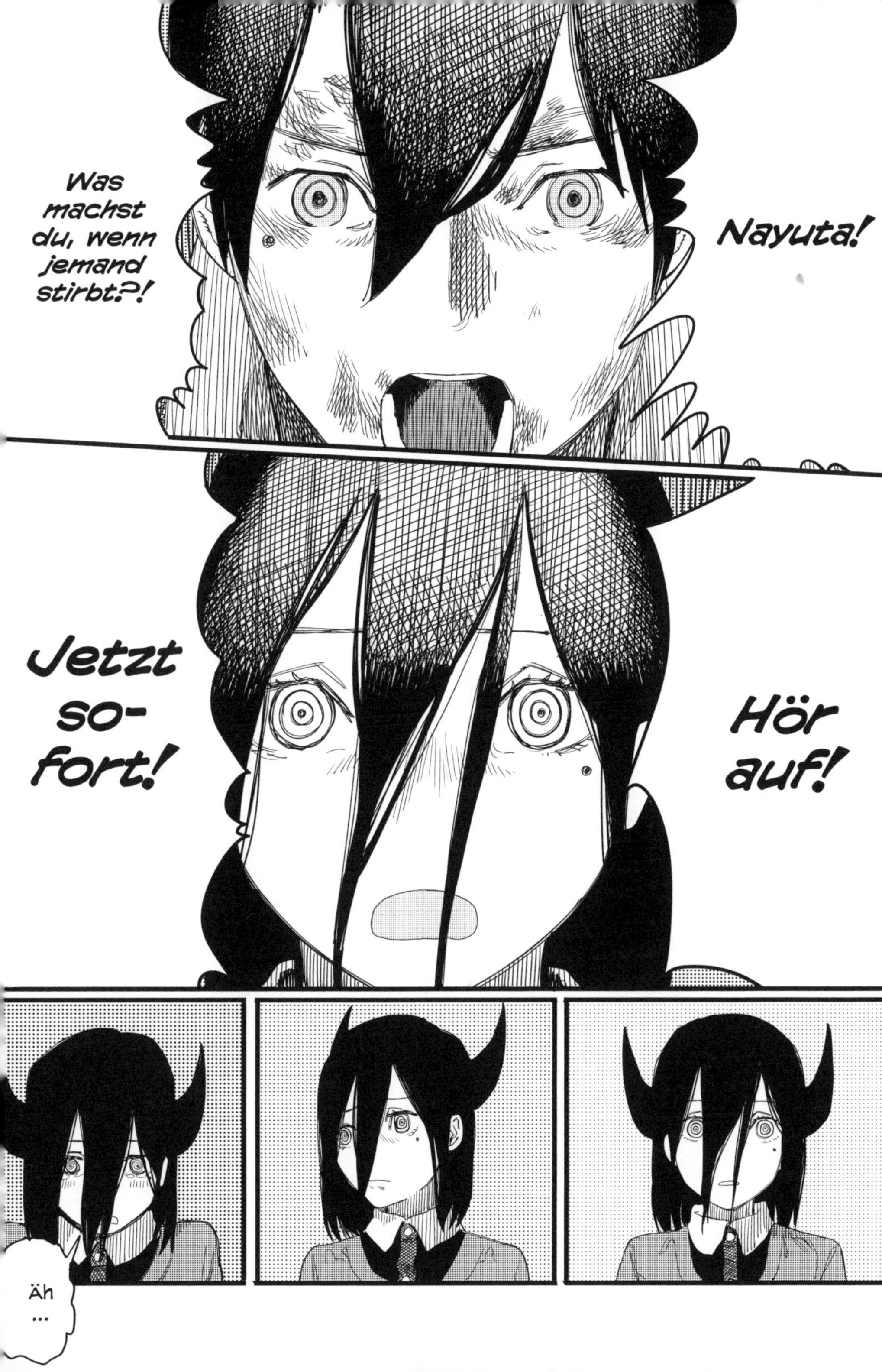
Nayuta!
Was machst du, wenn jemand stirbt?!
Hör auf!
Jetzt so-fort!
Äh ...

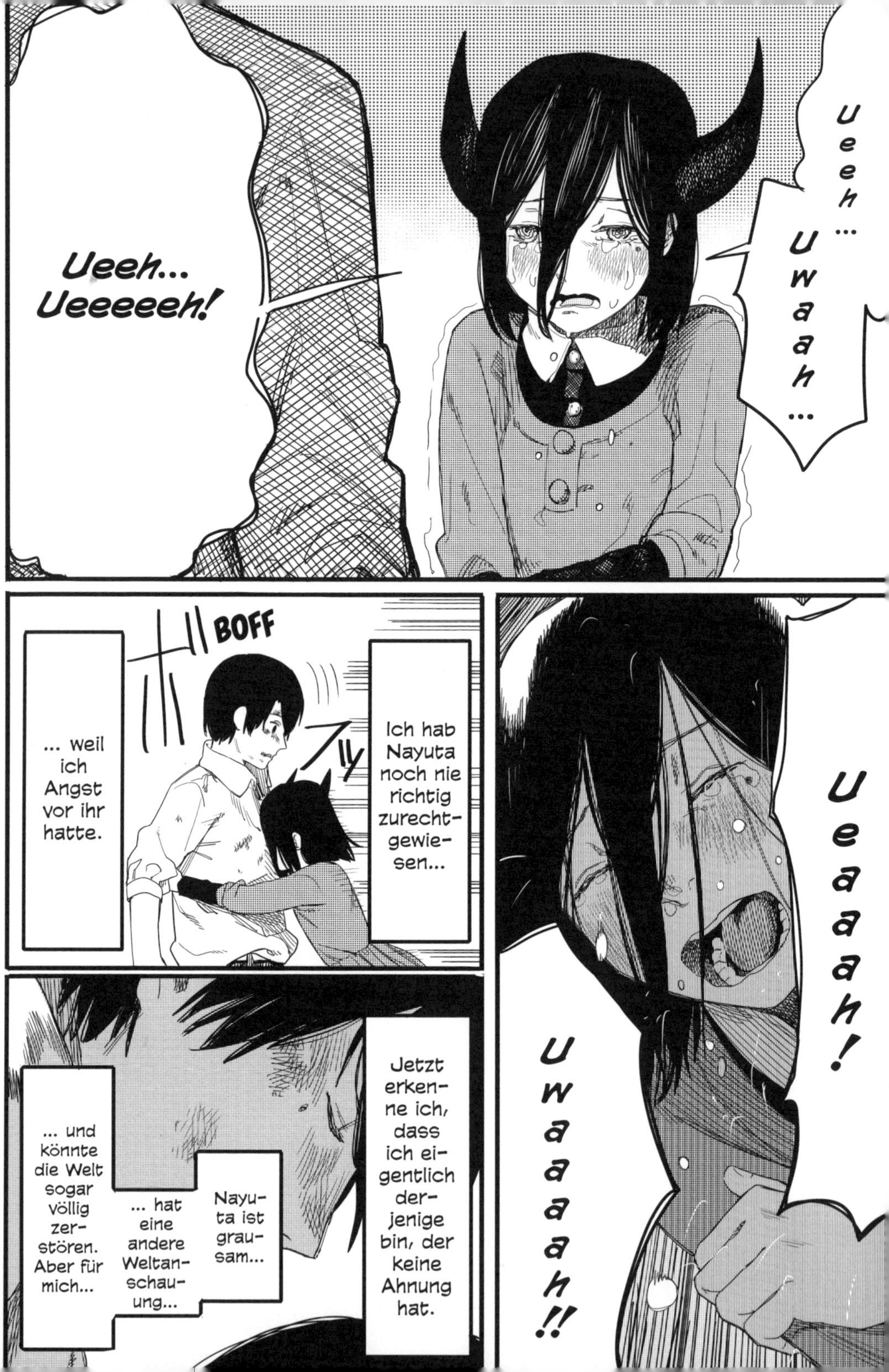

Ueeh ... Uwaah ...
Ueeh... Ueeeeeh!
Ueaaaaah!
Uwaaaaaah!!
Ich hab Nayuta noch nie richtig zurechtgewiesen...
... weil ich Angst vor ihr hatte.
BOFF
Jetzt erkenne ich, dass ich eigentlich derjenige bin, der keine Ahnung hat.
Nayuta ist grausam...
... hat eine andere Weltanschauung...
... und könnte die Welt sogar völlig zerstören. Aber für mich...

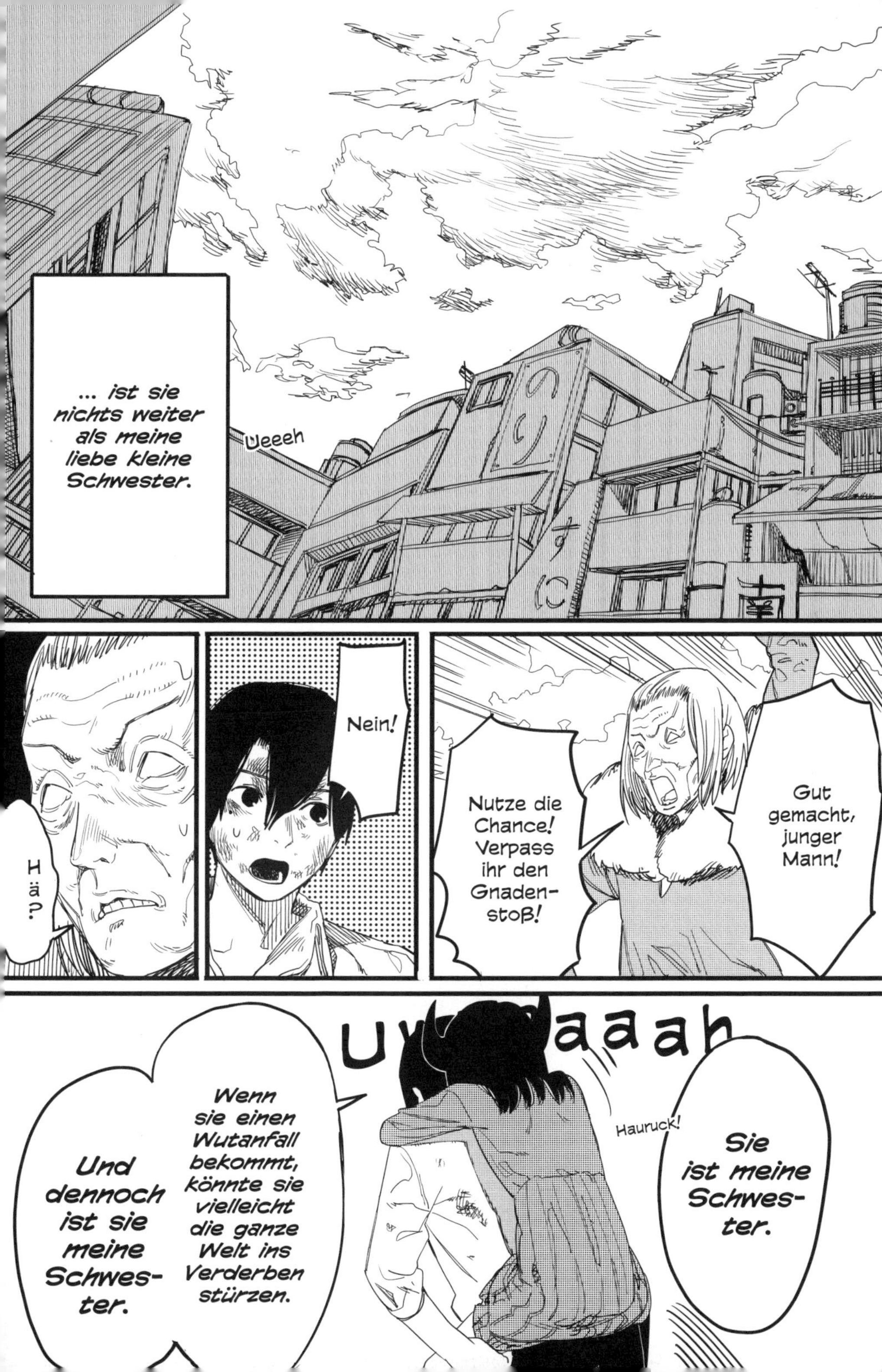

... ist sie nichts weiter als meine liebe kleine Schwester.
Ueeeh
Gut gemacht, junger Mann!
Nutze die Chance! Verpass ihr den Gnadenstoß!
Nein!
Hä?
Sie ist meine Schwester.
Hauruck!
aaaah
Wenn sie einen Wutanfall bekommt, könnte sie vielleicht die ganze Welt ins Verderben stürzen.
Und dennoch ist sie meine Schwester.

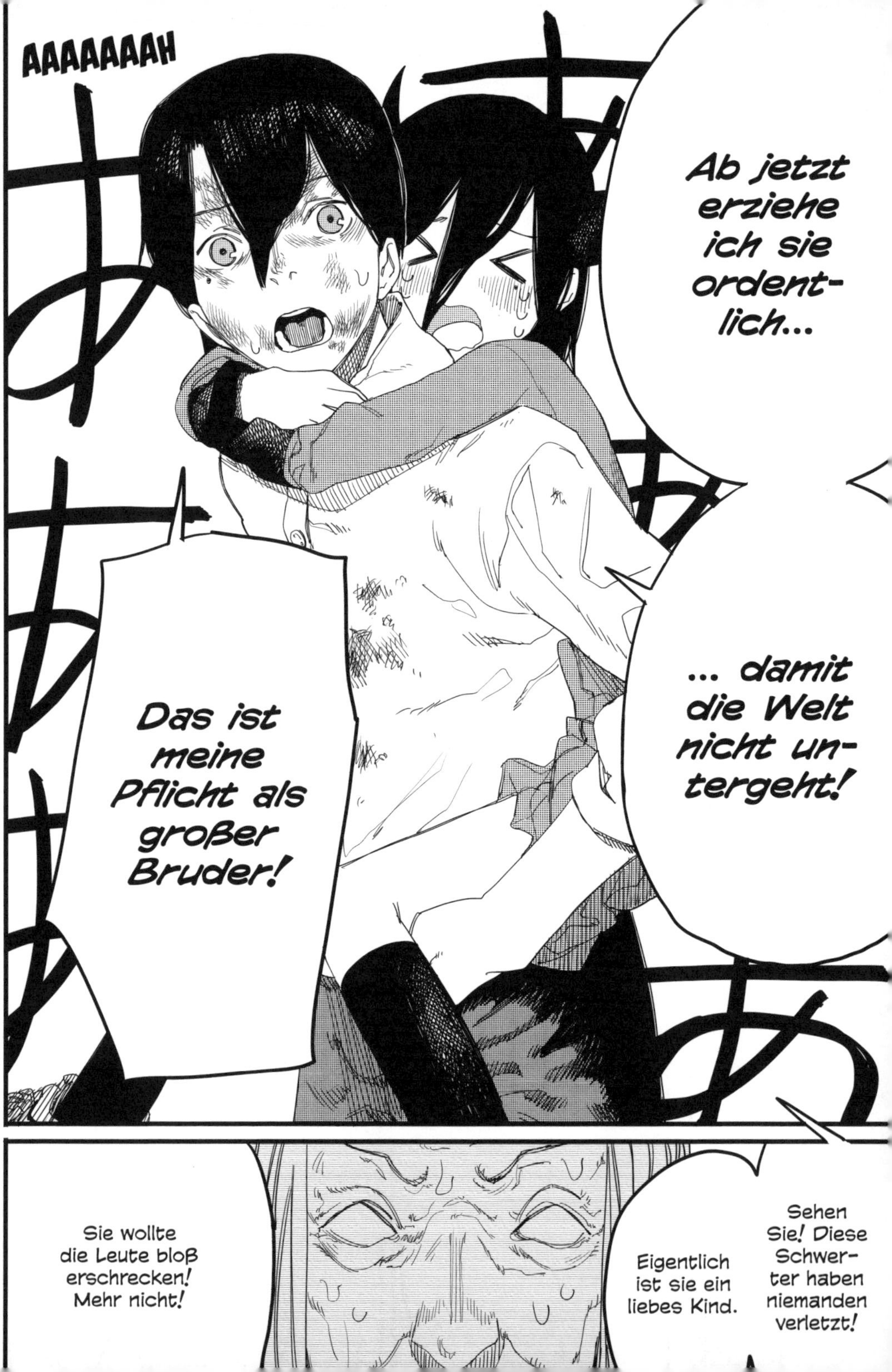
Ab jetzt erziehe ich sie ordentlich...
... damit die Welt nicht untergeht!
Das ist meine Pflicht als großer Bruder!
AAAAAAAH
Sehen Sie! Diese Schwerter haben niemanden verletzt!
Eigentlich ist sie ein liebes Kind.
Sie wollte die Leute bloß erschrecken! Mehr nicht!

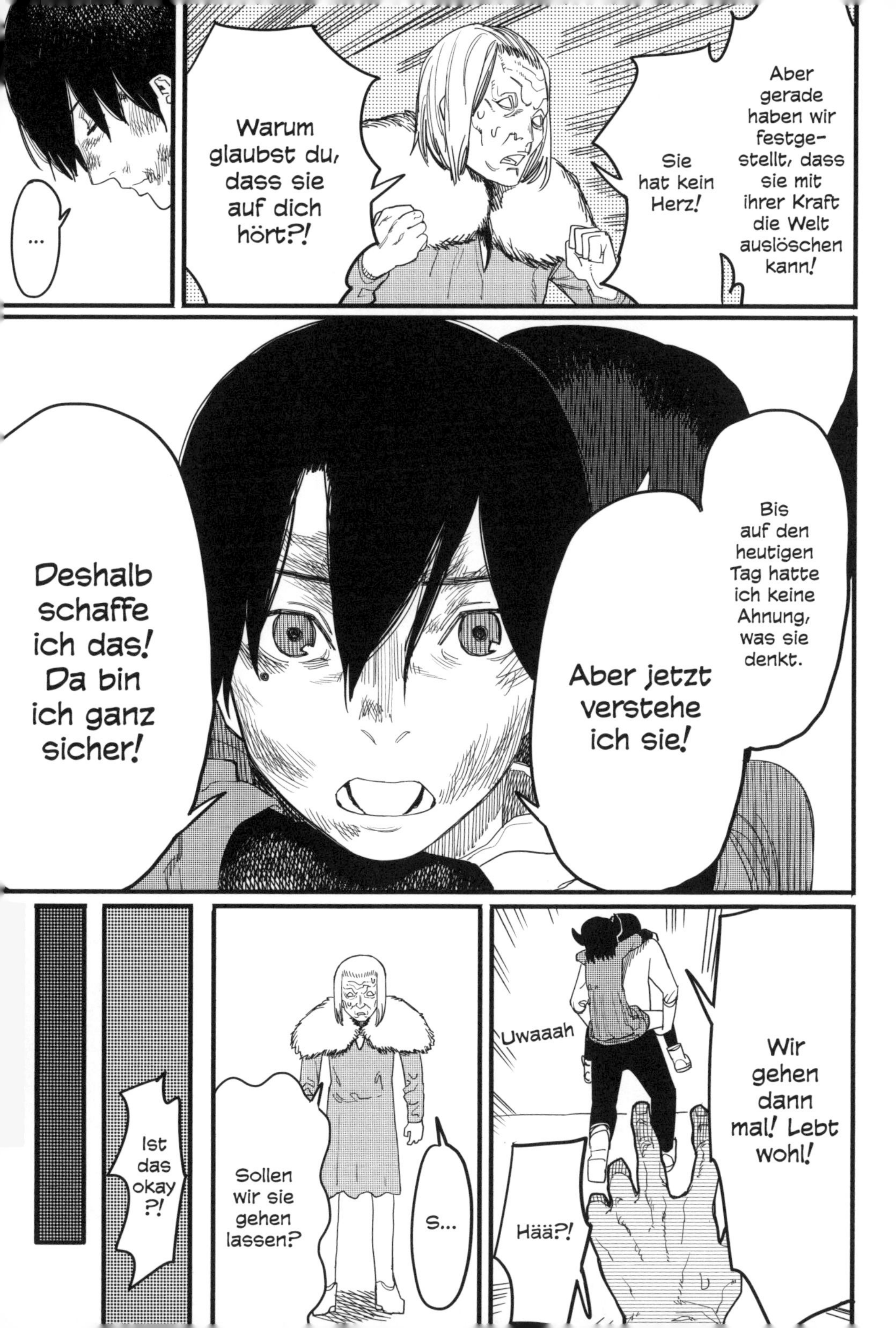
Aber gerade haben wir festgestellt, dass sie mit ihrer Kraft die Welt auslöschen kann!
Sie hat kein Herz!
Warum glaubst du, dass sie auf dich hört?!
...
Bis auf den heutigen Tag hatte ich keine Ahnung, was sie denkt.
Aber jetzt verstehe ich sie!
Deshalb schaffe ich das! Da bin ich ganz sicher!
Wir gehen dann mal! Lebt wohl!
Uwaaah
Hää?!
S...
Sollen wir sie gehen lassen?
Ist das okay?!

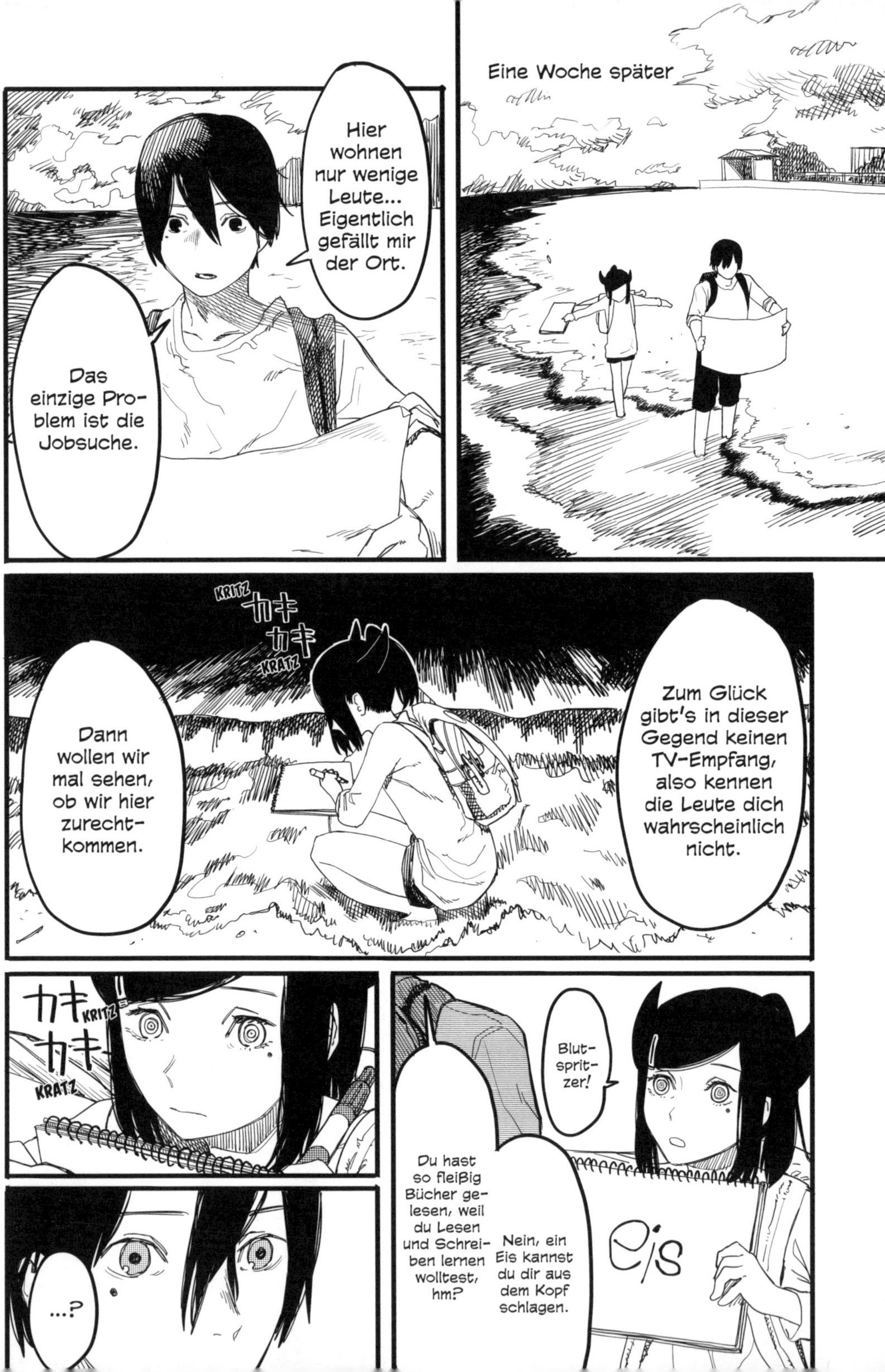
Eine Woche später
Hier wohnen nur wenige Leute... Eigentlich gefällt mir der Ort.
Das einzige Problem ist die Jobsuche.
Zum Glück gibt's in dieser Gegend keinen TV-Empfang, also kennen die Leute dich wahrscheinlich nicht.
KRITZ カキ カキ KRATZ
Dann wollen wir mal sehen, ob wir hier zurechtkommen.
カキ KRITZ カキ KRATZ
Blutspritzer!
Eis
Nein, ein Eis kannst du dir aus dem Kopf schlagen.
Du hast so fleißig Bücher gelesen, weil du Lesen und Schreiben lernen wolltest, hm?
...?

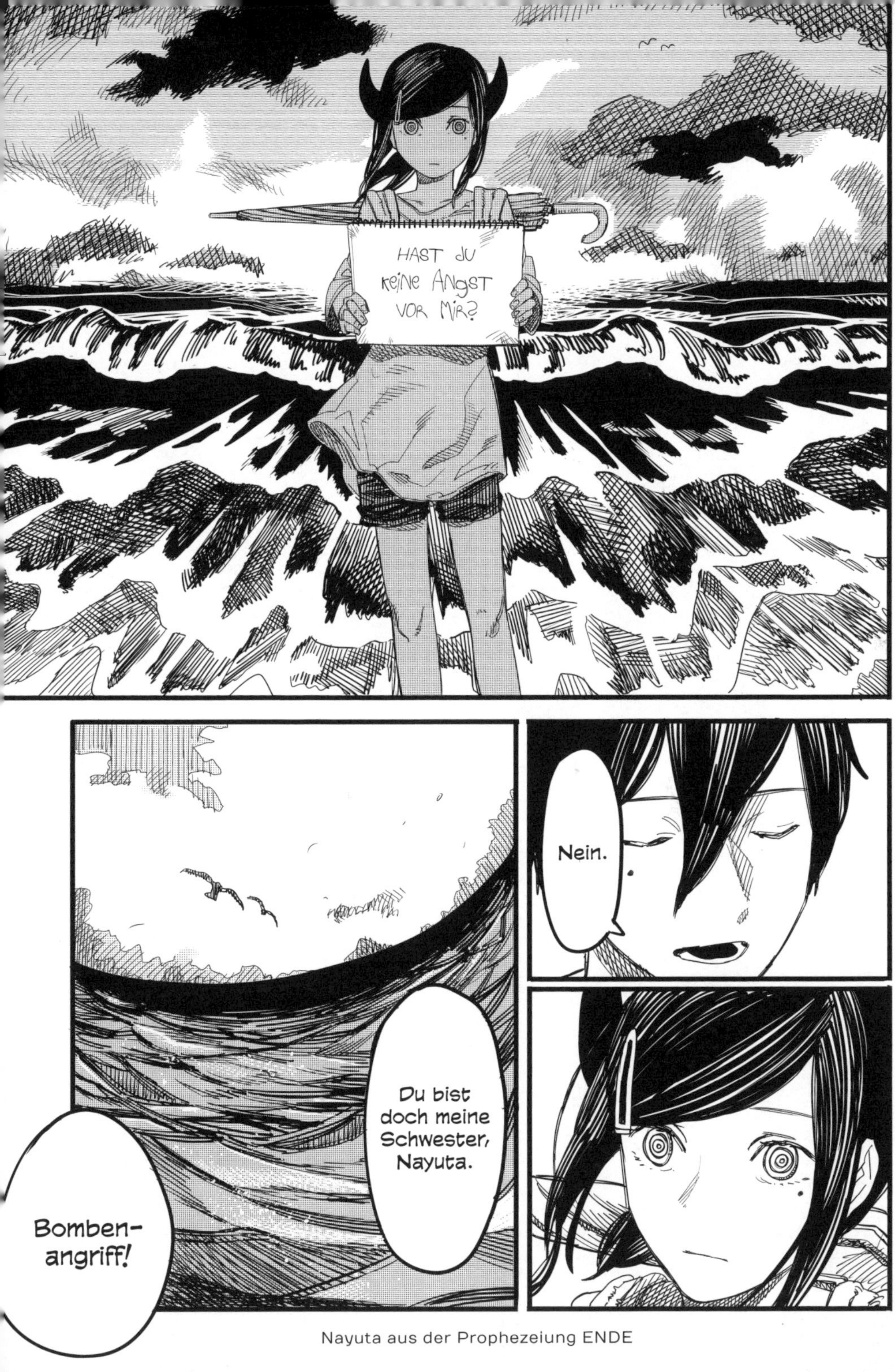

Nayuta aus der Prophezeiung ENDE

[Nayuta aus der Prophezeiung]

Als mir die Jump-SQ-Redaktion unterstellte, ich könne keine ausgefallenen Figuren zeichnen, hatte ich den Ansporn, einmal zu zeigen, was ich so alles drauf habe!

Nayuta gefällt mir heute immer noch.

Die große Schwester der kleinen Schwester

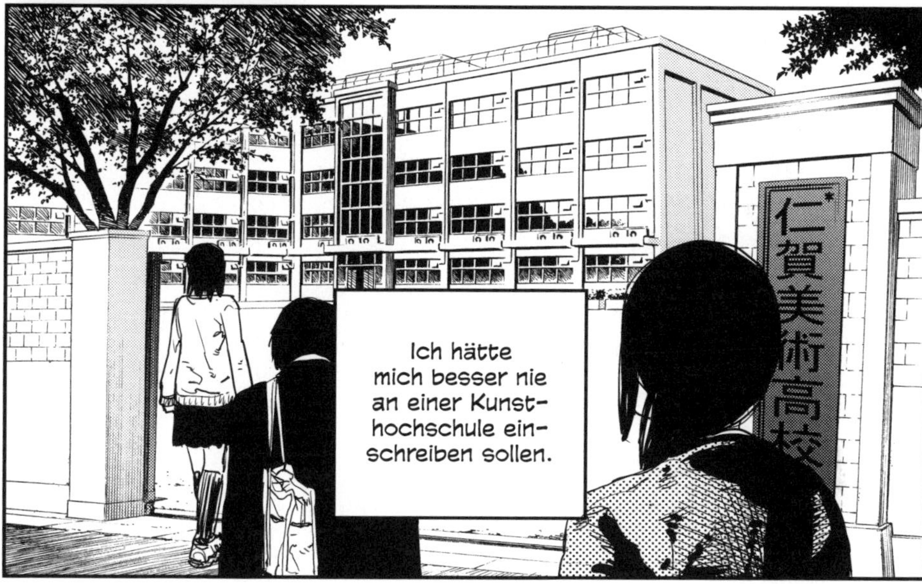

*Niga-Kunsthochschule

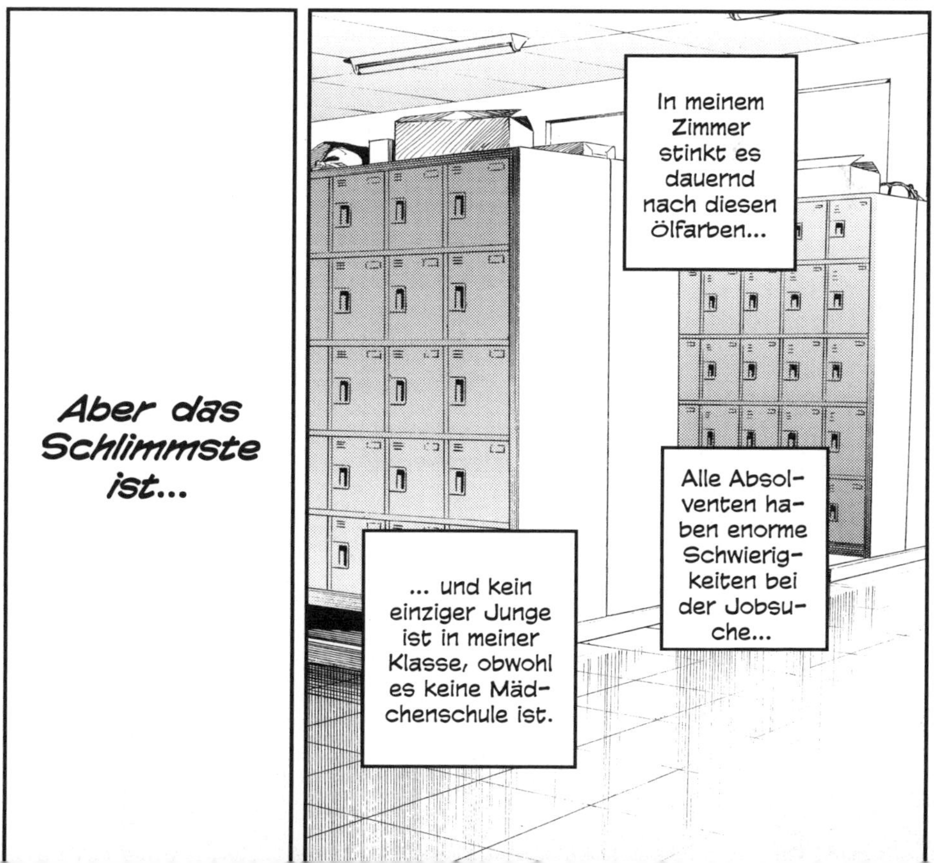

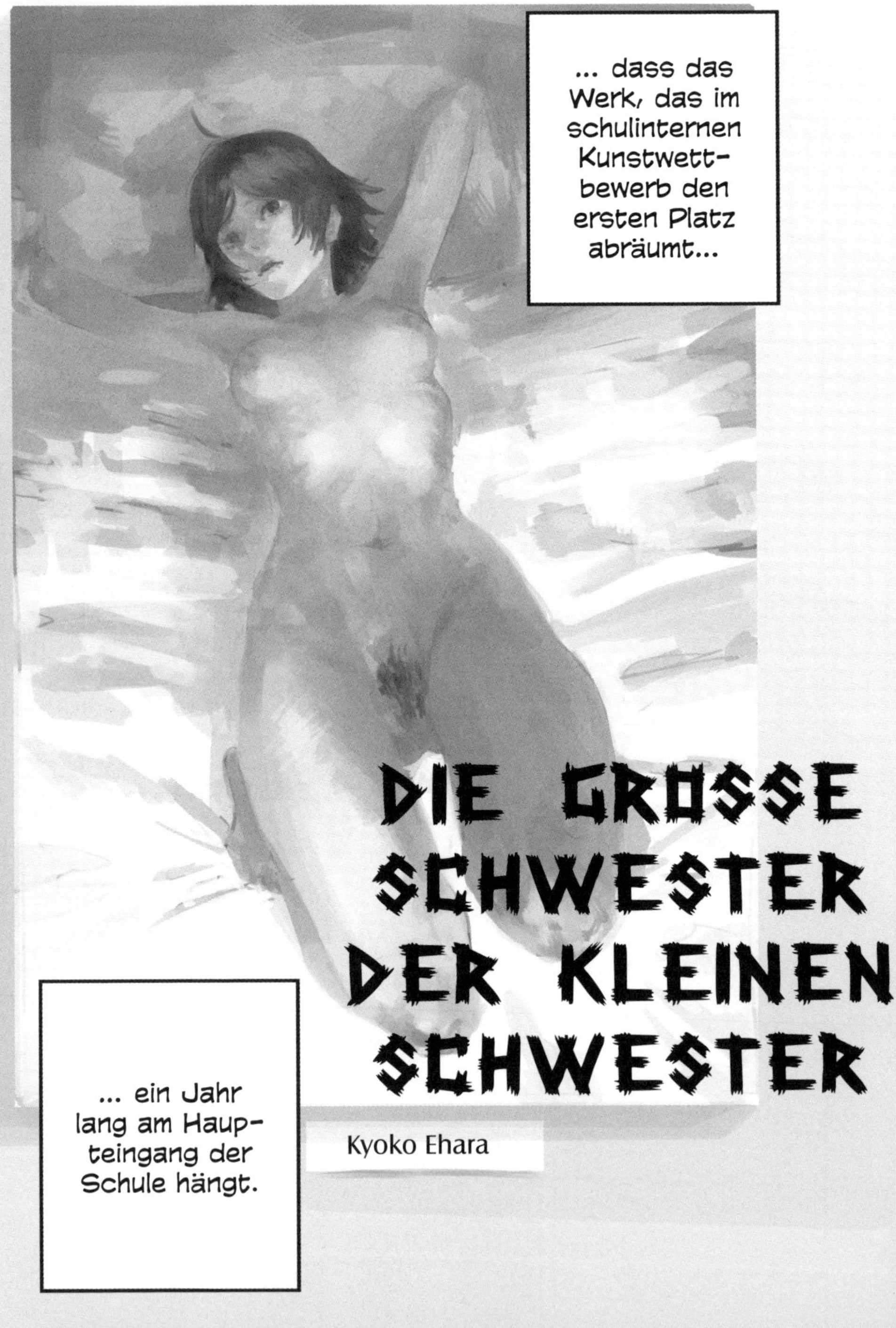
... dass das Werk, das im schulinternen Kunstwettbewerb den ersten Platz abräumt...
DIE GROSSE SCHWESTER DER KLEINEN SCHWESTER
Kyoko Ehara
... ein Jahr lang am Haupteingang der Schule hängt.

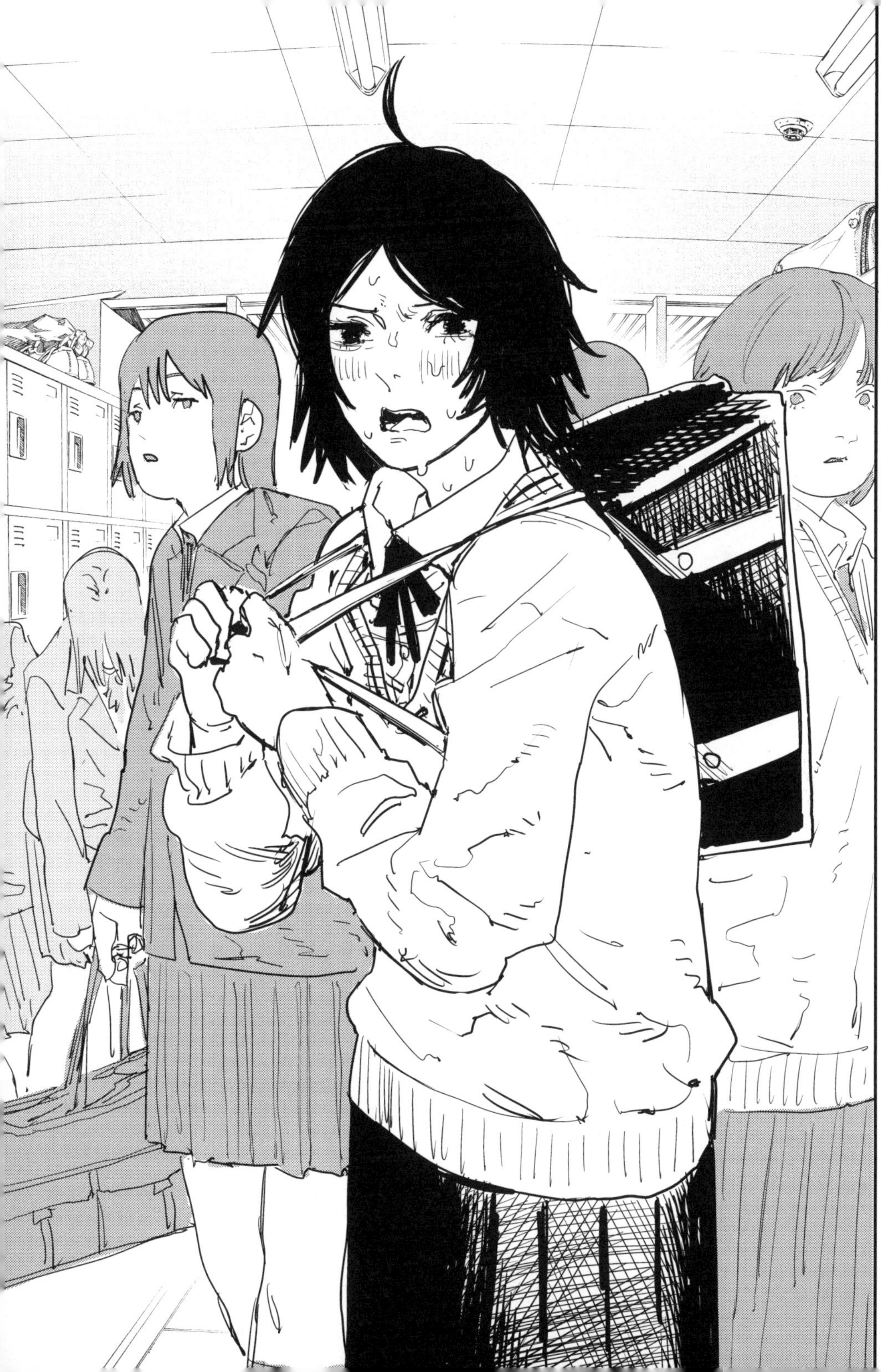

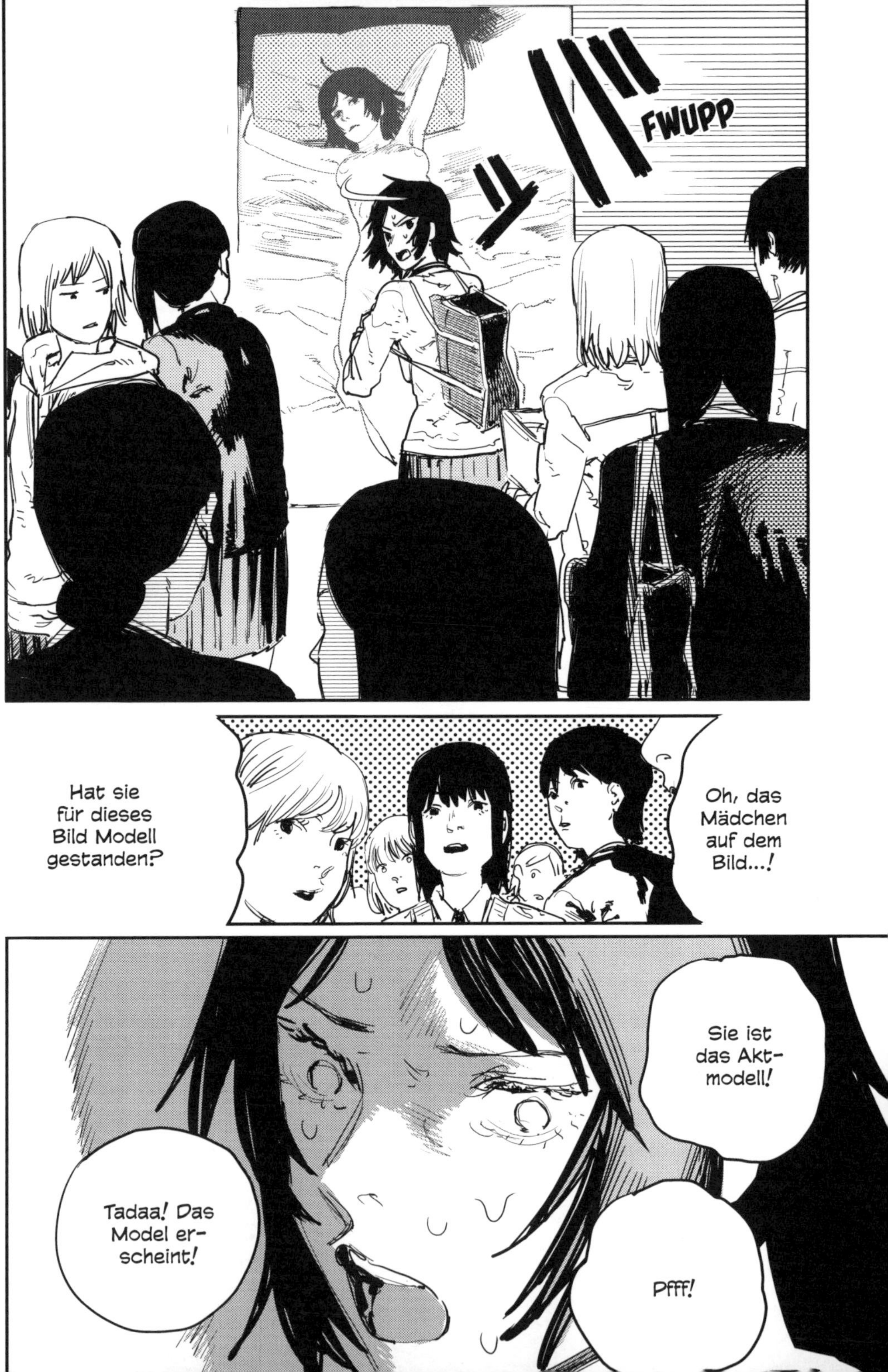
FWUPP
Oh, das Mädchen auf dem Bild...!
Hat sie für dieses Bild Modell gestanden?
Sie ist das Akt-modell!
Tadaa! Das Model er-scheint!
Pfff!

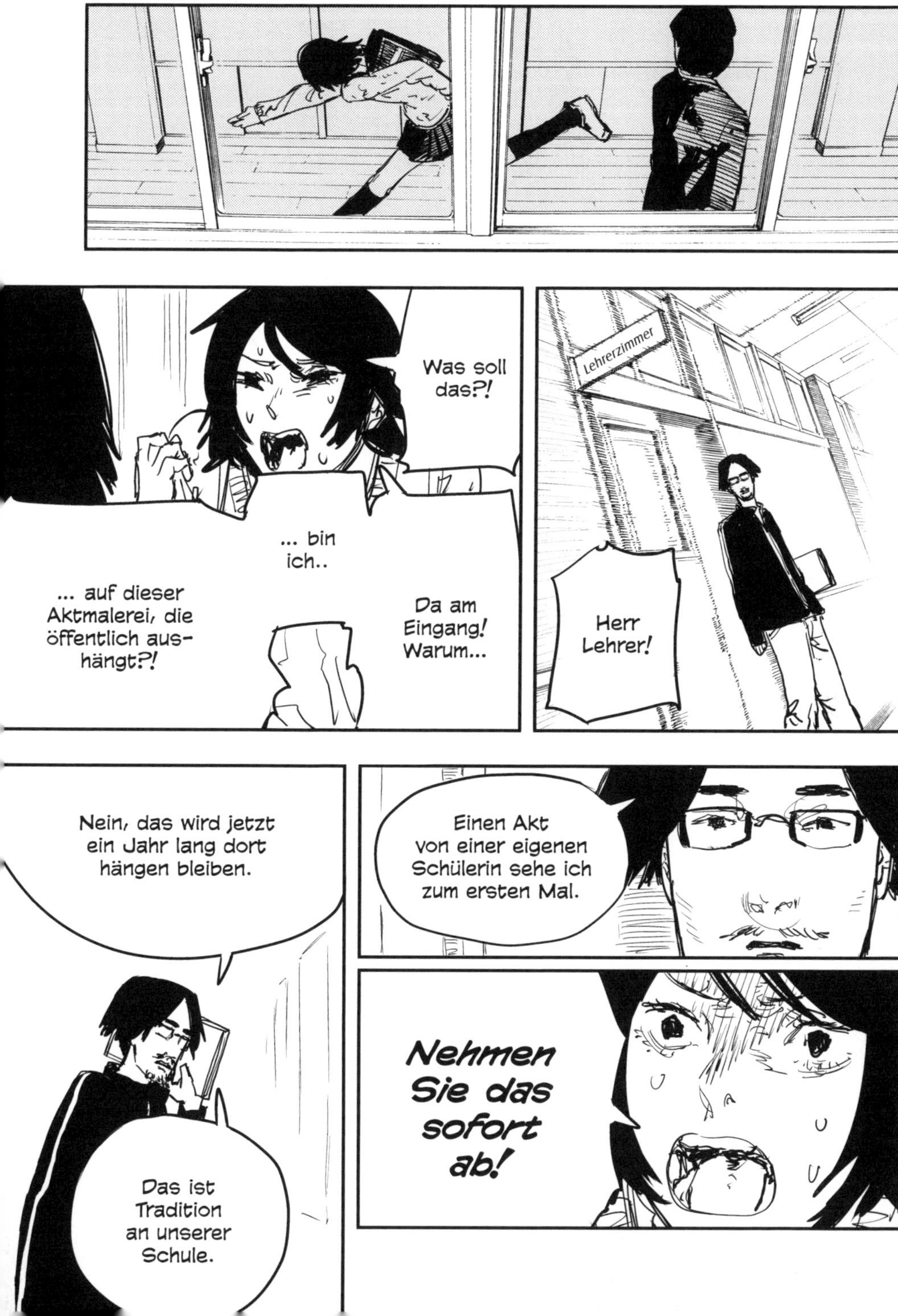
Was soll das?!
... bin ich..
Da am Eingang! Warum...
... auf dieser Aktmalerei, die öffentlich aus-hängt?!
Lehrerzimmer
Herr Lehrer!
Nein, das wird jetzt ein Jahr lang dort hängen bleiben.
Das ist Tradition an unserer Schule.
Einen Akt von einer eigenen Schülerin sehe ich zum ersten Mal.
Nehmen Sie das sofort ab!

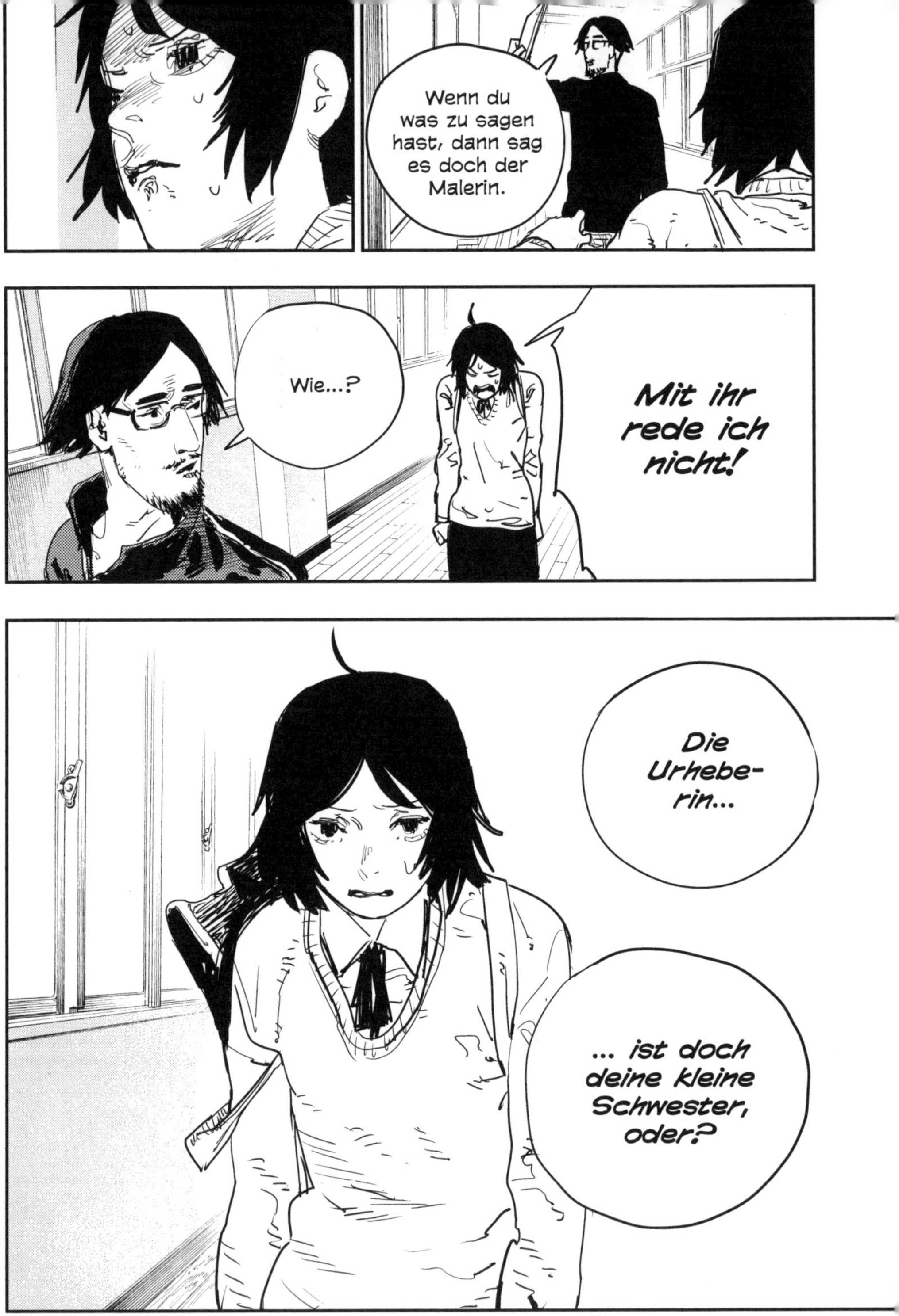
Wenn du was zu sagen hast, dann sag es doch der Malerin.
Wie...?
Mit ihr rede ich nicht!
Die Urhebe-rin...
... ist doch deine kleine Schwester, oder?

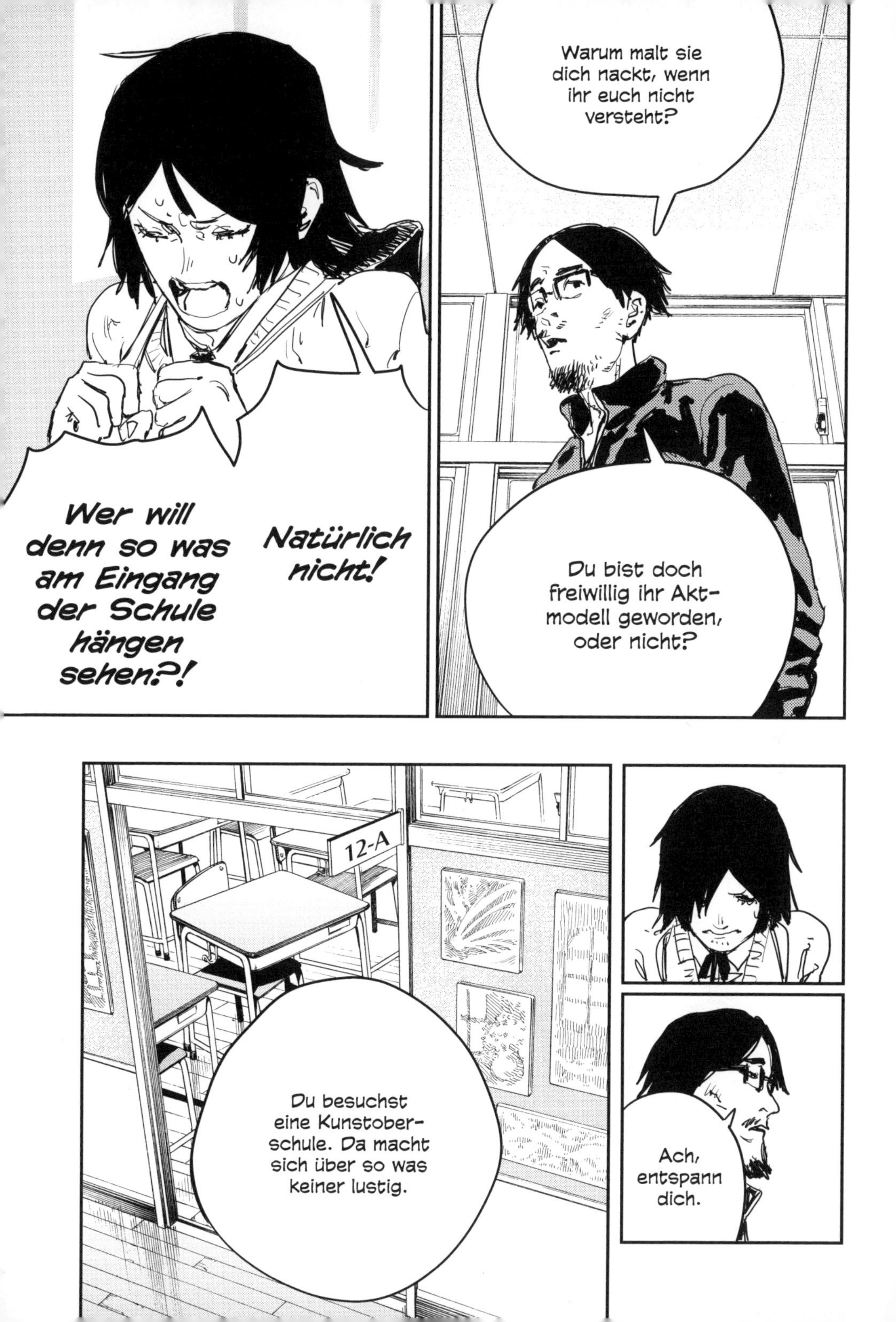
Warum malt sie dich nackt, wenn ihr euch nicht versteht?
Du bist doch freiwillig ihr Akt- modell geworden, oder nicht?
Natürlich nicht!
Wer will denn so was am Eingang der Schule hängen sehen?!
Ach, entspann dich.
12-A
Du besuchst eine Kunstober- schule. Da macht sich über so was keiner lustig.

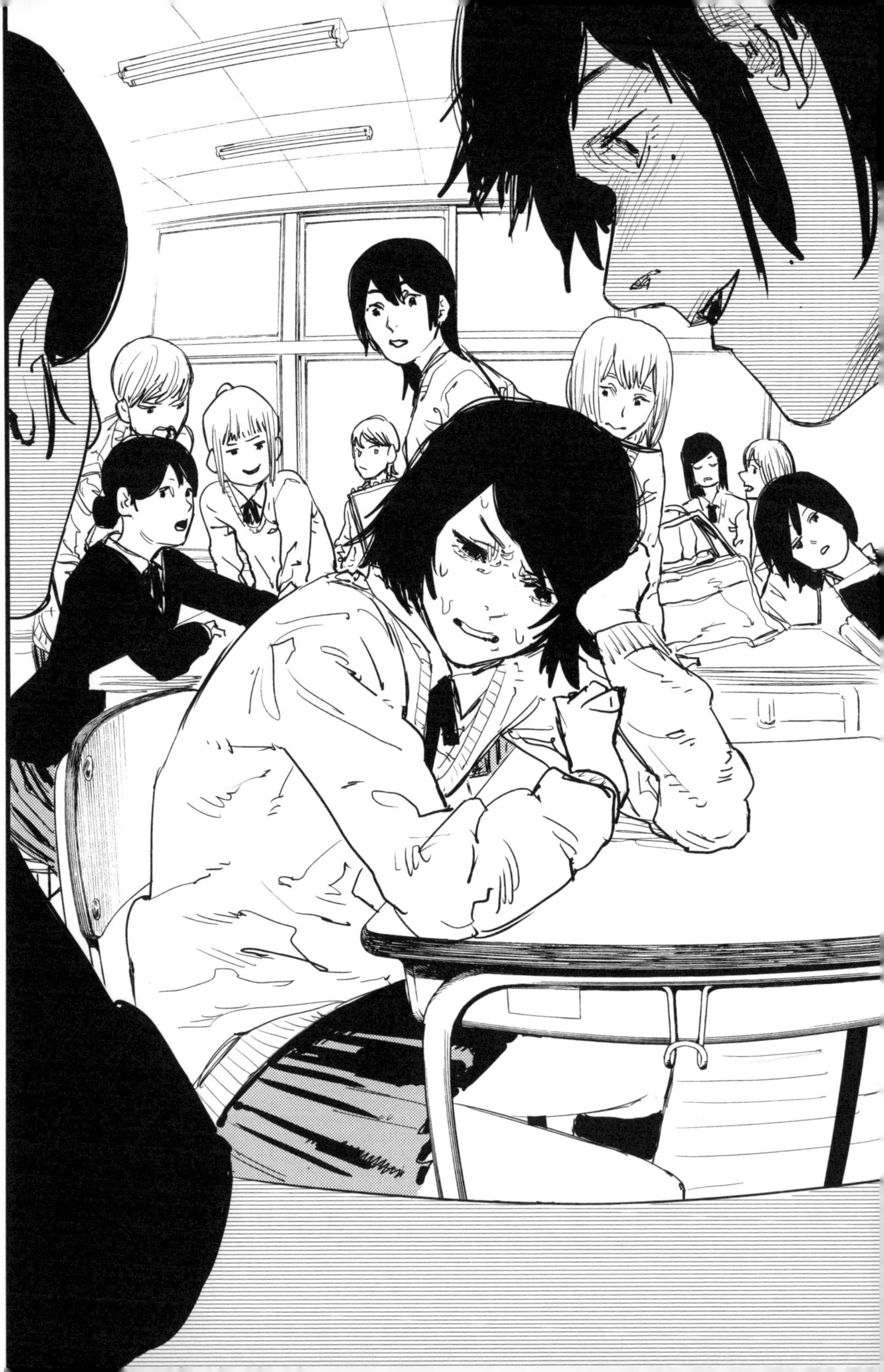

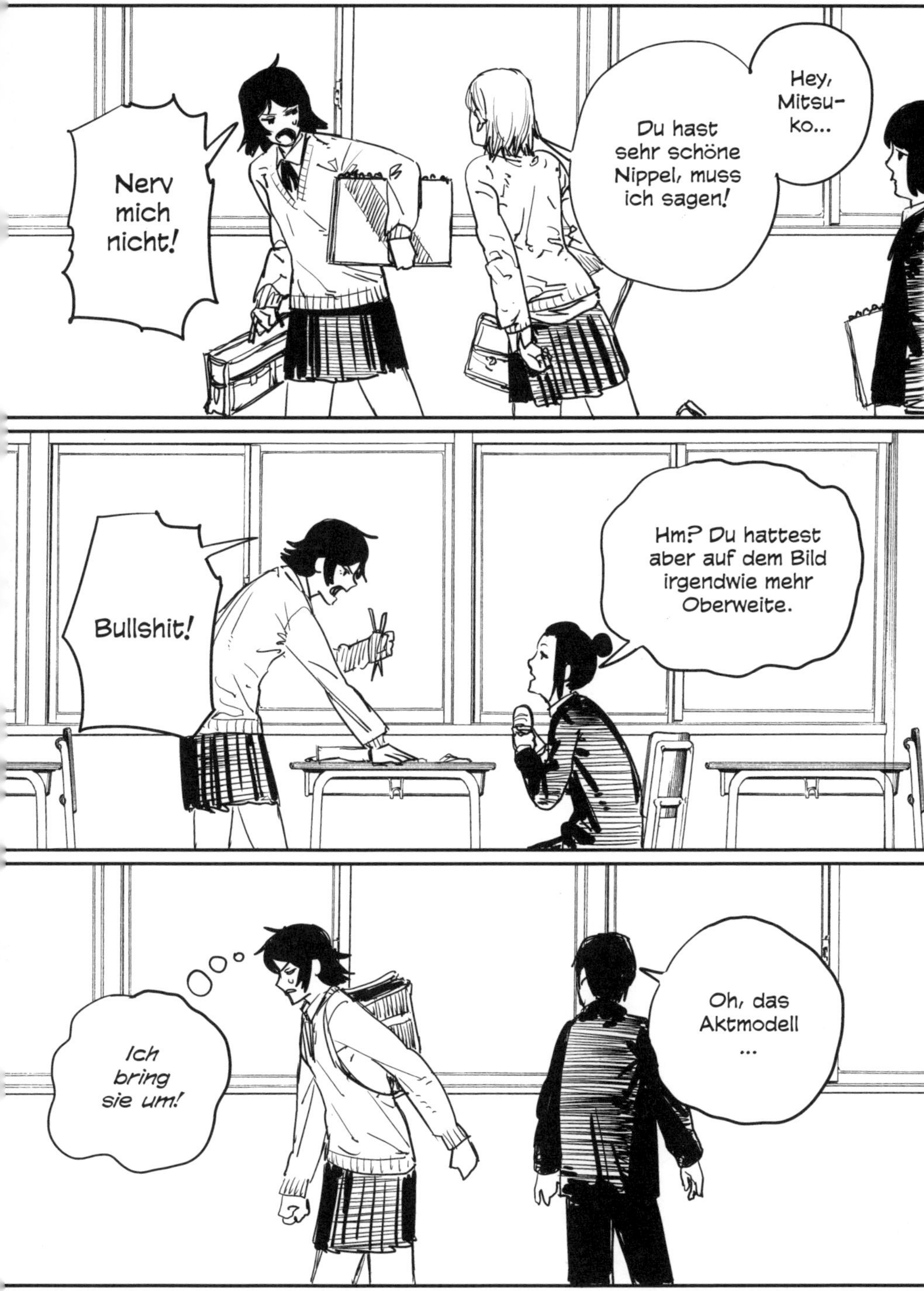
Hey, Mitsuko...
Du hast sehr schöne Nippel, muss ich sagen!
Nerv mich nicht!
Hm? Du hattest aber auf dem Bild irgendwie mehr Oberweite.
Bullshit!
Oh, das Aktmodell ...
Ich bring sie um!

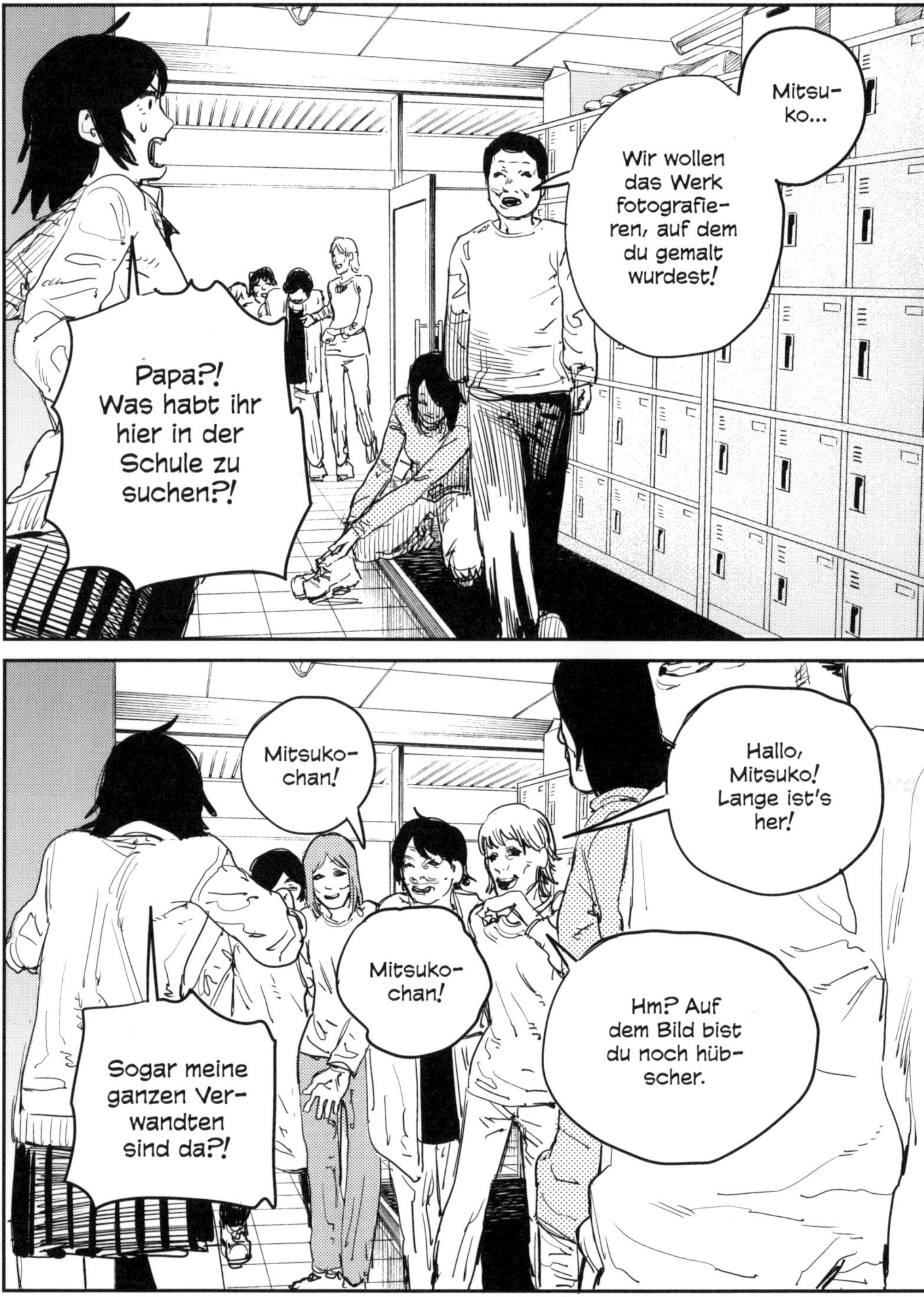
Mitsu-ko...
Wir wollen das Werk fotografie-ren, auf dem du gemalt wurdest!
Papa?! Was habt ihr hier in der Schule zu suchen?!
Hallo, Mitsuko! Lange ist's her!
Mitsuko-chan!
Hm? Auf dem Bild bist du noch hüb-scher.
Mitsuko-chan!
Sogar meine ganzen Ver-wandten sind da?!

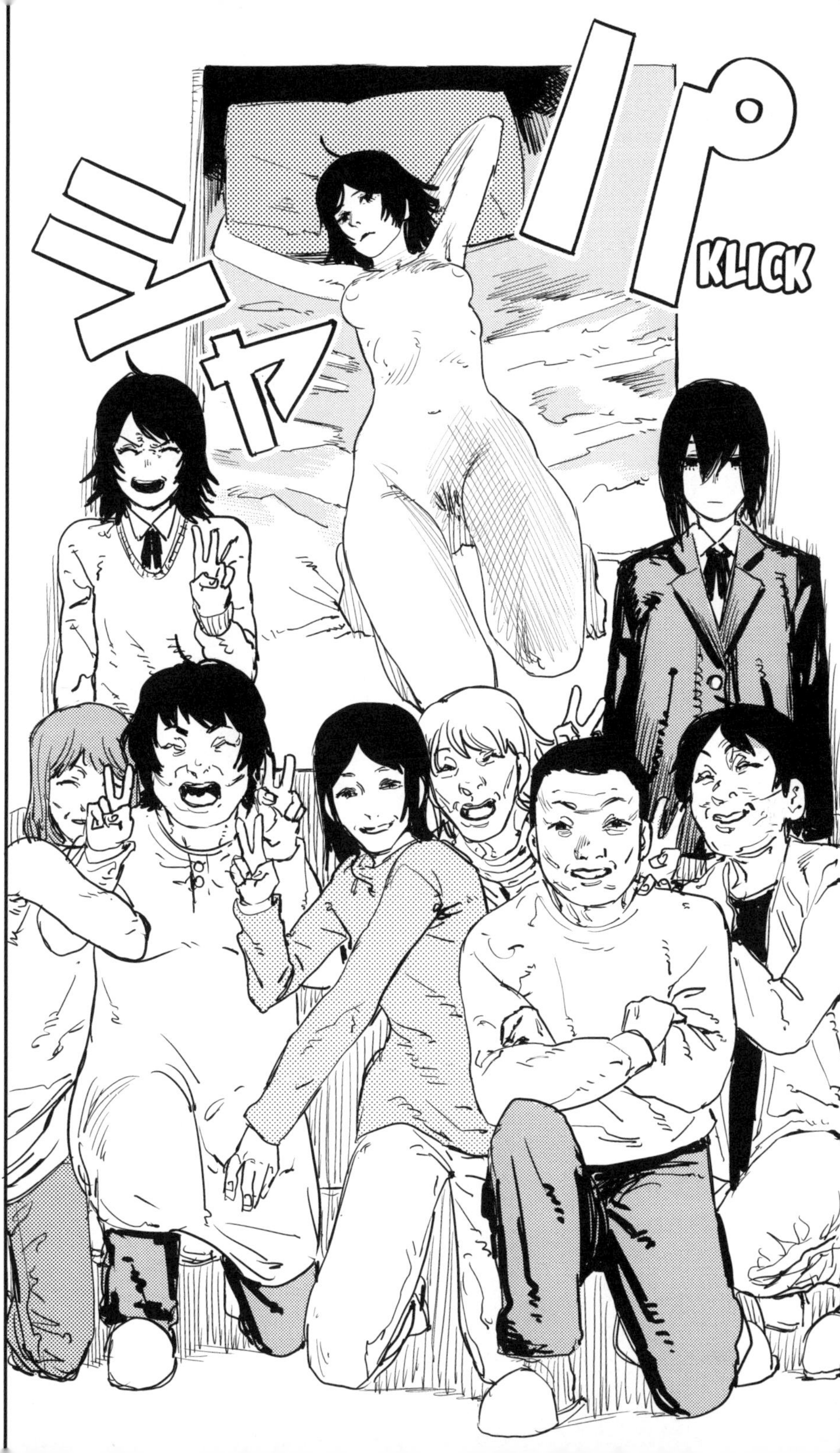
KLICK

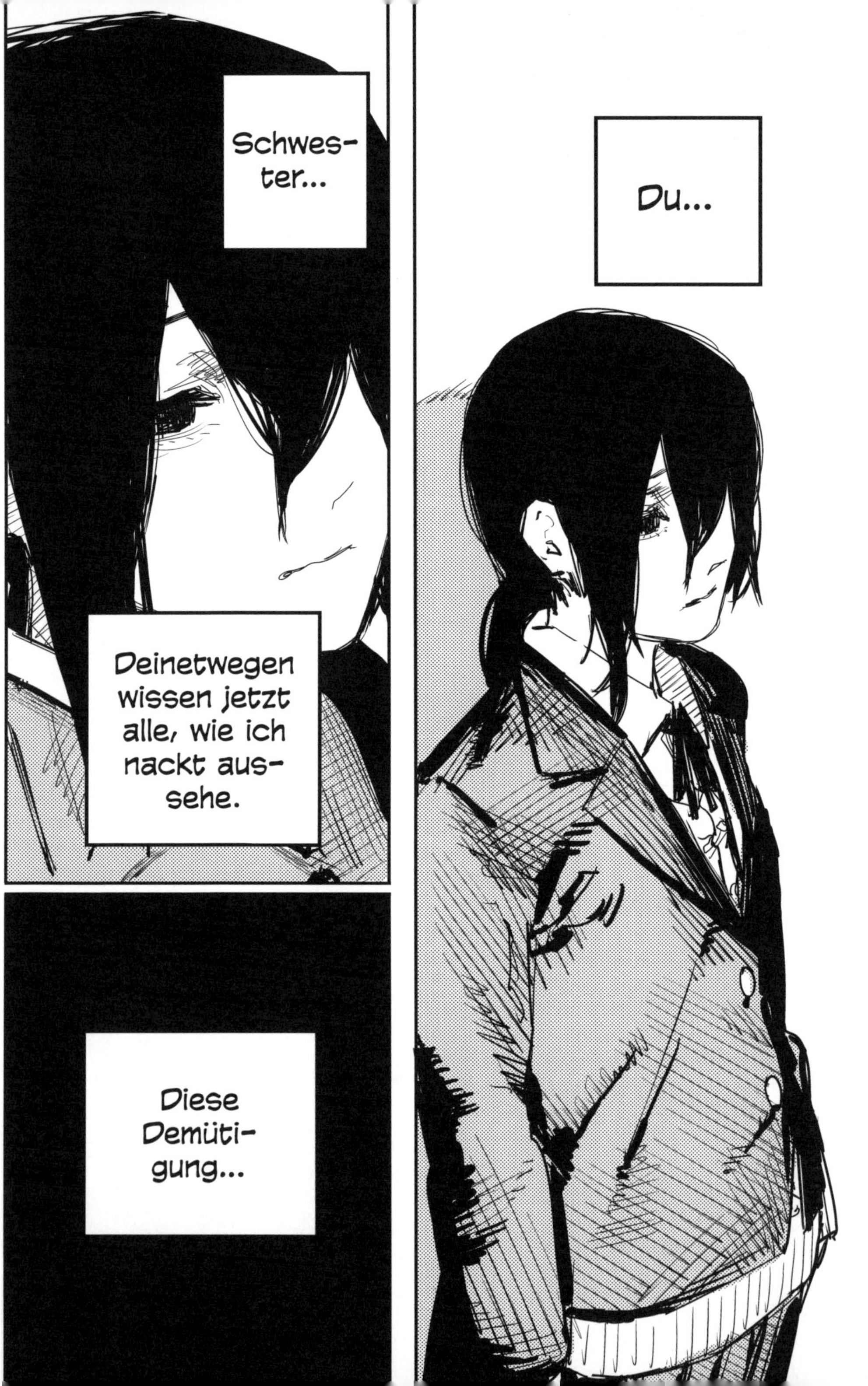
Du...
Schwester...
Deinetwegen wissen jetzt alle, wie ich nackt aussehe.
Diese Demütigung...

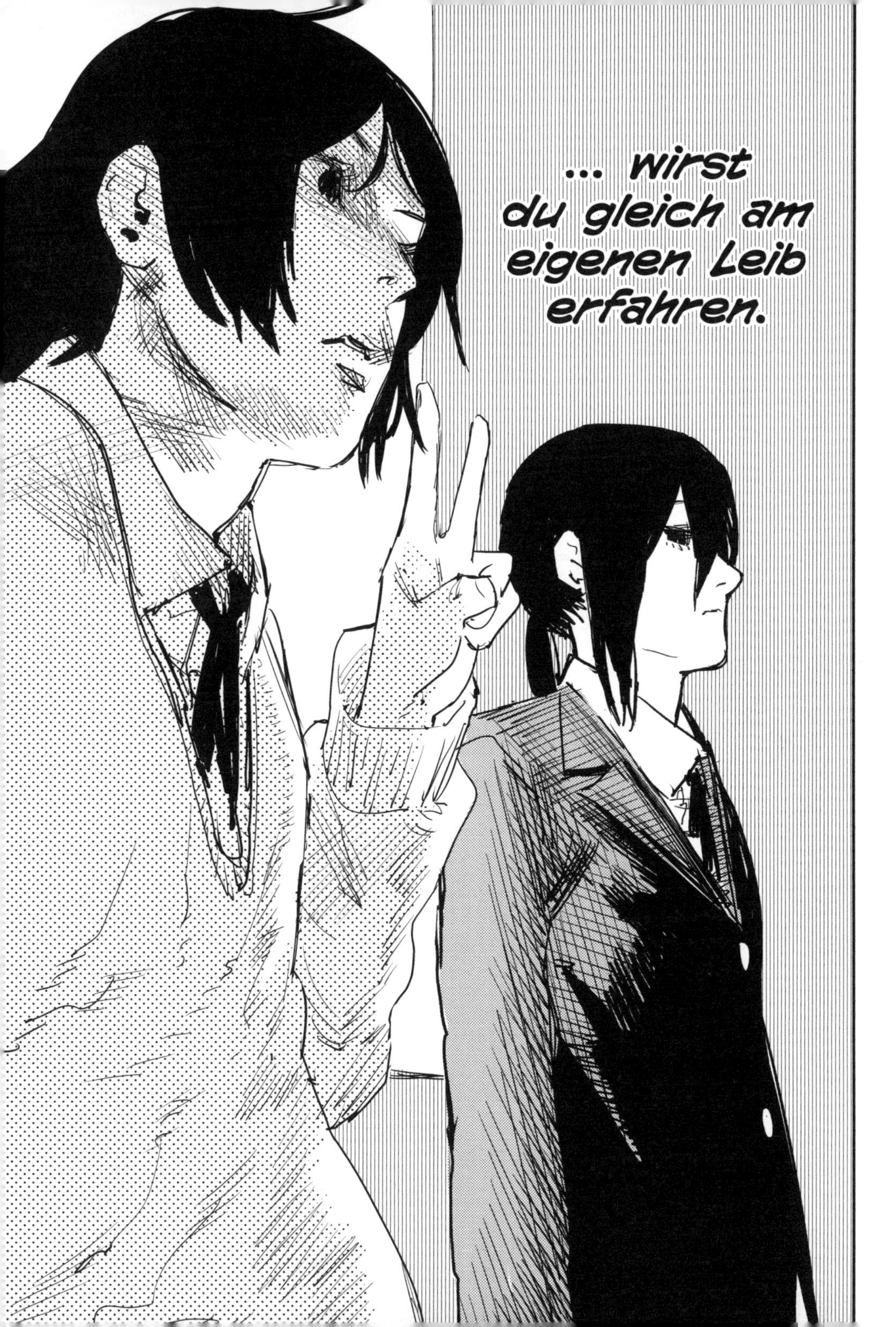
... wirst du gleich am eigenen Leib erfahren.

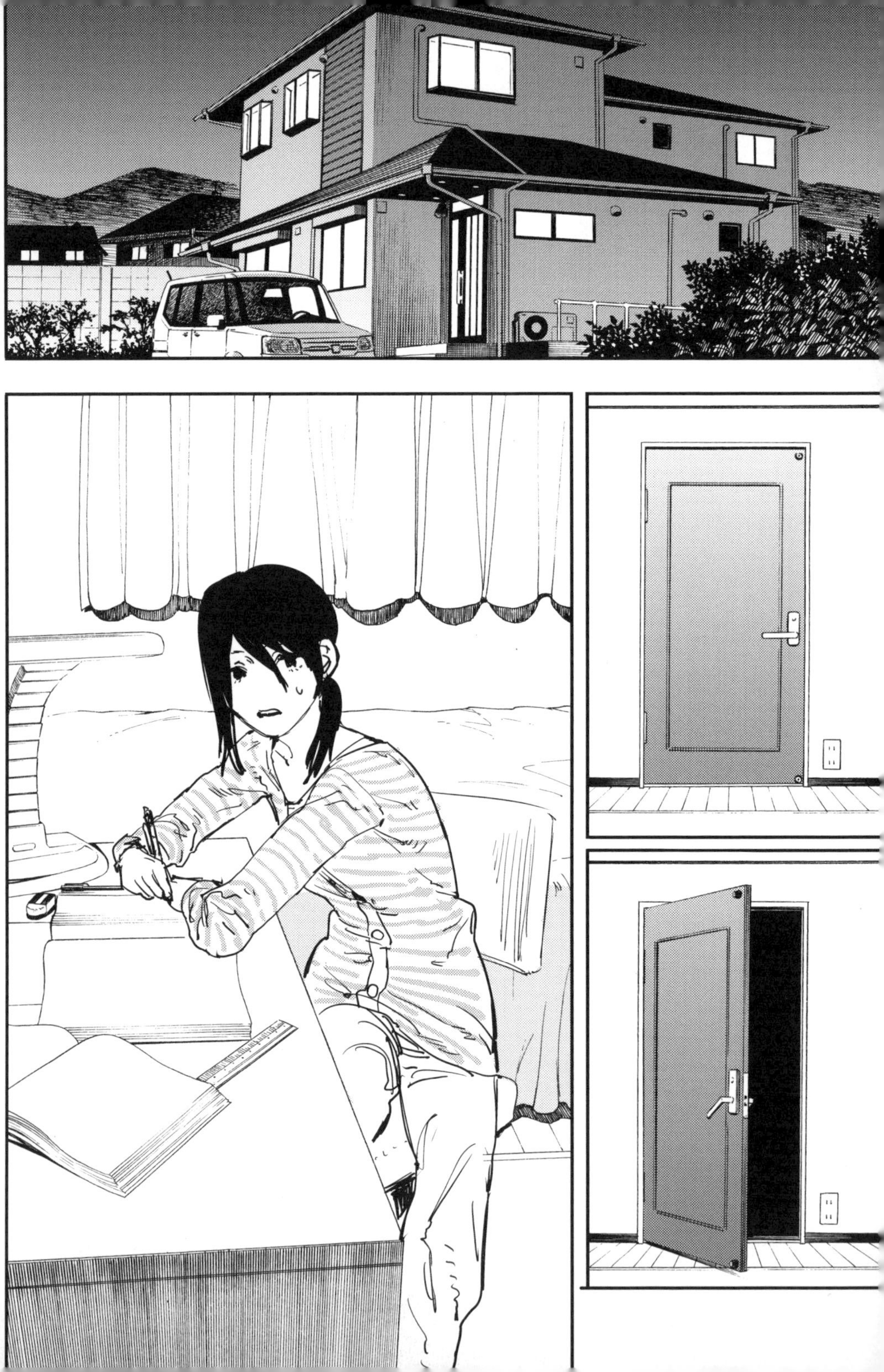

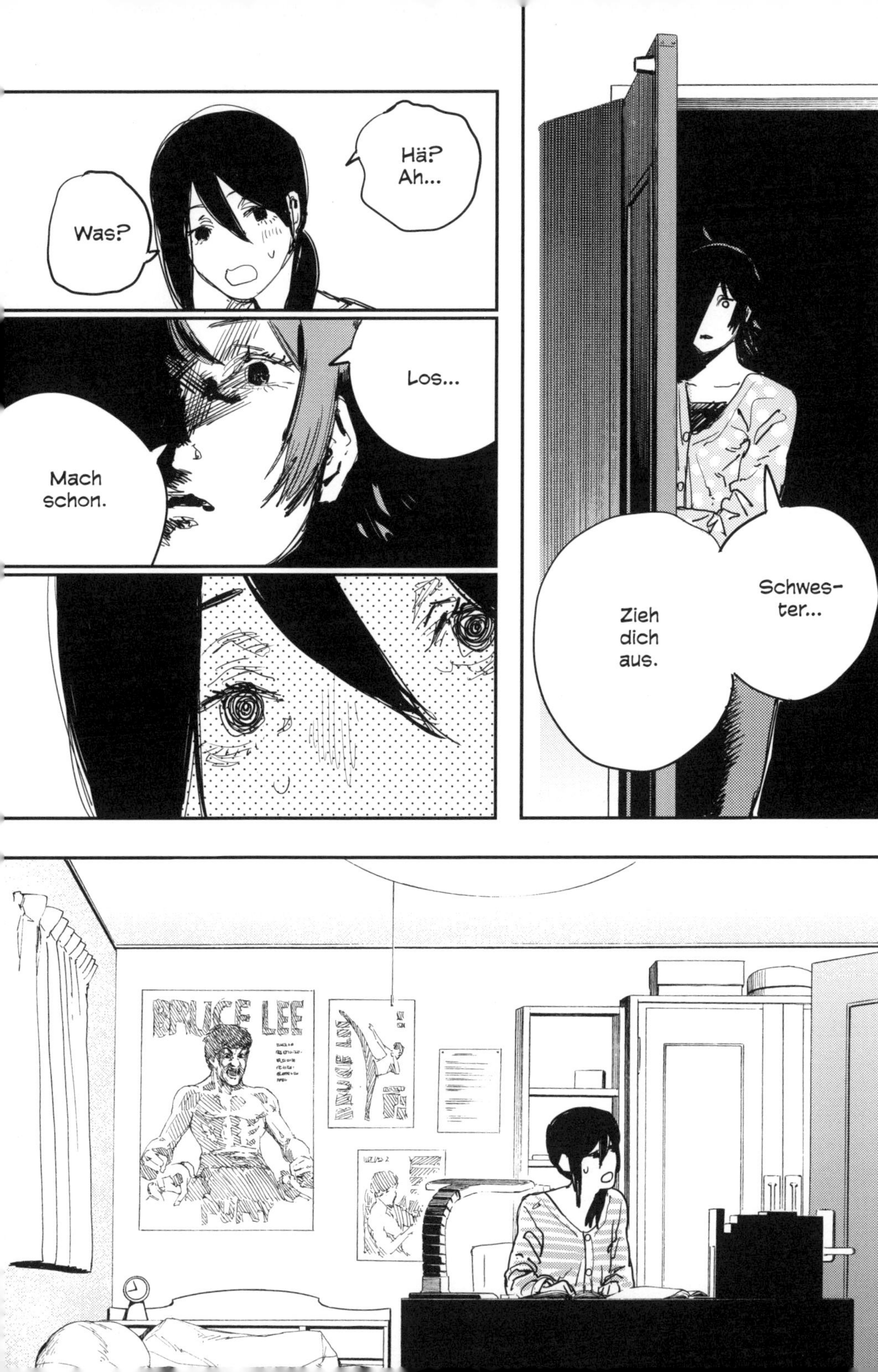
Schwes-ter...
Zieh dich aus.
Hä? Ah...
Was?
Los...
Mach schon.
BRUCE LEE

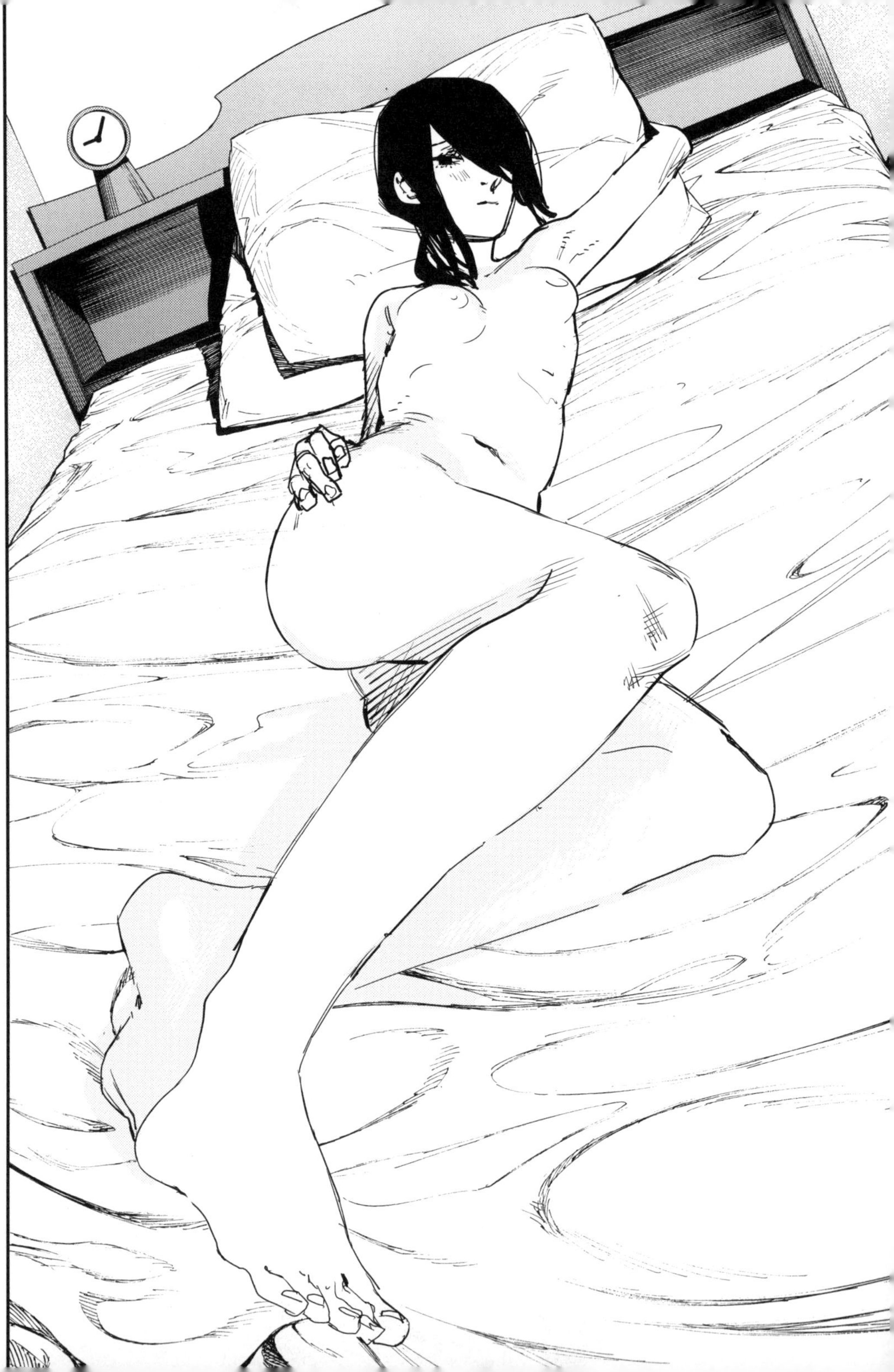

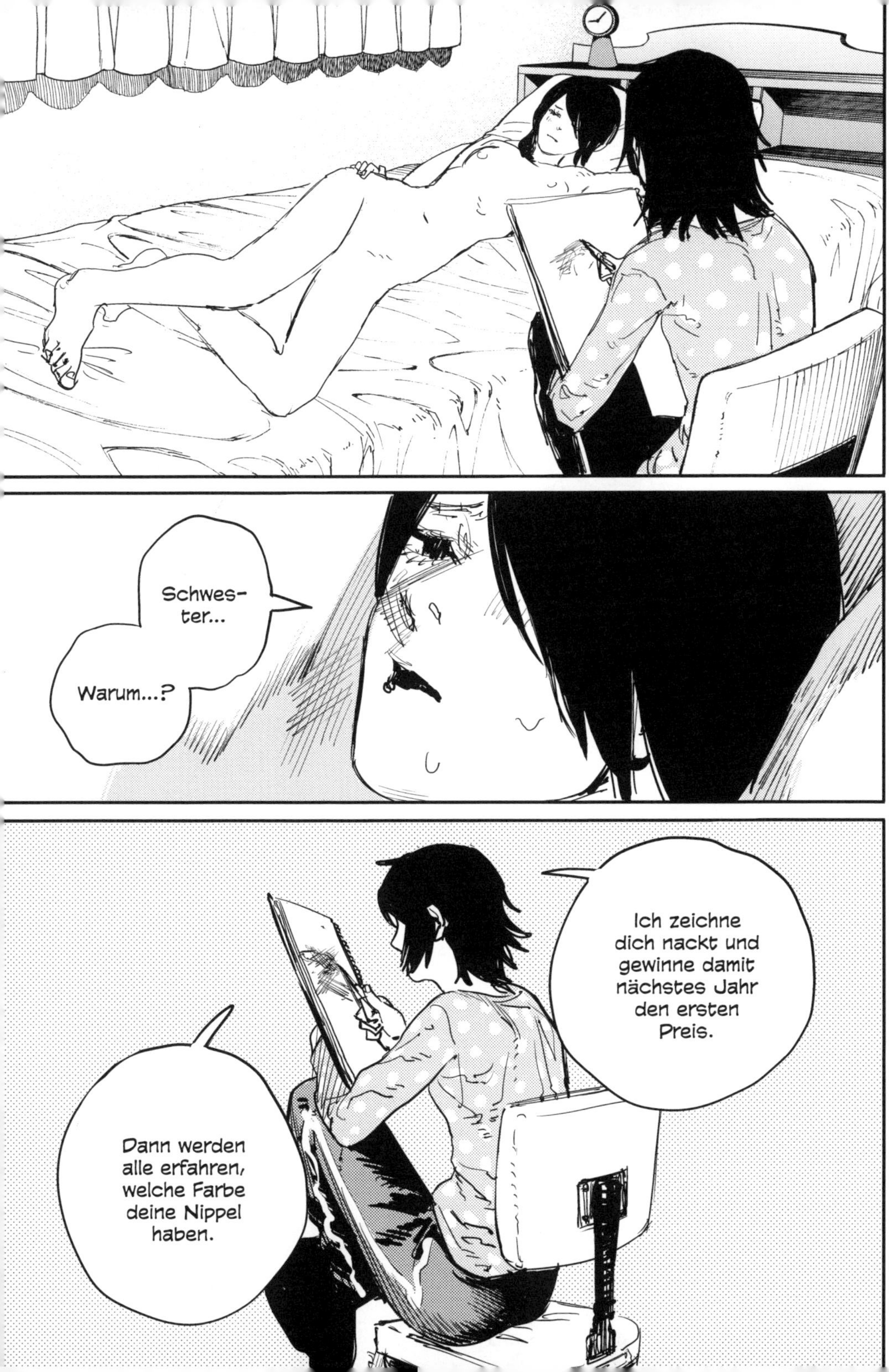
Schwester...
Warum...?
Ich zeichne dich nackt und gewinne damit nächstes Jahr den ersten Preis.
Dann werden alle erfahren, welche Farbe deine Nippel haben.

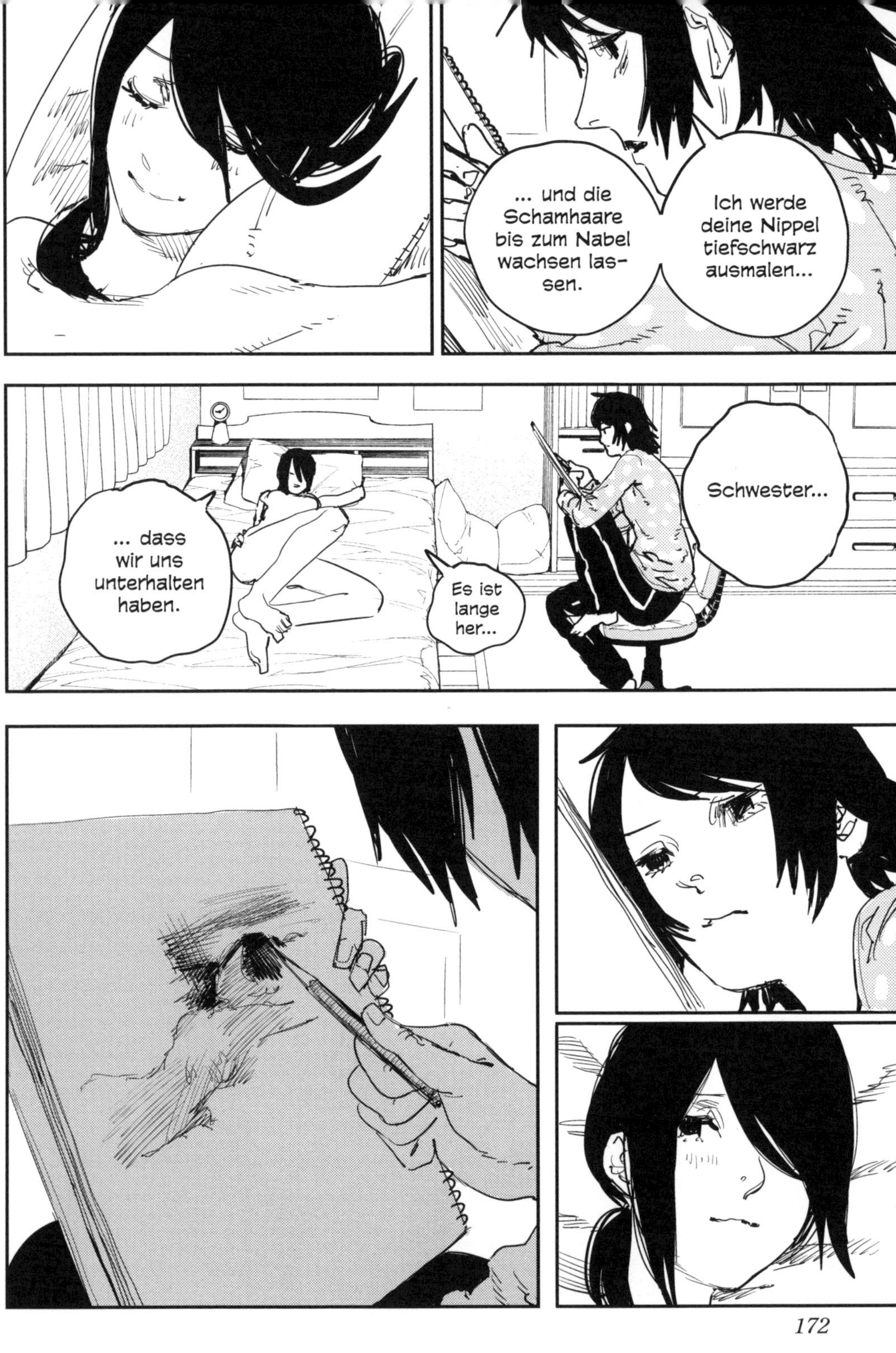
Ich werde deine Nippel tiefschwarz ausmalen...
... und die Schamhaare bis zum Nabel wachsen las- sen.
Schwester...
Es ist lange her...
... dass wir uns unterhalten haben.

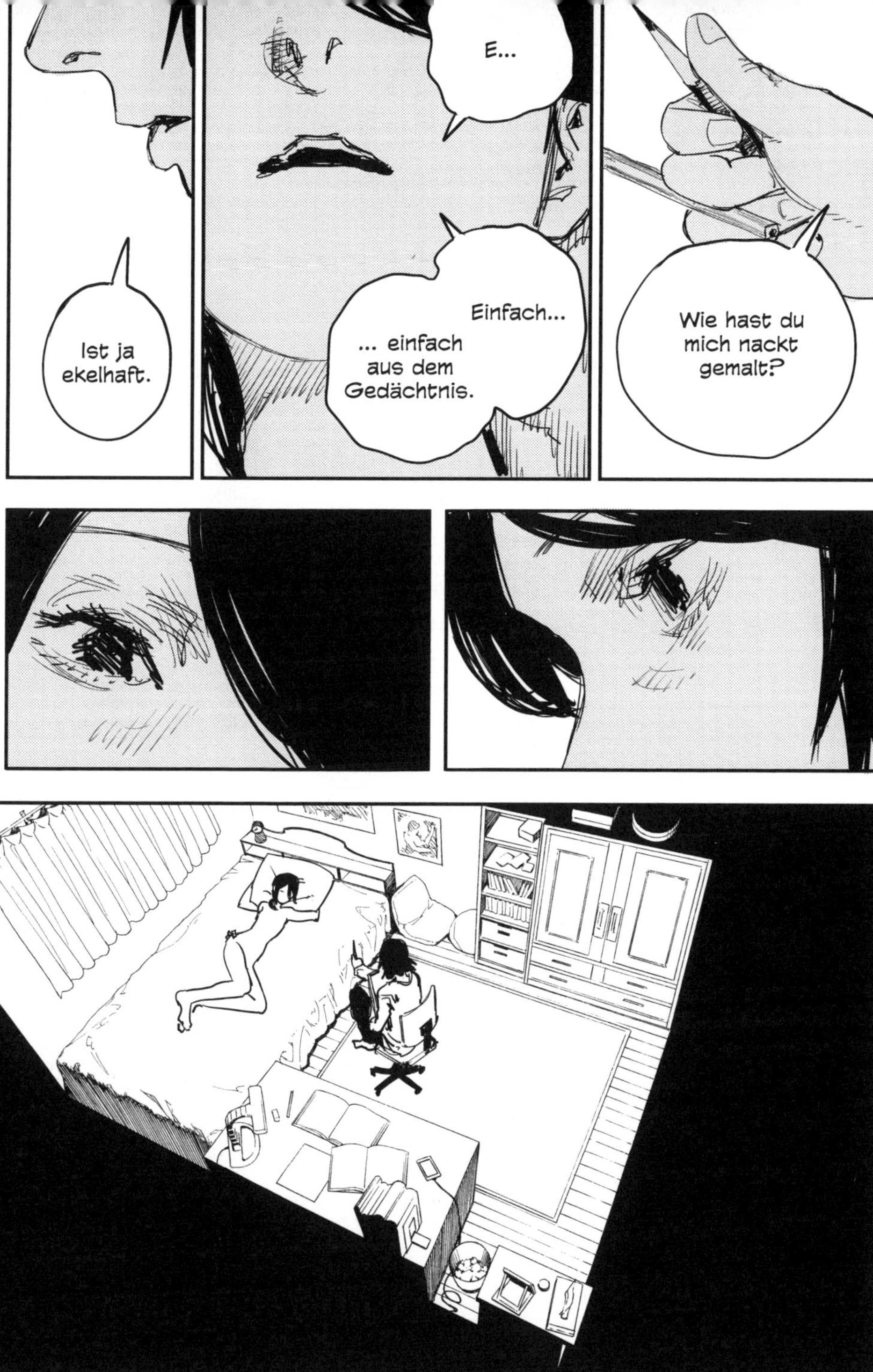
Wie hast du mich nackt gemalt?
E...
Einfach...
... einfach aus dem Gedächtnis.
Ist ja ekelhaft.

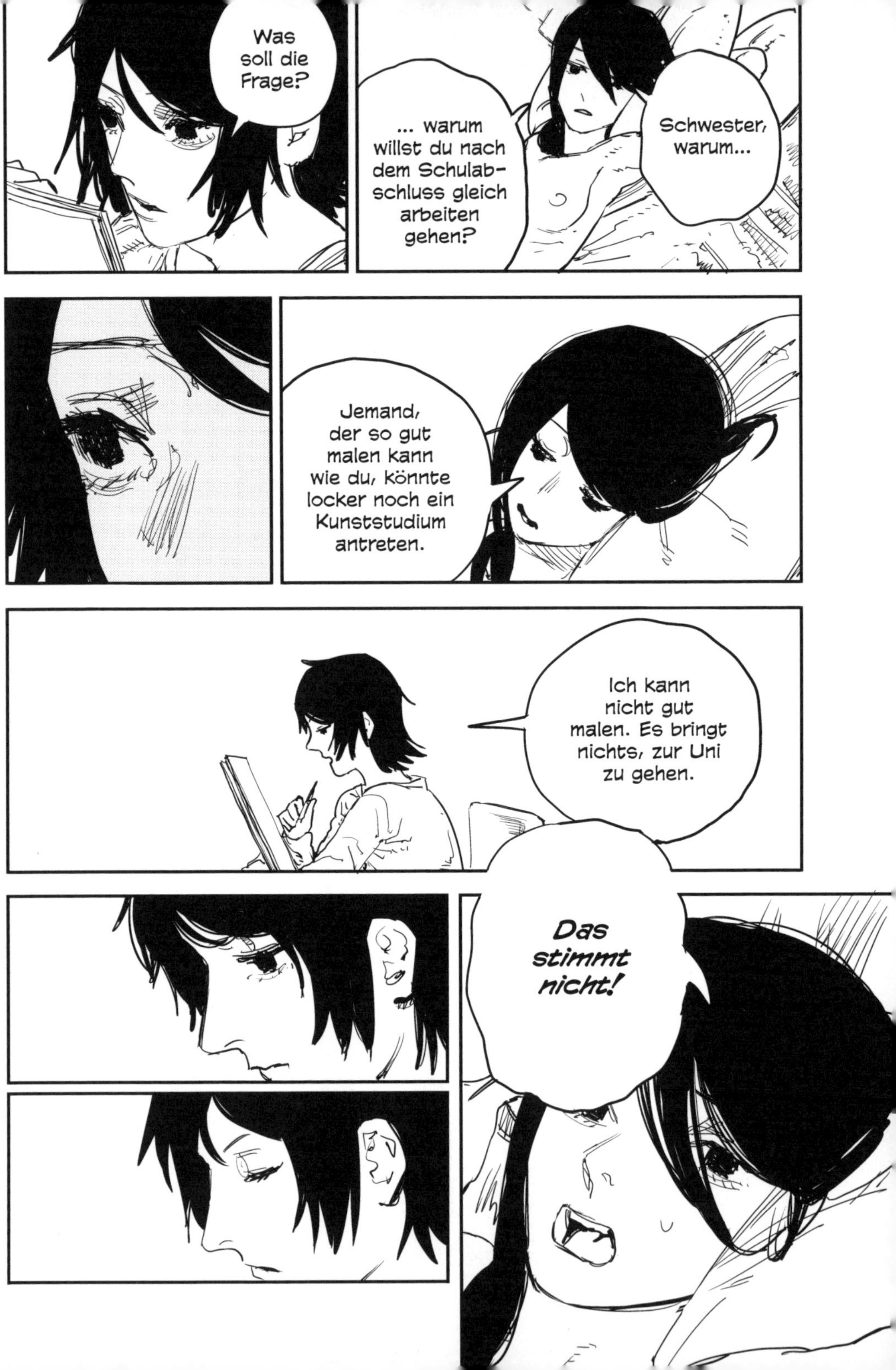
Schwester, warum...
... warum willst du nach dem Schulabschluss gleich arbeiten gehen?
Was soll die Frage?
Jemand, der so gut malen kann wie du, könnte locker noch ein Kunststudium antreten.
Ich kann nicht gut malen. Es bringt nichts, zur Uni zu gehen.
Das stimmt nicht!

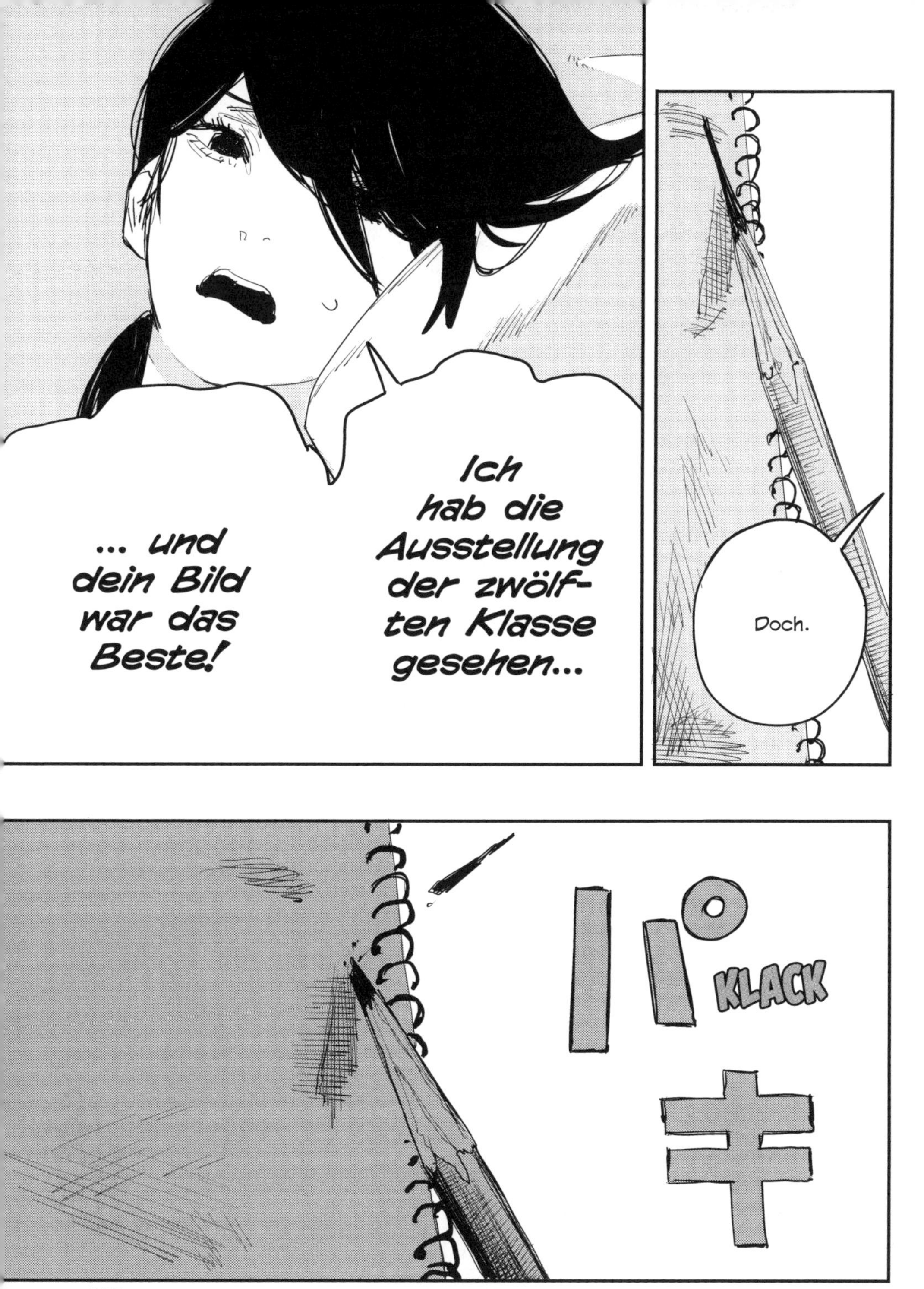
Doch.
Ich hab die Ausstellung der zwölften Klasse gesehen...
... und dein Bild war das Beste!
パキ
KLACK

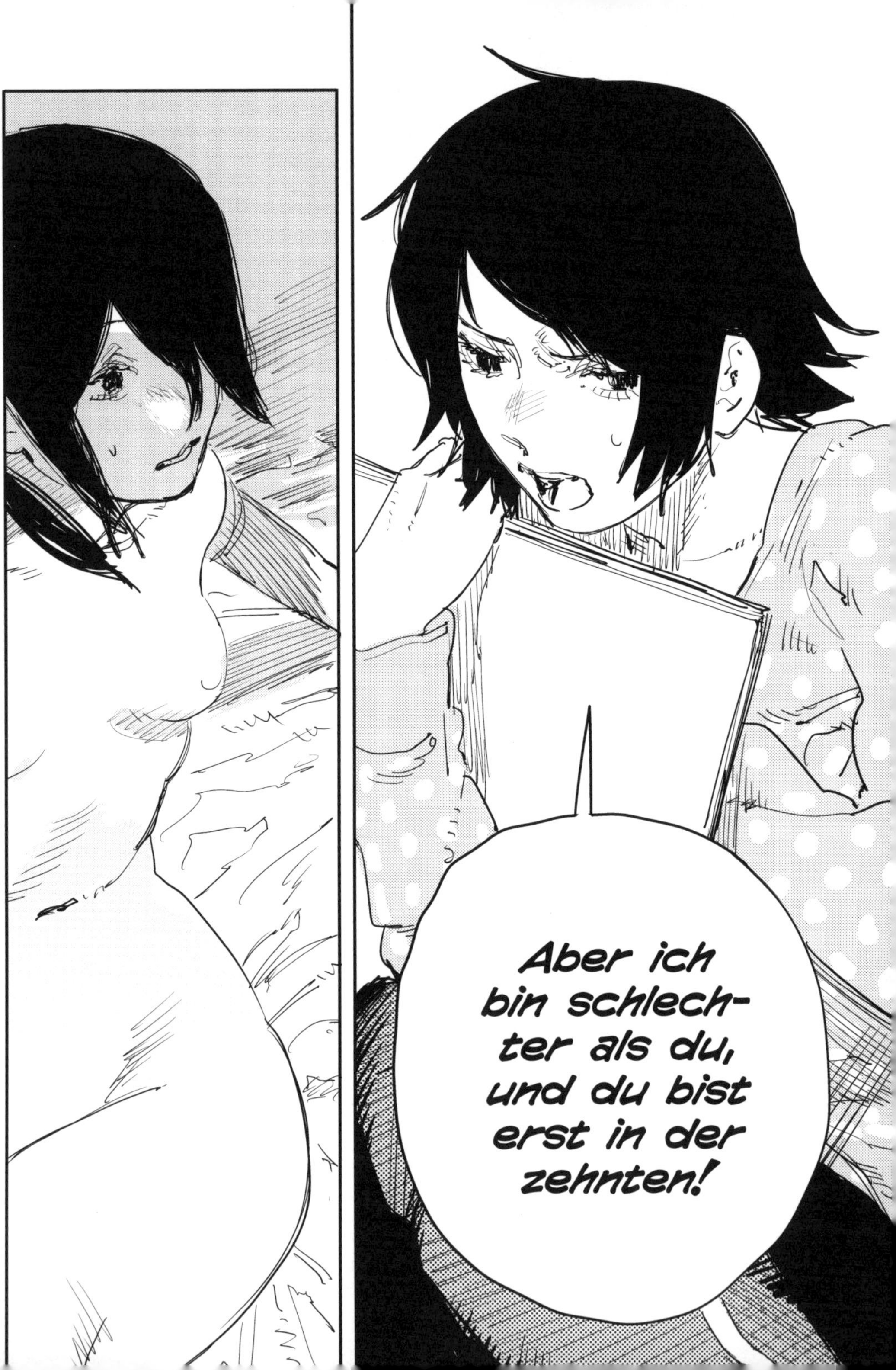
Aber ich bin schlechter als du, und du bist erst in der zehnten!

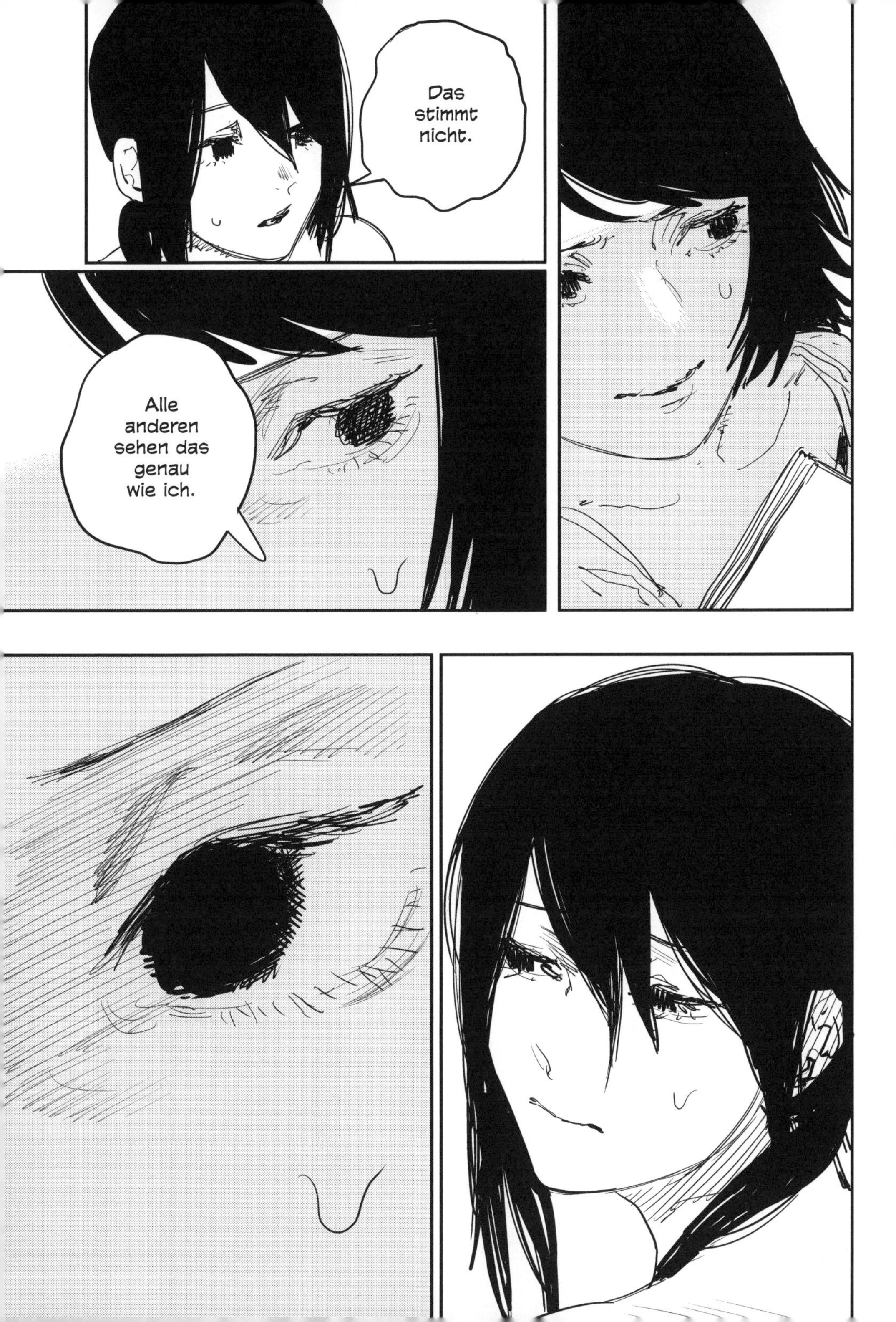
Das stimmt nicht.
Alle anderen sehen das genau wie ich.

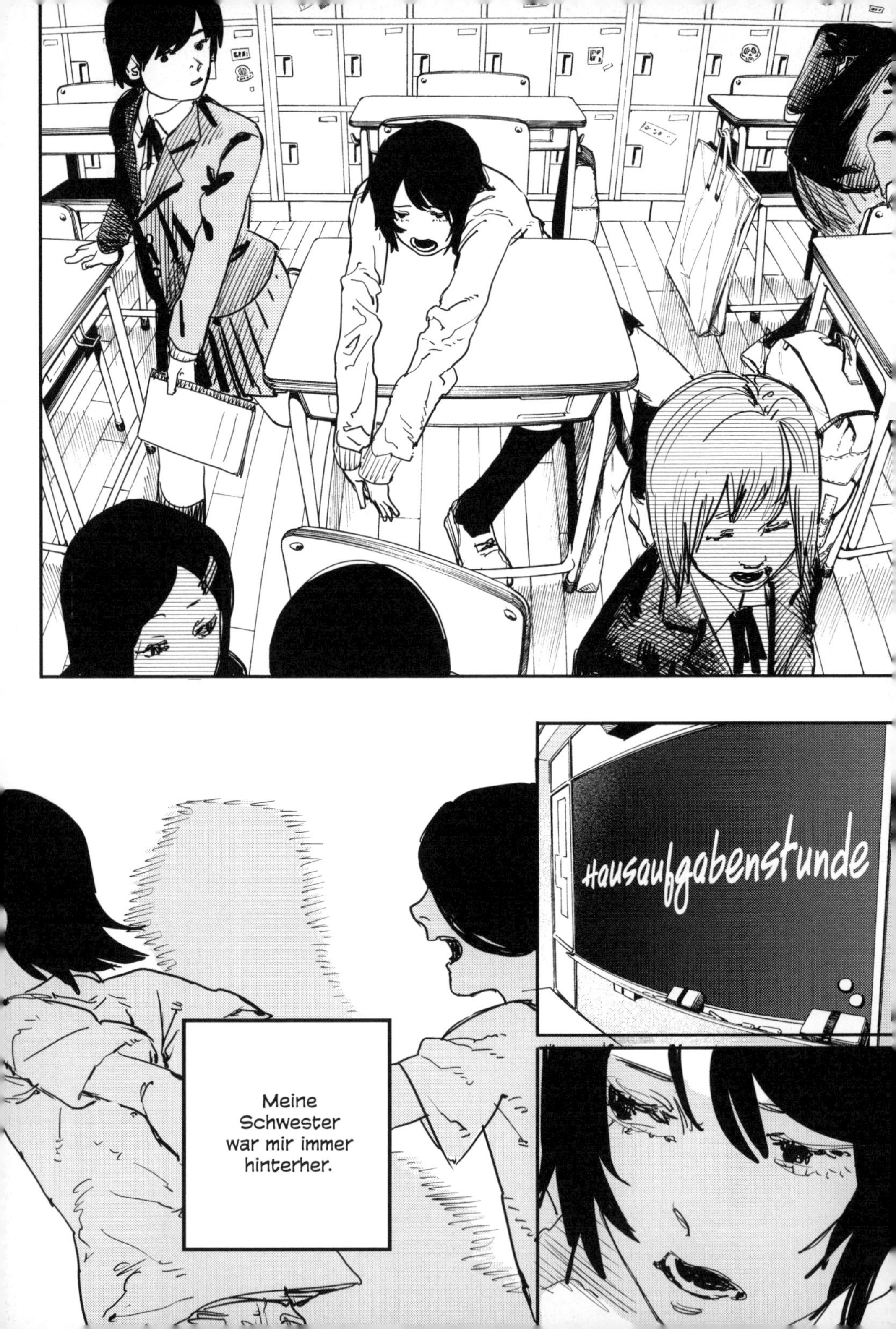
Hausaufgabenstunde
Meine Schwester war mir immer hinterher.

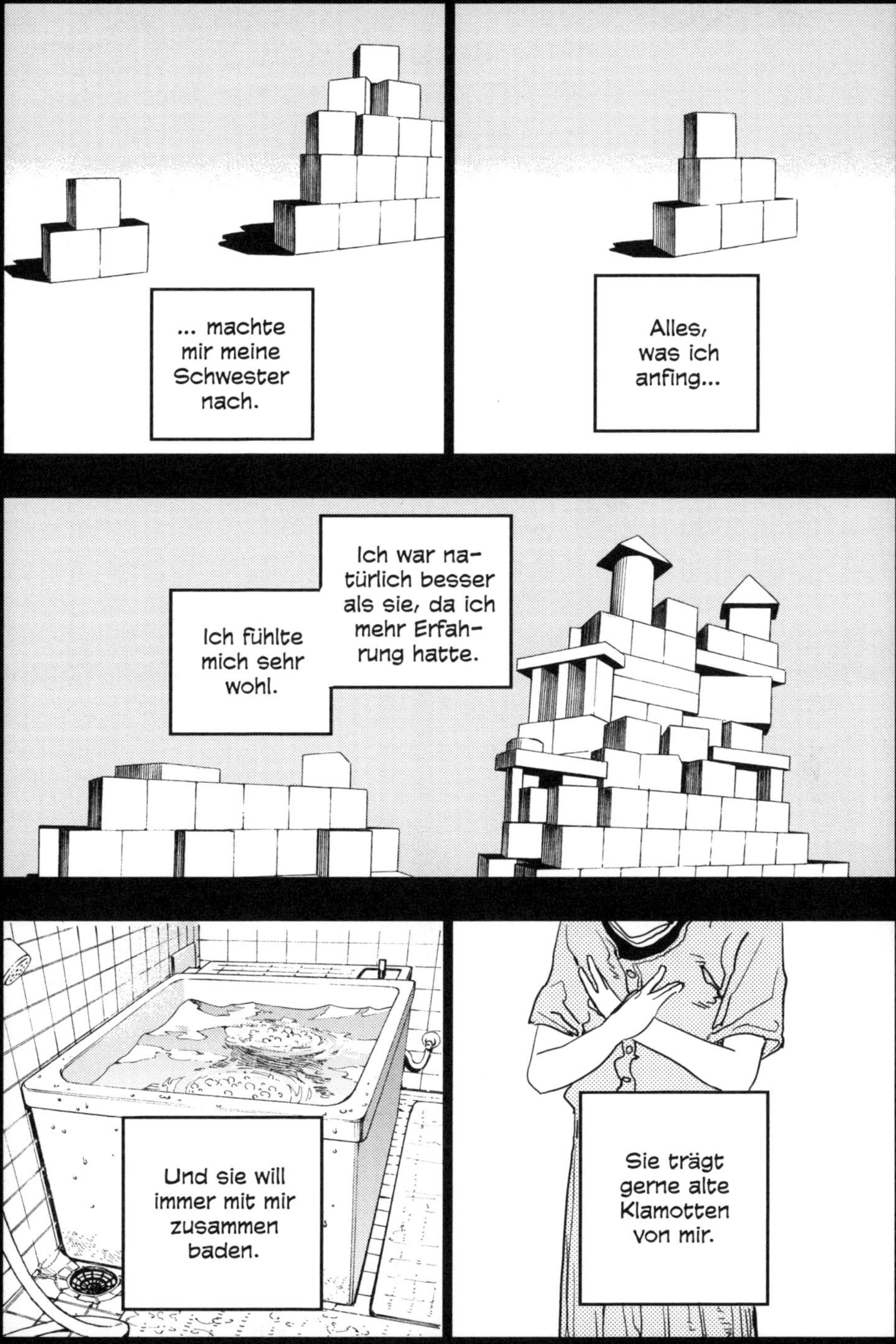
Alles, was ich anfing...
... machte mir meine Schwester nach.
Ich war natürlich besser als sie, da ich mehr Erfahrung hatte.
Ich fühlte mich sehr wohl.
Sie trägt gerne alte Klamotten von mir.
Und sie will immer mit mir zusammen baden.

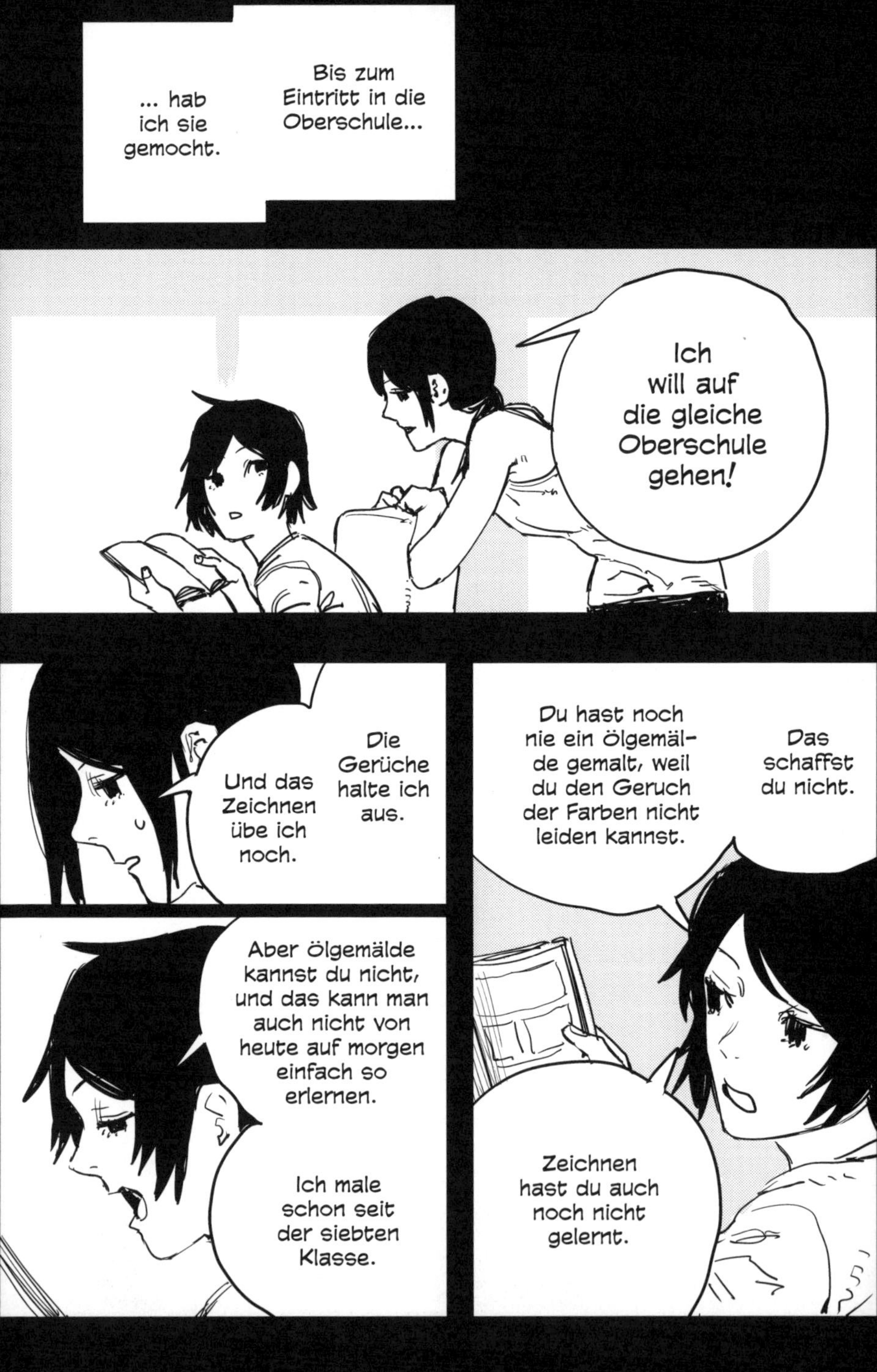
Bis zum Eintritt in die Oberschule...
... hab ich sie gemocht.
Ich will auf die gleiche Oberschule gehen!
Das schaffst du nicht.
Du hast noch nie ein Ölgemälde gemalt, weil du den Geruch der Farben nicht leiden kannst.
Die Gerüche halte ich aus.
Und das Zeichnen übe ich noch.
Zeichnen hast du auch noch nicht gelernt.
Aber Ölgemälde kannst du nicht, und das kann man auch nicht von heute auf morgen einfach so erlernen.
Ich male schon seit der siebten Klasse.

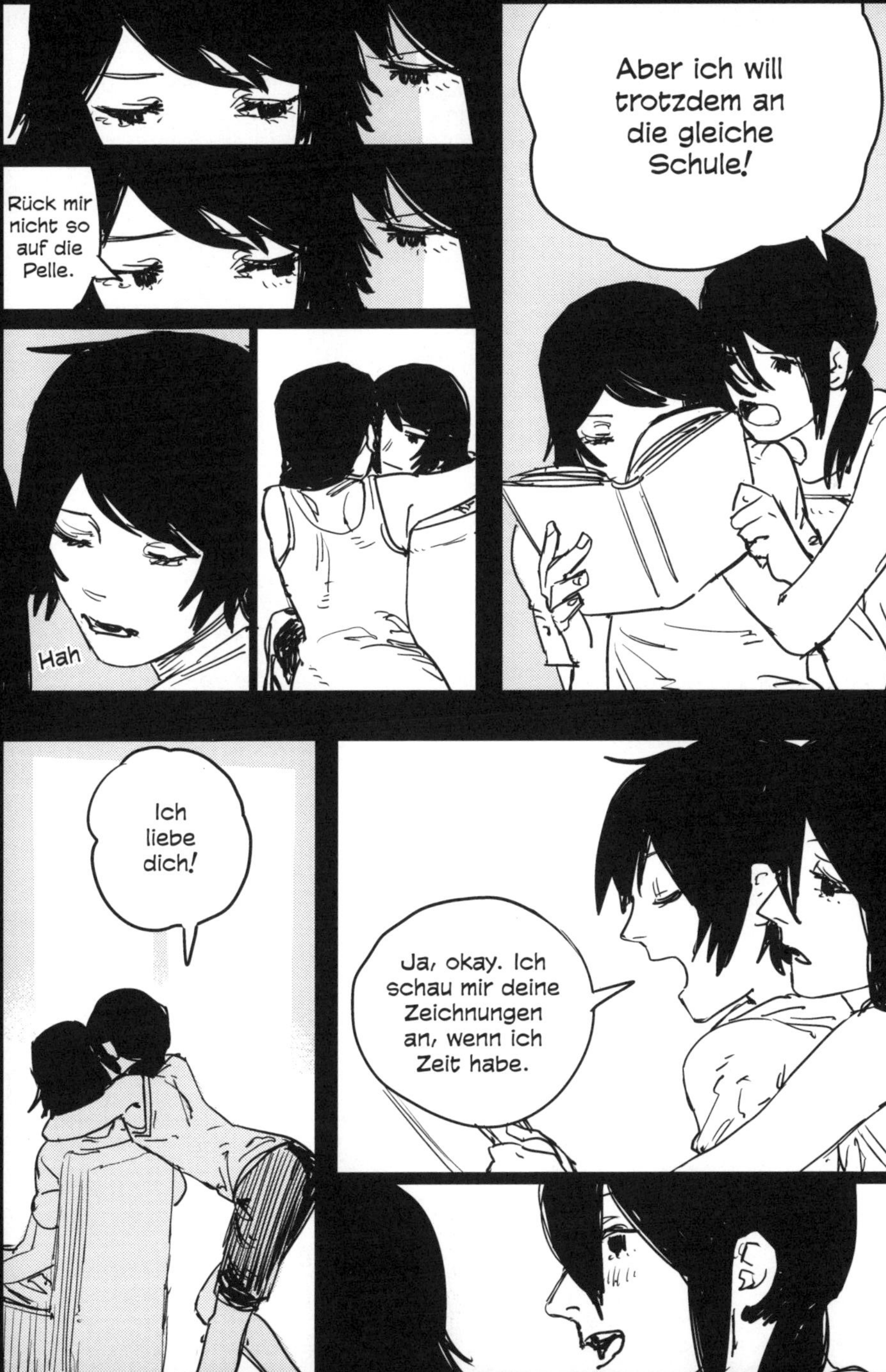
Aber ich will trotzdem an die gleiche Schule!
Rück mir nicht so auf die Pelle.
Hah
Ich liebe dich!
Ja, okay. Ich schau mir deine Zeichnungen an, wenn ich Zeit habe.

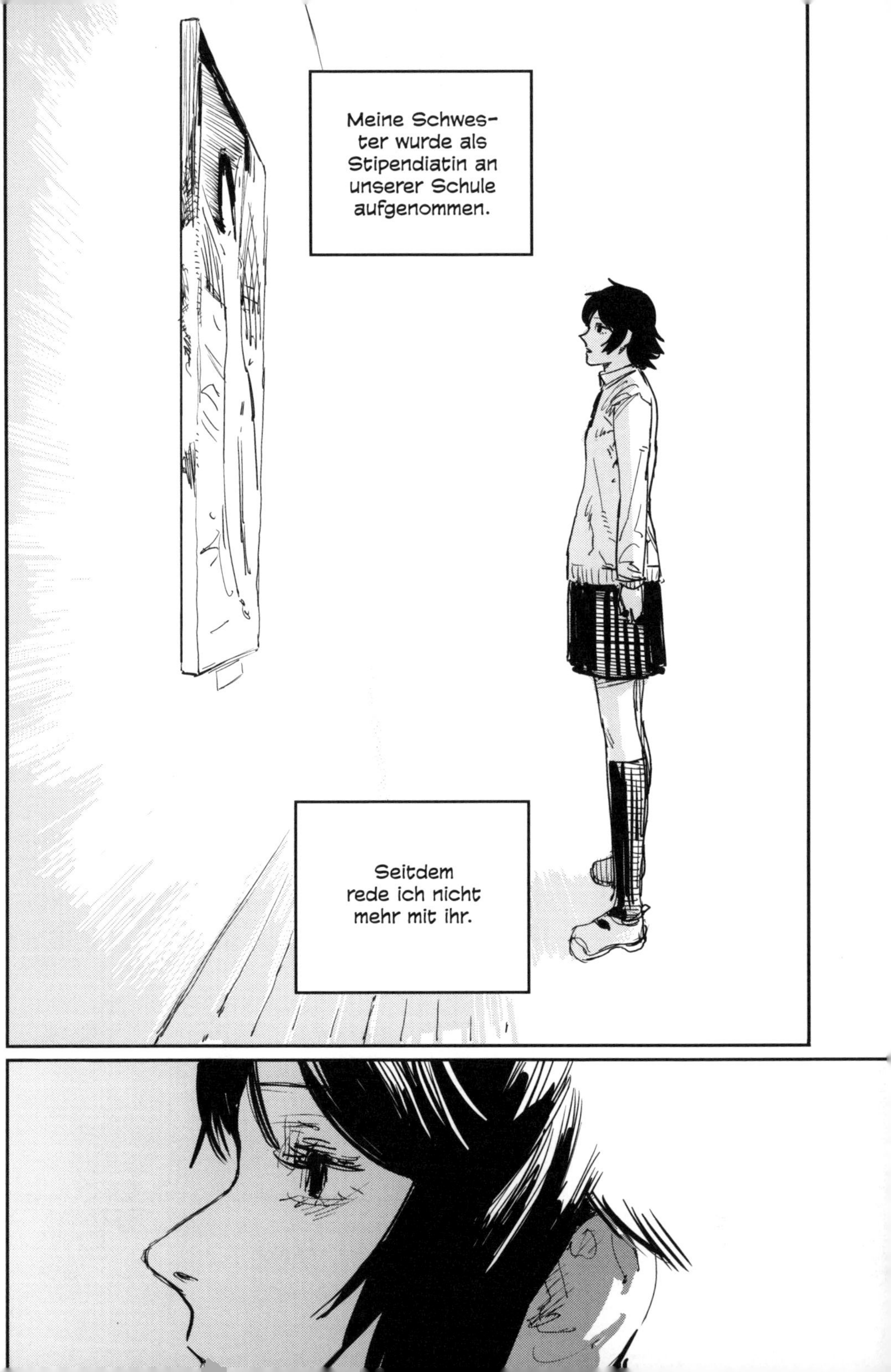
Meine Schwester wurde als Stipendiatin an unserer Schule aufgenommen.
Seitdem rede ich nicht mehr mit ihr.

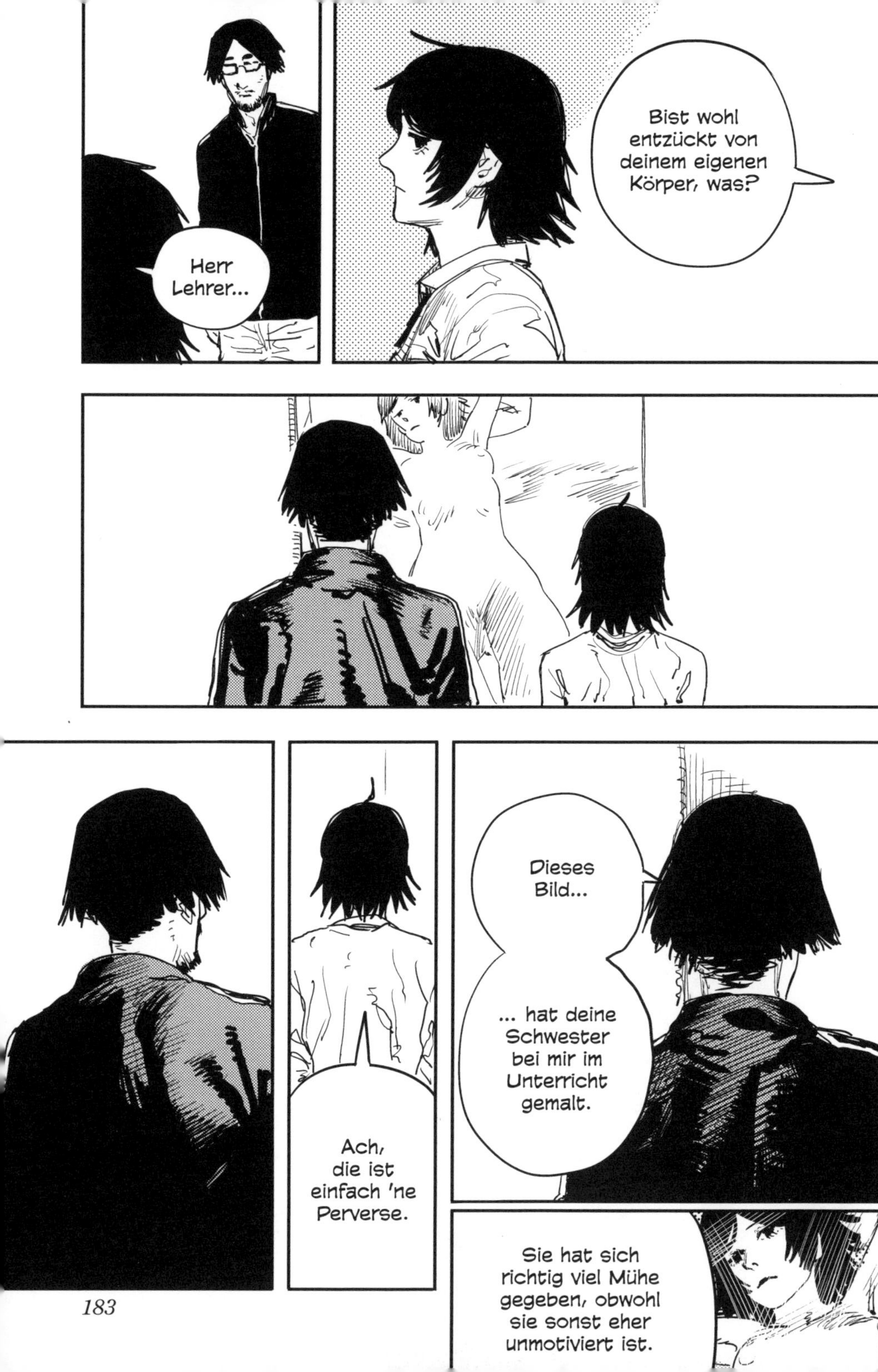
Bist wohl entzückt von deinem eigenen Körper, was?
Herr Lehrer...
Dieses Bild...
... hat deine Schwester bei mir im Unterricht gemalt.
Sie hat sich richtig viel Mühe gegeben, obwohl sie sonst eher unmotiviert ist.
Ach, die ist einfach 'ne Perverse.

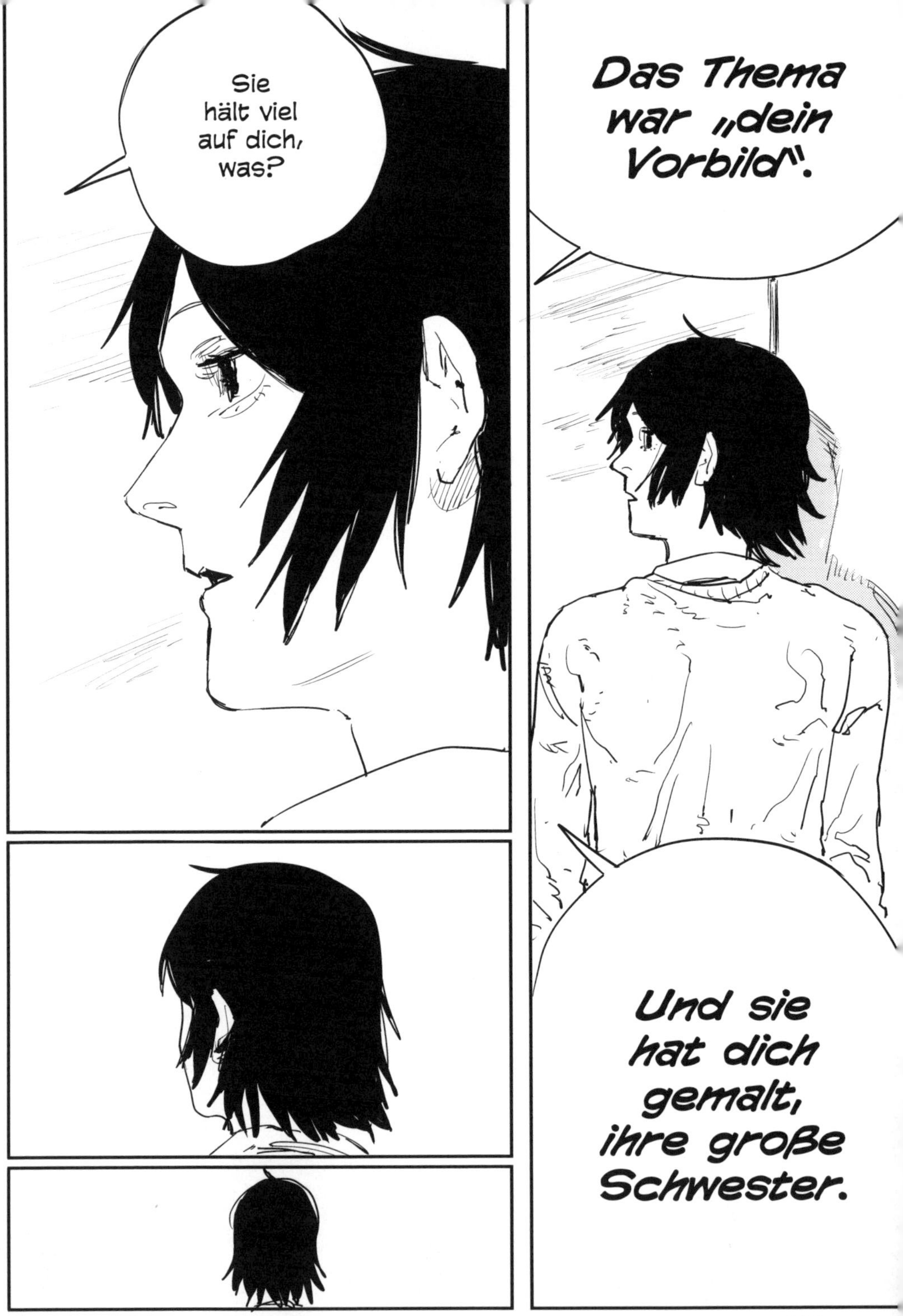
Das Thema war „dein Vorbild“.
Sie hält viel auf dich, was?
Und sie hat dich gemalt, ihre große Schwester.

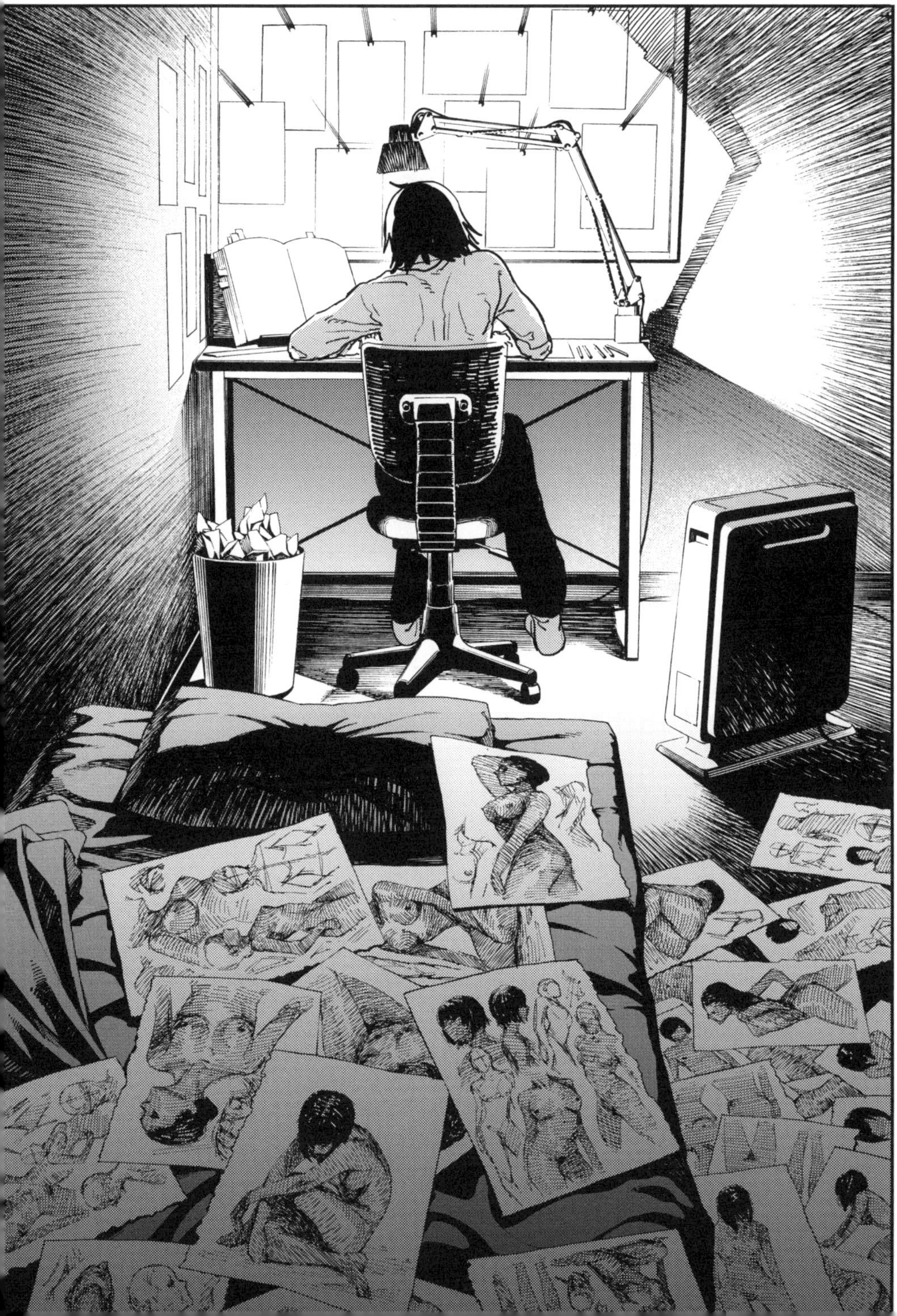

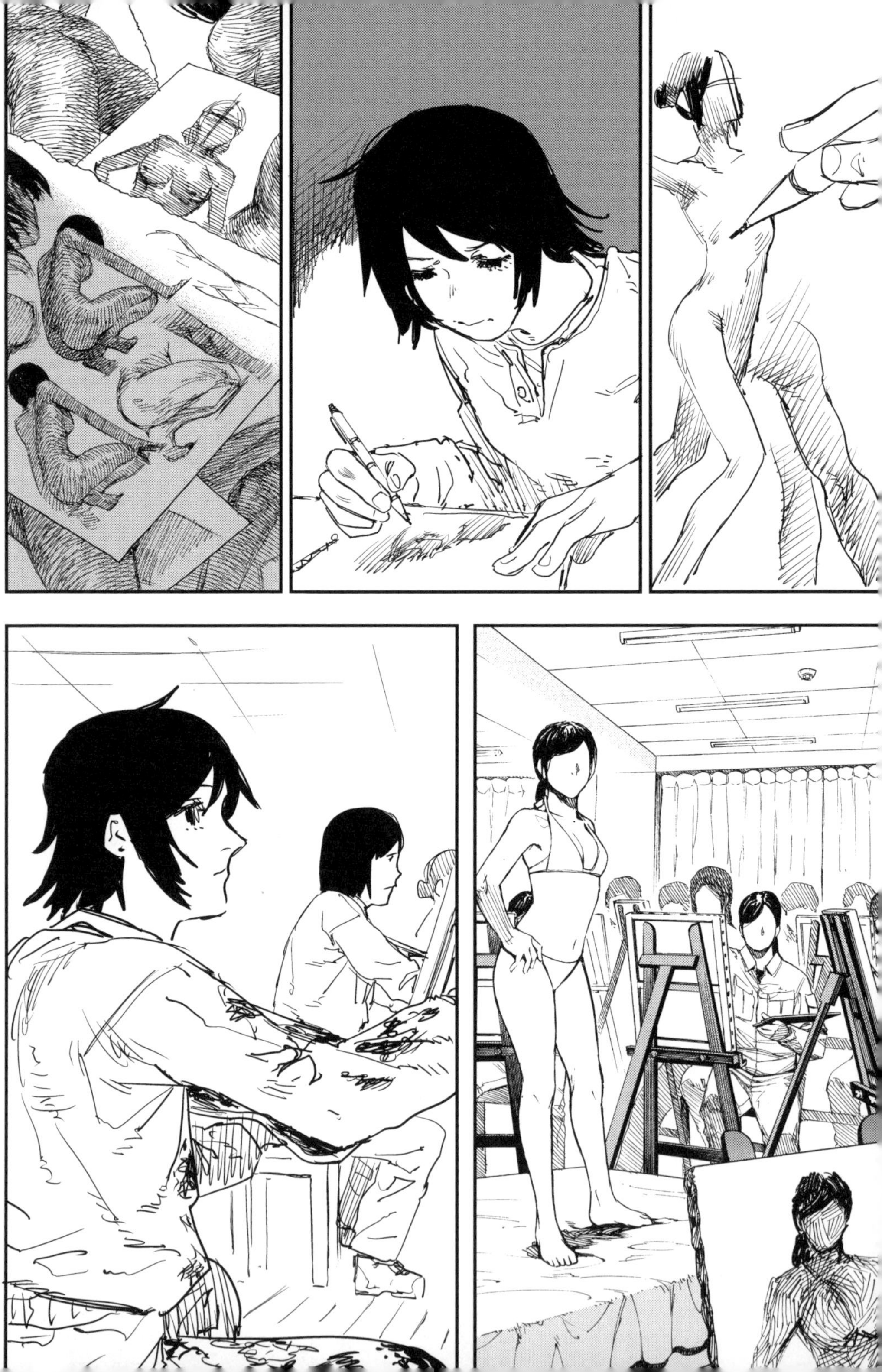

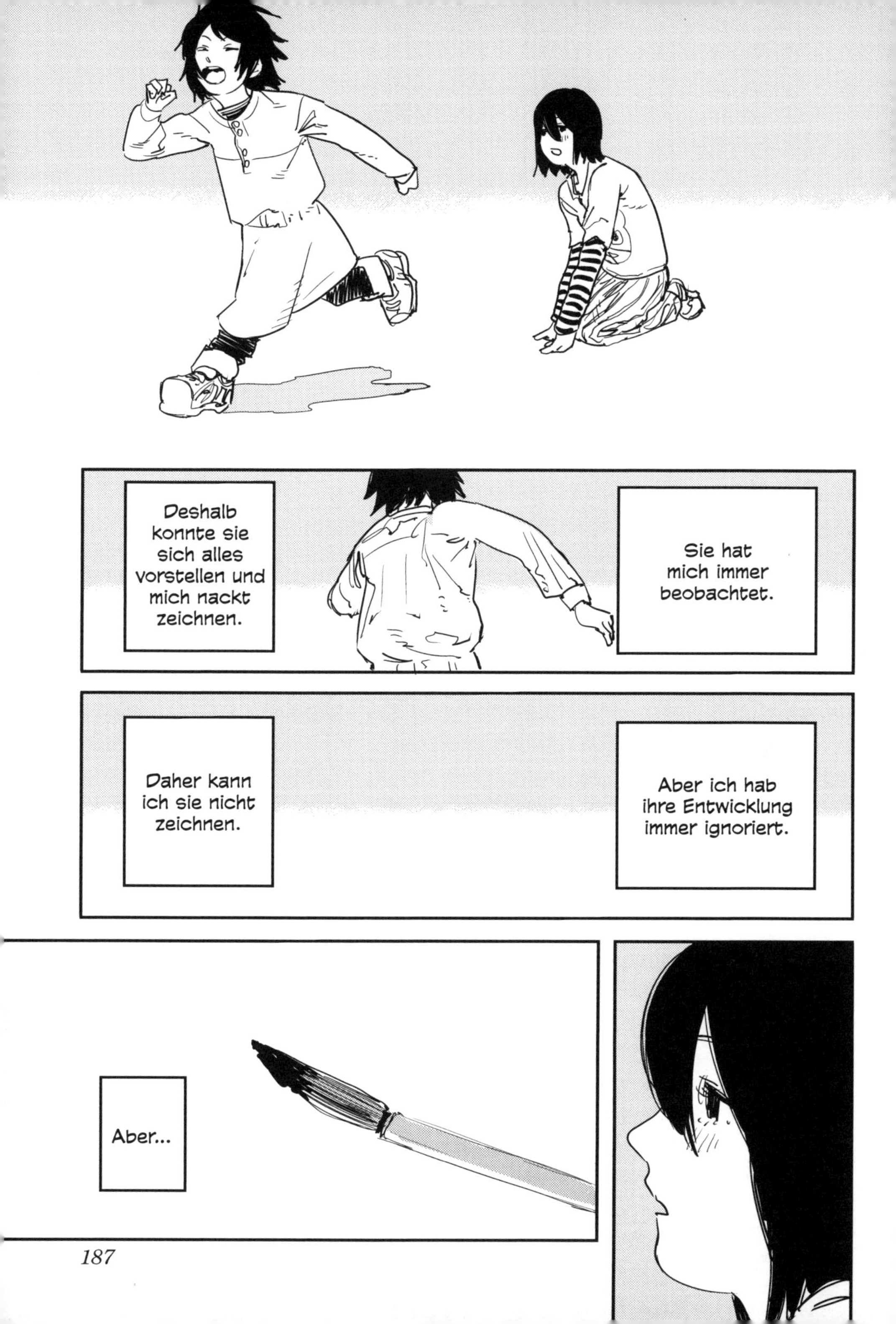
Sie hat mich immer beobachtet.
Deshalb konnte sie sich alles vorstellen und mich nackt zeichnen.
Aber ich hab ihre Entwicklung immer ignoriert.
Daher kann ich sie nicht zeichnen.
Aber...

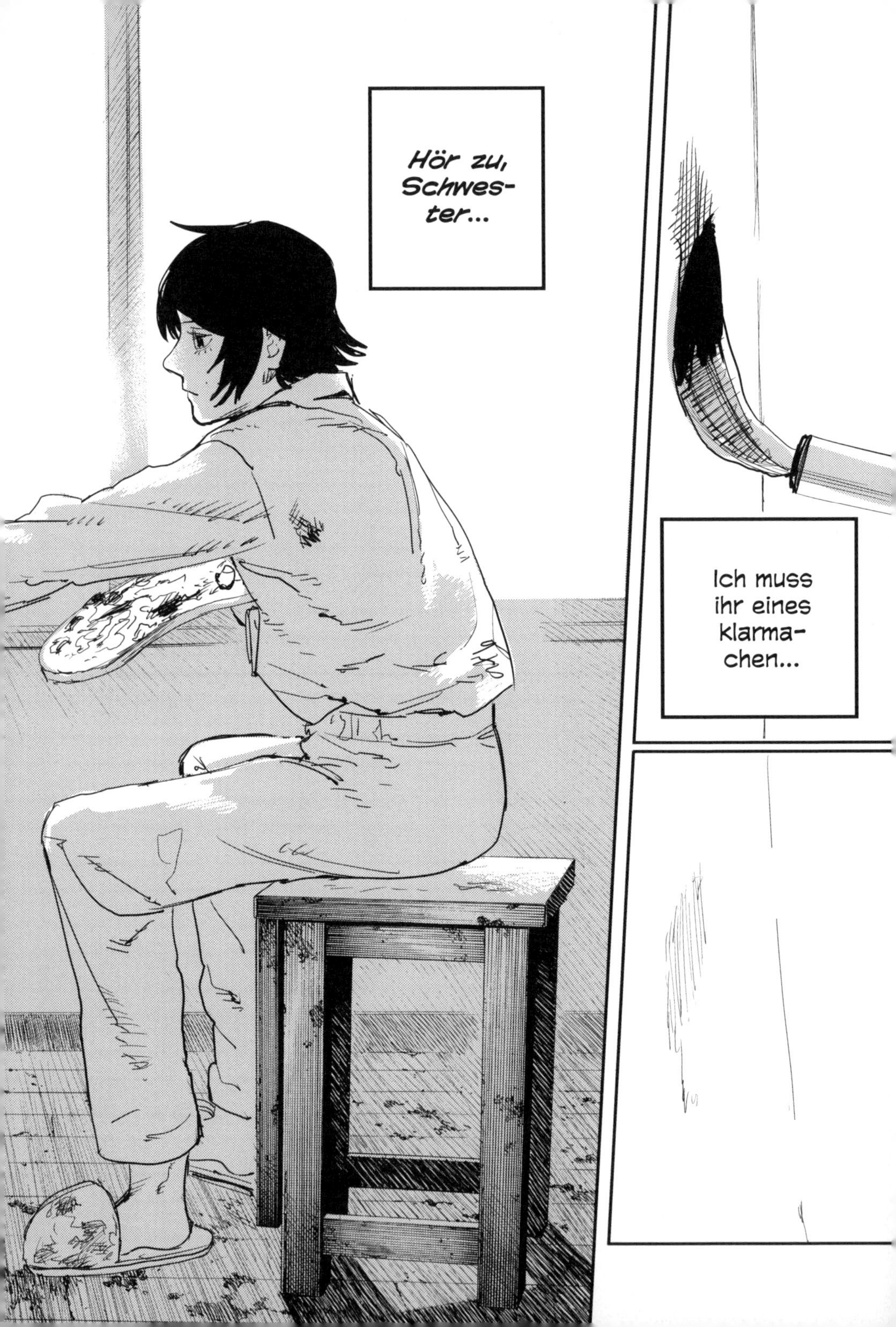
Ich muss ihr eines klarmachen...
Hör zu, Schwester...

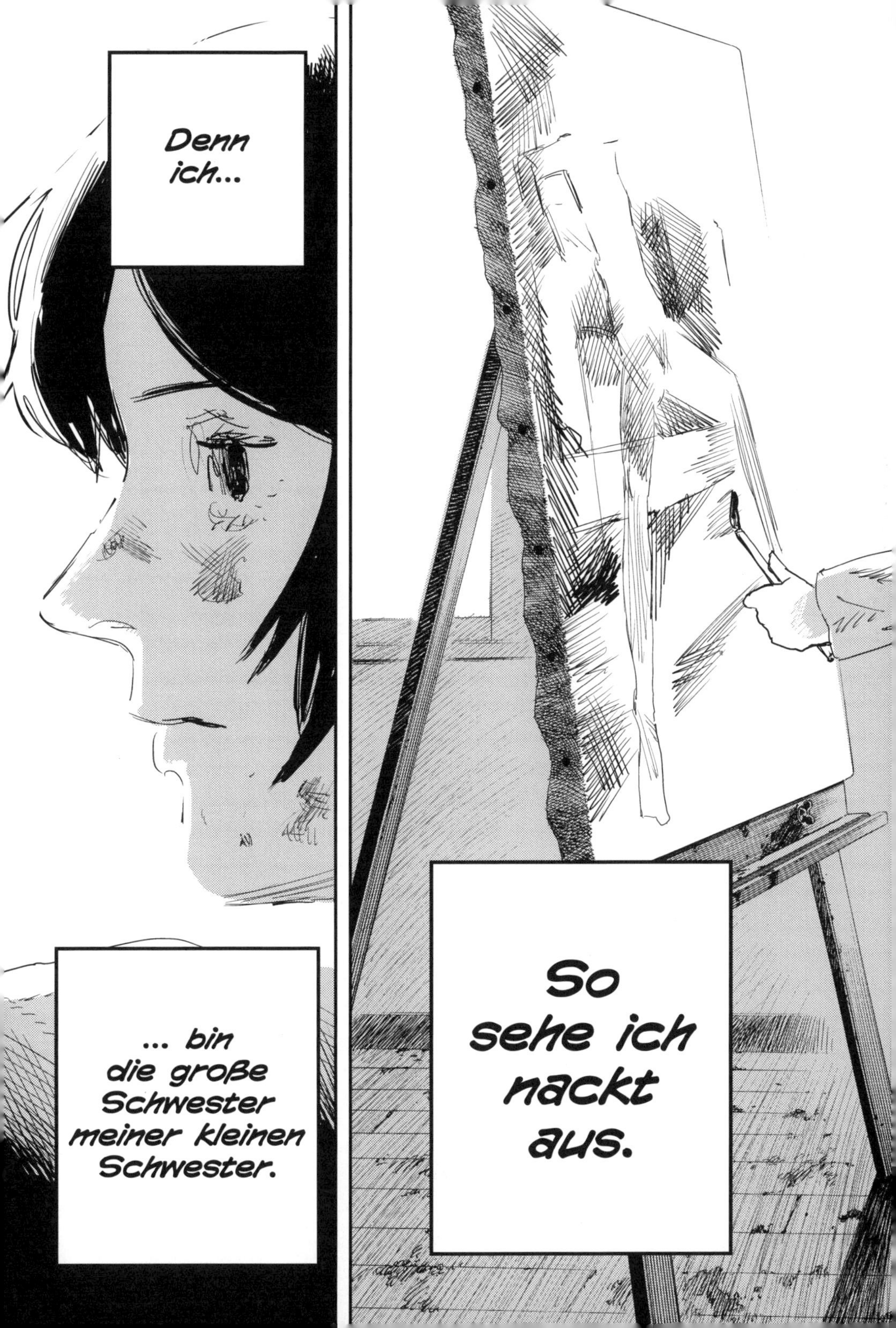
So sehe ich nackt aus.
Denn ich...
... bin die große Schwester meiner kleinen Schwester.

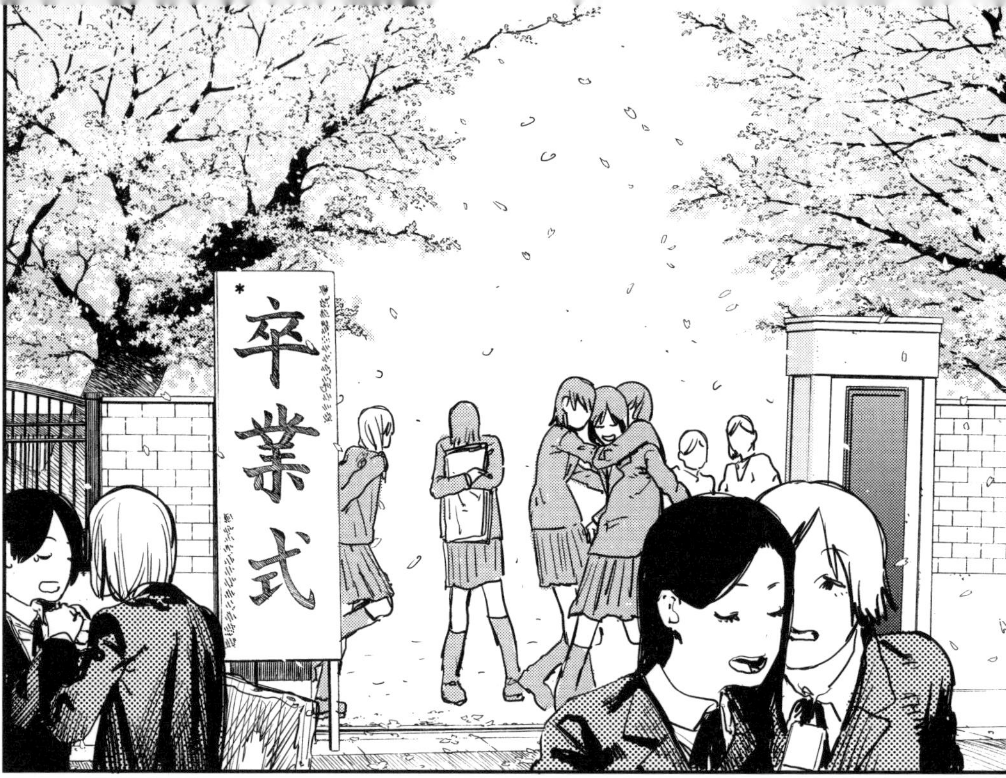

*Abschlussfest

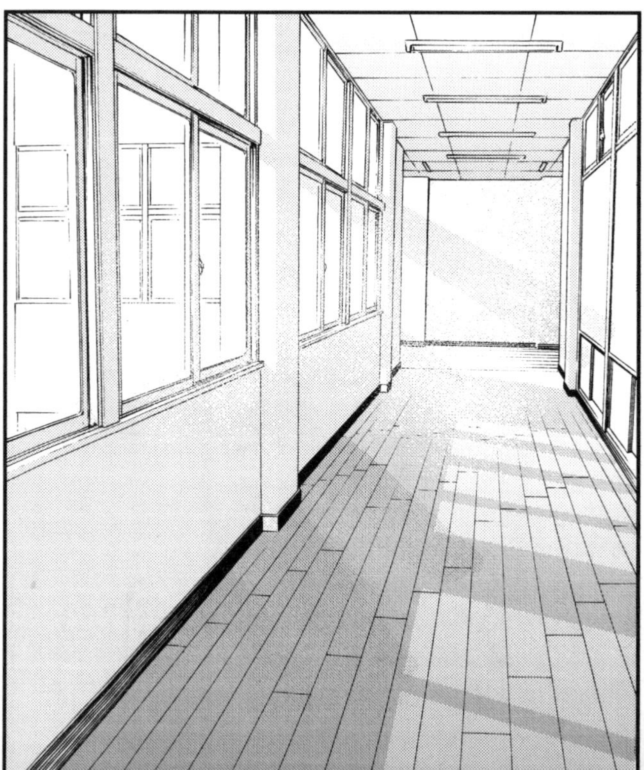

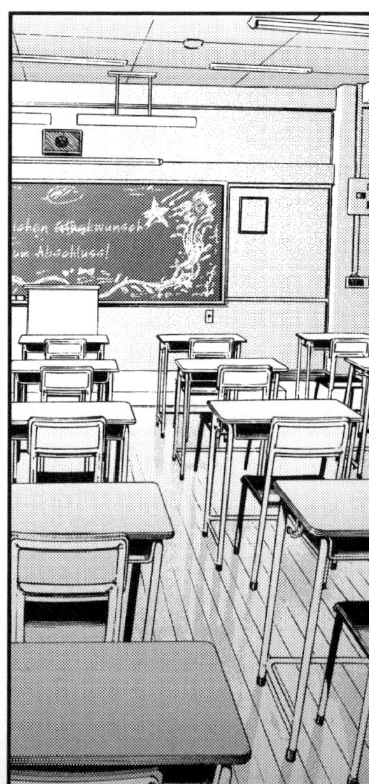

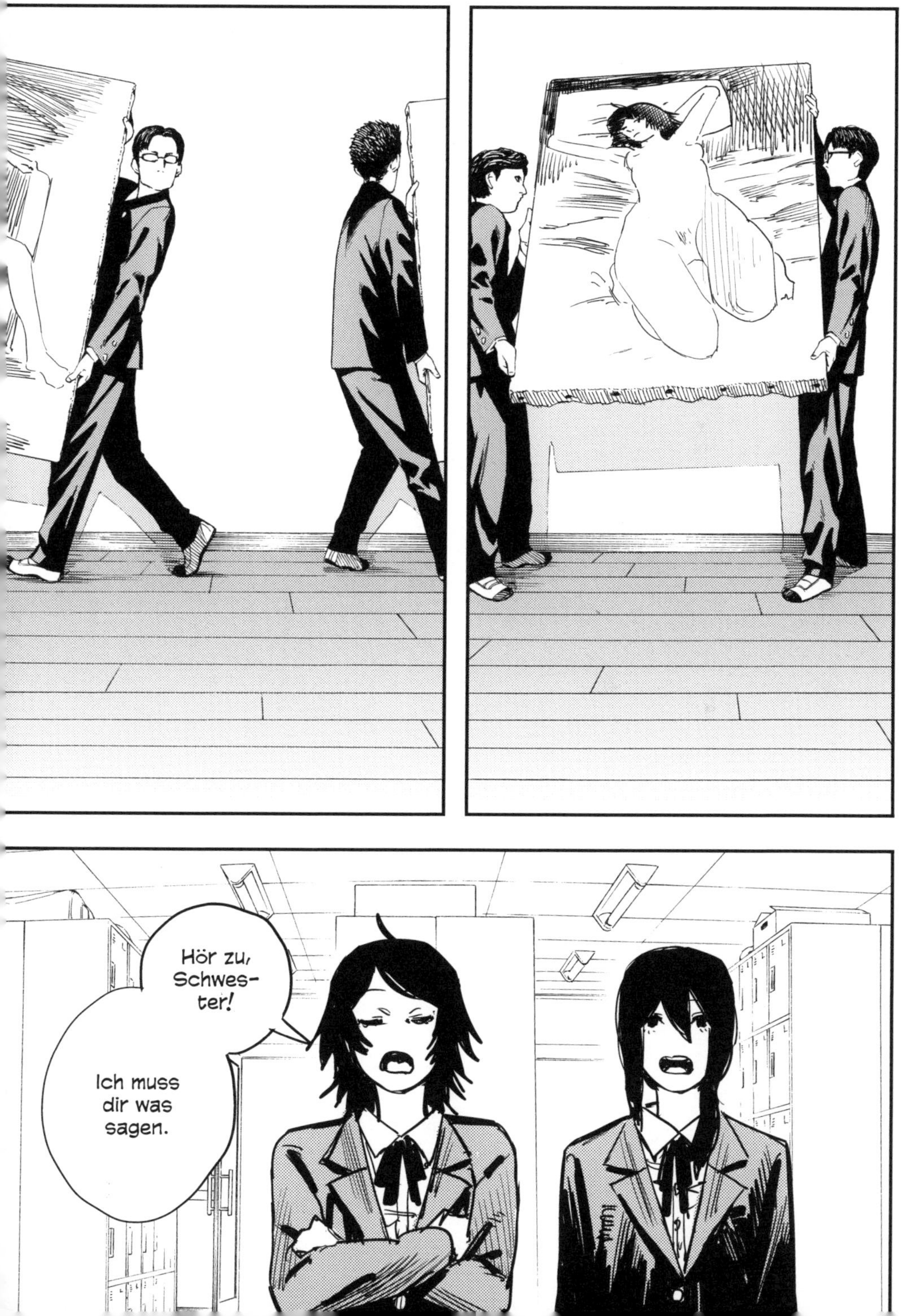
Hör zu, Schwester!
Ich muss dir was sagen.

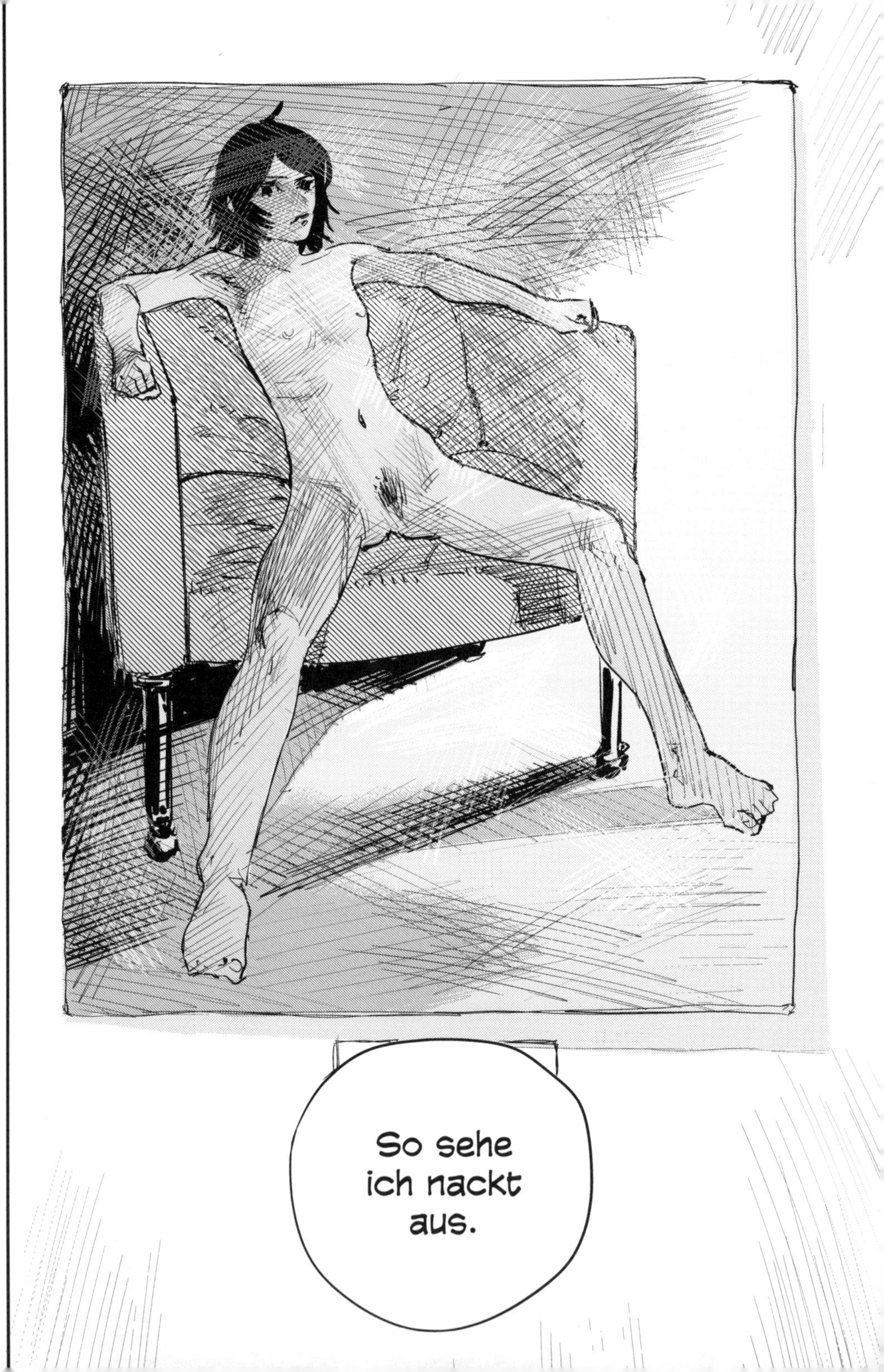
So sehe ich nackt aus.

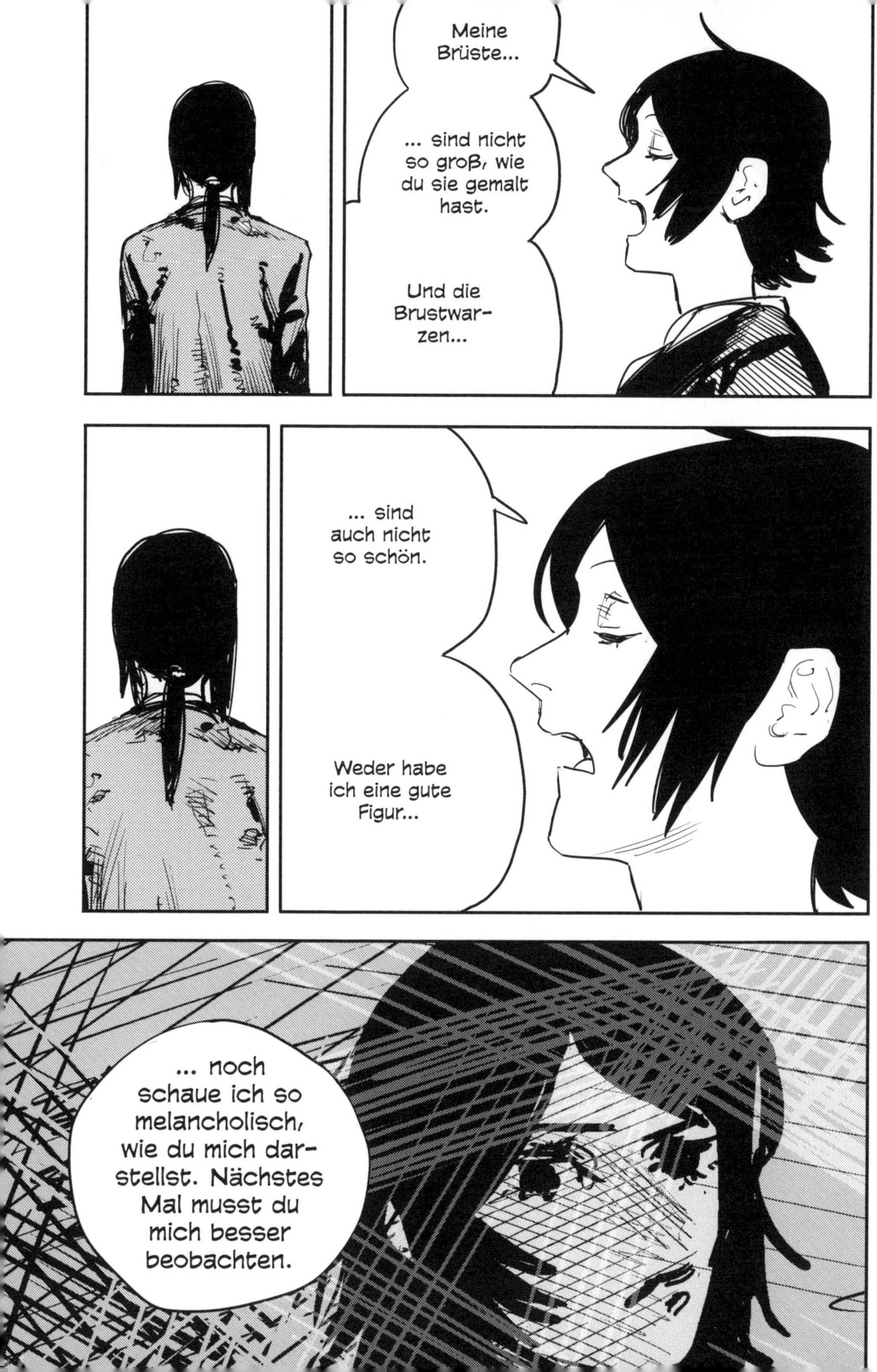
Meine Brüste...
... sind nicht so groß, wie du sie gemalt hast.
Und die Brustwarzen...
... sind auch nicht so schön.
Weder habe ich eine gute Figur...
... noch schaue ich so melancholisch, wie du mich darstellst. Nächstes Mal musst du mich besser beobachten.

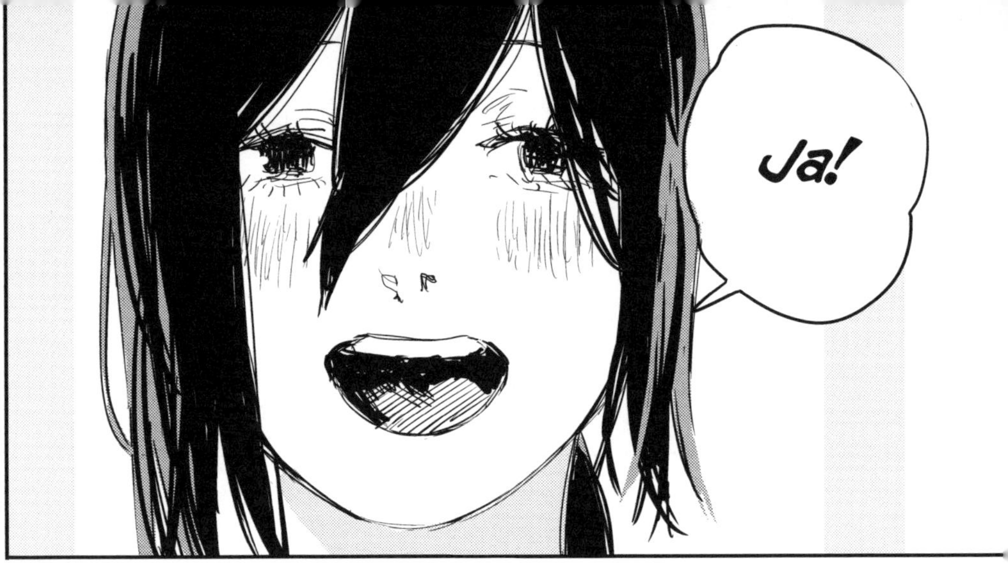
Ja!

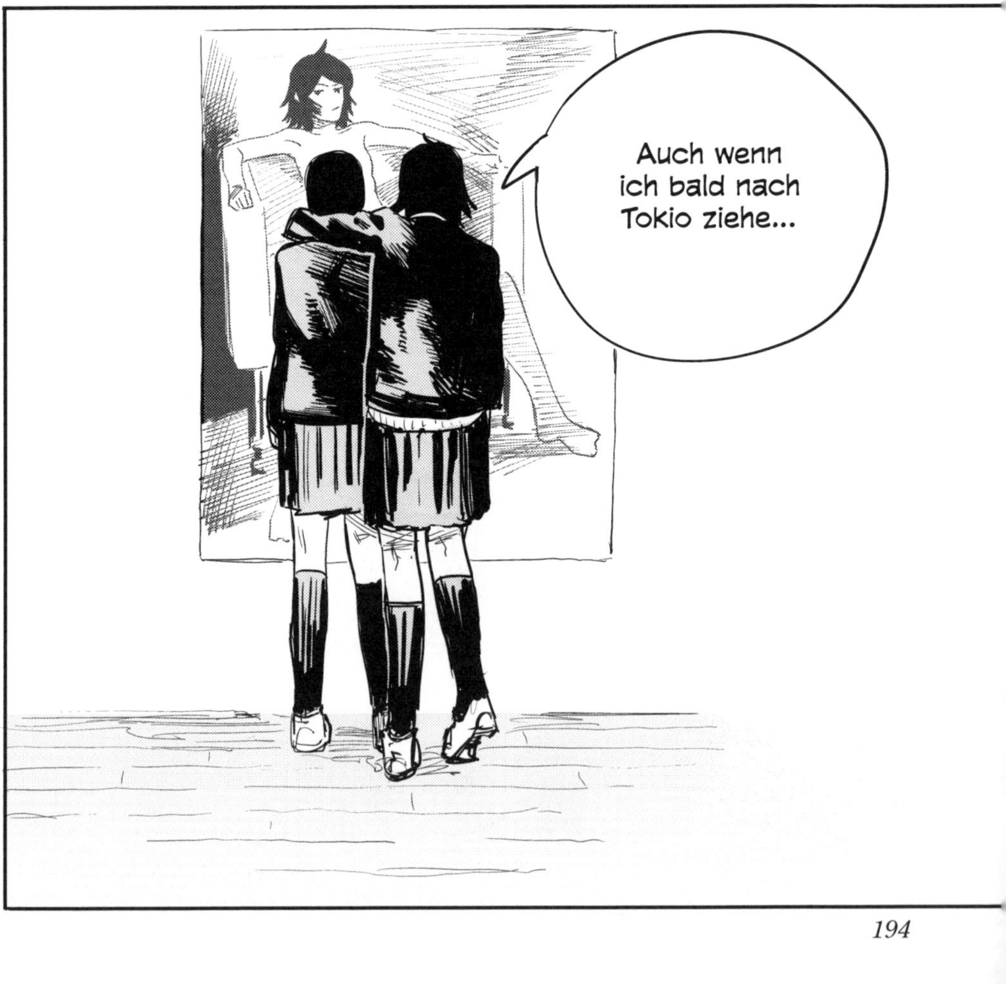
Auch wenn ich bald nach Tokio ziehe...

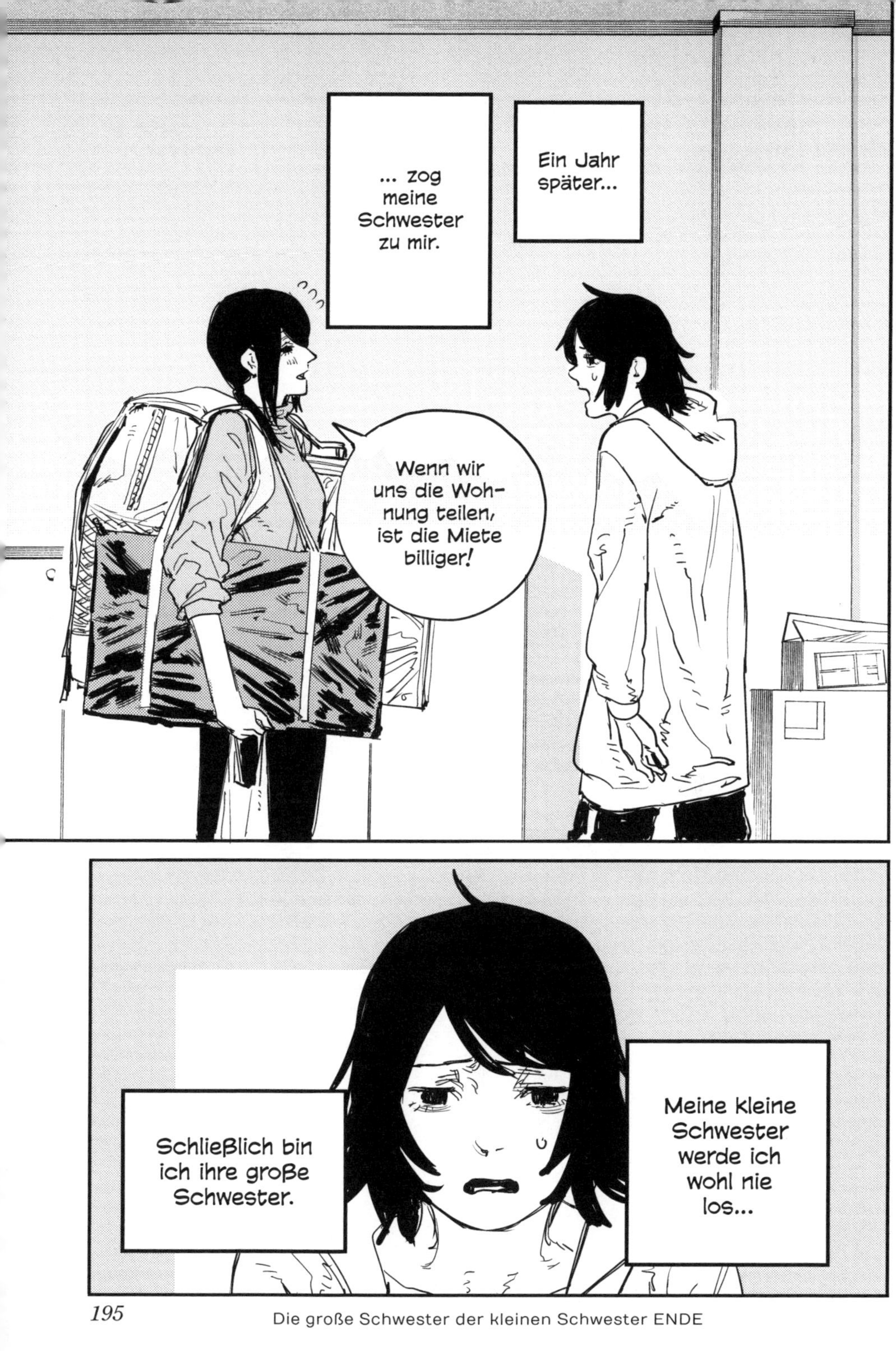

Die große Schwester der kleinen Schwester ENDE

[Die große Schwester der kleinen Schwester]

Das war die Vorlage von „Look Back“, den ich später gezeichnet habe.

Da die Geschichte mit dem Bild eines nackten Mädchens beginnt, bin ich echt dankbar, dass meine Redaktion dieses Werk trotzdem veröffentlicht hat.

Tatsuki Fujimoto Short Stories

22-26

Bis ich 24 war, habe ich mit meiner Freundin zusammen in einer Mietwohnung in Yamagata gelebt, die nur 15,000 Yen (etwas mehr als 100 Euro) pro Monat kostete. Zum Glück hatten wir nette Nachbarn, die uns oft Gemüse und Obst schenkten. Daher haben wir uns ziemlich gut ernähren können, obwohl wir kaum Geld hatten.

Wir waren arm, hielten aber trotzdem ein paar Reiskärpflinge. An einem Sommertag stellte ich jedoch fest, dass einer der Reiskärpflinge tot war. Ich wollte den toten Fisch einfach in den Mülleimer werfen, wie der Hauptdarsteller von „Parasyte", der einen toten Hund eiskalt in die Mülltonne schmeißt. Doch meine Freundin bat mich darum, den Fisch in der Erde zu bestatten. Ich ging allein in einen Park und versuchte, ihn an einem großen Baum zu begraben. Doch die Erde war so hart, dass ich mit bloßen Händen kein Loch buddeln konnte. Irgendwann gab ich auf und legte den Reiskärpfling einfach auf die Erde. Nach einer kurzen Weile kamen Ameisen, die versuchten, ihn wegzuschleppen. In diesem Moment wuchs in mir plötzlich die Liebe zu diesem Reiskärpfling, also schüttelte ich die Ameisen ab und steckte ihn mir in den Mund.

Am nächsten Tag hatte ich eine Magendarminfektion. Meine Freundin fragte mich, ob ich was Falsches gegessen hätte, aber ich traute mich nicht, ihr die Wahrheit zu gestehen. In meinem bisherigen Leben wurde ich ständig kritisiert. Aufgrund dieses Traumas lüge ich spontan, wenn ich Angst vor Ärger habe. Solche Lügen fliegen meistens schnell auf, aber diesmal war es anders.

Ich habe aber bis heute noch ein schlechtes Gewissen – nicht, weil ich den Reiskärpfling gegessen habe, sondern weil ich meine Freundin belogen habe. Deshalb will ich hier und jetzt meine Sünde von damals gestehen.

Action

Wataru Mitogawa

CRIMSON SISTERS

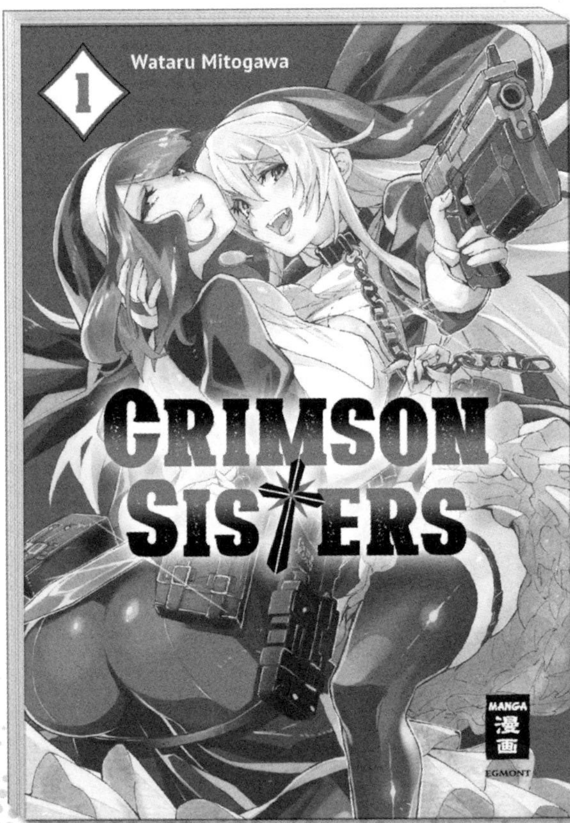

Der Heilige Silberkreuzorden hat es sich zur Aufgabe gemacht, die Menschheit vor der stetig wachsenden Bedrohung durch Vampire zu beschützen. Doch Schwester Dorothy ist überzeugt, dass es mehr als Gebete und Silberkugeln braucht, um den Blutsaugern Herr zu werden: Sie ist auf der Suche nach einer Waffe, die man längst nur noch aus Legenden kennt…

Crimson Sisters 01

ISBN 978-3-7704-4267-6

€ 7,50 [D]

MANGA 漫画

www.egmont-manga.de

EGMONT

„Tatsuki Fujimoto Short Stories – 22-26“ von Tatsuki Fujimoto
Aus dem Japanischen von Yuko Keller
Originaltitel: TATSUKI FUJIMOTO TANPENSHU 22-26

First published in Japan in 2021 by SHUEISHA Inc., Tokyo.
German translation rights in Germany, Austria and German-speaking
Switzerland arranged by SHUEISHA Inc. through VME PLB SAS, France.

Deutschsprachige Ausgabe:
© 2023 Egmont Manga
verlegt durch Egmont Verlagsgesellschaften mbH,
Ritterstraße 26, 10969 Berlin

2. Auflage 2023

Verantwortlicher Redakteur: Marco Walz
Gestaltung: Anke Koopmann
Koordination: Angelika Schönhuber
Printed in the EU
ISBN 978-3-7555-0090-2

www.egmont-manga.de

SUTOPPU!

Koko wa kono manga no owari dayo.
Hantaigawa kara yomihajimete ne!
Dewa omatase shimashita!
Tanoshii hitotoki wo dozo!

Egmont-Manga-Chiimu

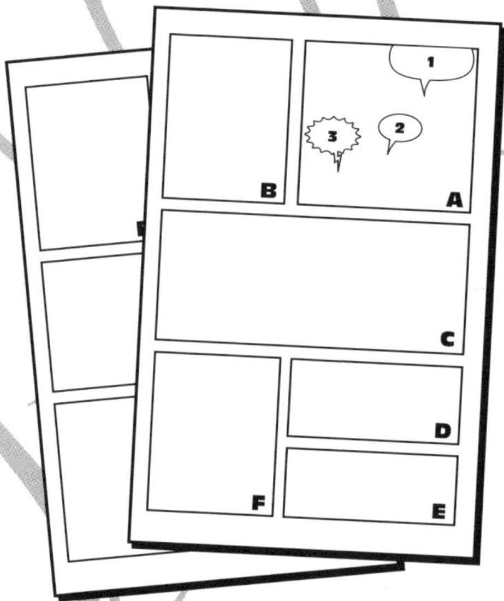

STOPP!

Das ist der Schluss des Mangas.
Fangt bitte am anderen Ende an!
Und nun genug der Vorrede,
viel Spaß beim Lesen!

Euer Egmont-Manga-Team